烟台大学黄海法学文库

中国破产审判权研究

从破产审判权运行的角度

杜若薇——著

ZHONGGUO POCHAN SHENPANQUAN YANJIU

CONG POCHAN SHENPANQUAN YUNXING DE JIAODU

法律出版社
LAW PRESS·CHINA
北京

图书在版编目（CIP）数据

中国破产审判权研究 ：从破产审判权运行的角度 / 杜若薇著. -- 北京 ：法律出版社，2024. -- （烟台大学黄海法学文库）. -- ISBN 978 - 7 - 5197 - 9442 - 2

Ⅰ. D922. 291. 924

中国国家版本馆 CIP 数据核字第 2024FW1038 号

中国破产审判权研究
——从破产审判权运行的角度
ZHONGGUO POCHAN SHENPANQUAN YANJIU
—CONG POCHAN SHENPANQUAN YUNXING DE JIAODU

杜若薇 著

策划编辑 田亚飞
责任编辑 田亚飞
装帧设计 汪奇峰

出版发行 法律出版社
编辑统筹 法律出版社
责任校对 裴　黎
责任印制 胡晓雅
经　　销 新华书店

开本 710 毫米 × 1000 毫米　1/16
印张 18.75　　**字数** 261 千
版本 2024 年 9 月第 1 版
印次 2024 年 9 月第 1 次印刷
印刷 唐山玺诚印务有限公司

地址：北京市丰台区莲花池西里 7 号（100073）
网址：www. lawpress. com. cn
投稿邮箱：info@ lawpress. com. cn
举报盗版邮箱：jbwq@ lawpress. com. cn
销售电话：010 - 83938349
客服电话：010 - 83938350
咨询电话：010 - 63939796

书号：ISBN 978 - 7 - 5197 - 9442 - 2　　**定价**：76. 00 元
凡购买本社图书，如有印装错误，我社负责退换。电话：010 - 83938349

总　　序

张卫平*

坐落于胶东半岛黄海之滨的烟台，不仅是我国的历史文化名城、最佳中国魅力城市之一，也是我国法学研究和法学教育的重镇。作为法学研究和教育的重要基地，烟台大学法学院从1984年创建以来，在法学研究和法学教育这两个方面都作出了突出的贡献。法学研究方面，在老中青三代法学家的共同努力之下，研究业绩亦令学界瞩目。尤其是在民法学研究领域，其一直处于前沿方阵之列，为我国民法学研究的一支重要力量，2016年烟台大学法学院成为中国法学会“民法典研究方阵”理事单位就是其明证。

进入21世纪20年代，齐鲁大地在政治、经济、文化各个方面进入了新的发展时期。烟台大学也迎来了新的机遇，进入了发展的高速通道。随之，烟台大学的法学事业也进入了一个崭新的发展阶段。由法律出版社推出的“烟台大学黄海法学文库”研究丛书系列正是烟台大学法学新一轮发展的表征，是烟台大学法学研究发展的必然。

“烟台大学黄海法学文库”作为一个学术展示“平台”，不仅展示了烟台大学法学工作者最新的一批法学研究成果，也体现了烟台大学法学持续发展研究的实力和潜力，必将激励和推动烟台大学法学工作者，尤其是青年教师的科研工作，不断提升其研究品质和

---

* 烟台大学“黄海学者”特聘教授、清华大学教授。

能力。

即将出版面世的“烟台大学黄海法学文库”丛书在其选题上，无一不是我国法学研究的前沿课题，反映了撰稿人对其相关研究领域中前沿问题把握的学术敏感性。在问题的提出、研究路径的选择、命题的概括及论证、研究方法和资料的运用等方面，均体现了著述人的心智和努力。如关涛教授的专著《我国典当法律制度研究》，通过回顾我国典当制度的发展史，结合现代民商法理论，对于典当实务中存在的难点问题进行了系统阐述和论证，并在此基础上，对于我国典当制度的完善提出了建设性意见；于海防教授等的专论《消费者在线权益综合保障机制研究》一书，面向网络消费领域，系统、深入地研究了消费者在线权益保障机制问题，对我国消费者在线权益保障制度的建构和实践提供了有益理论指导；毕潇潇副教授的研究作品《临时禁令制度研究》不仅为我国禁令制度的建构提供了域外制度建构、实践及理论样本，并结合我国的行为保全制度进行了阐述，是为我国相关领域研究的“解渴”之作；陈浩副教授的著作《网络即时通讯记录司法认定问题研究》关注了证据实践中的前沿问题——网络即时通讯记录证据，作者通过对这一问题的深入研究，以破解该类证据实践运用中的困境与难题。在此，笔者不能一一列举丛书中十余种专著的主题和意义，仅在此提示这套丛书的创新性、前沿性和发展性值得学界和实务界关注。

笔者注意到，这套丛书的作者主体以“80后”的青年教师为主，系清一色的法学博士，是烟台大学法学研究的生力军。他们的研究视野更加开阔，更善于吸收先进的理念和方法，思维更加活跃和灵动，研究更富有激情和热情，这无疑为“烟台大学黄海法学文库”的创新性、前沿性和发展性提供了最充分的保障。

烟台大学是我国大学中与大海“最亲密接触”的大学。在校园内，人们就能深深地呼吸到大海的气息，看到浪花的跳跃。因此，我有理由相信，烟台大学法律人也自然具有大海的胸襟和气魄，也敢于在法学研究的“大海”中搏击，在风浪中探索前行，成为我国法学研究新时代的“冲浪者”“弄潮儿”。

“烟台大学黄海法学文库”的推出，正是烟台大学法学在前行中打出的“旗语”！烟台大学法学也将在法学研究的“航程”中不断前行，高歌猛进！

笔者作为烟台大学“黄海学者”特聘教授，受法学院之托，为此书作总序，于我无疑是一件极大的幸事和荣誉，也是一种责任。

2022 年 3 月 11 日于清华园

目　录

引　言

“建立一个高效和有效力的法律框架，以解决债务人的财务困境”是联合国国际贸易法委员会在2006年《破产法立法指南》中对破产立法提出的要求，破产法实施的效率价值被置于立法目标的重要位置。在我国供给侧结构性改革的背景下，加快淘汰落后产能、推动产业升级的一系列政策实施，成为中国经济工作的主线。随着改革进入深水区，破产制度成为市场主体优胜劣汰的法治化退出路径，破产审判作为深化供给侧结构性改革、提高产业升级效率的重要举措，开始成为中国审判领域耳熟能详的关键词。但是，何为破产审判权，其运行效果如何，一直未有定论。

2018年《全国法院破产审判工作会议纪要》（以下简称《破产审判会议纪要》）首次提出破产审判需要发挥助推建设现代化经济体系，完善市场主体救治和退出机制，健全破产审判工作机制，推动解决“执行难”的作用。2019年《全国法院民商事审判工作会议纪要》（以下简称《九民纪要》）进一步提出破产审判在“充分发挥破产审判公平清理债权债务、促进优胜劣汰、优化资源配置、维护市场经济秩序”方面具有重要功能。因此，基于破产制度与经济发展的关系，以及效率价值在破产审判中的重要地位，用好破产审判权，提高破产审判权运行的效率，发挥破产审判权运行的作用，成为推动产业升级、优化营商环境、完善社会主义市场经济的关键。

破产审判与一般的民商事审判在案件审理方式、参与主体、价值理念上都存在差异。随着破产案件的增多，法官逐渐意识到破产审判权运行的特殊性，办理破产案件是“开庭与开会相结合，办案与办事相结合，裁判与谈判相结合”。中国破产案件审理历经了“经济审判—民事审判—商事审判”三个阶段，而现行《企业破产法》和相关法律并没有从实际运行的角度对破产审判权进行专门规定，造成实践中规则适用模糊、操作标准不明，破产案件审理面临诸多需要解决的问题。为了更高效地办理企业破产，优化破产审判权运行，根据最高人民法院的司法文件，地方法院相继出台了关于破产案件审理的指引和规范，又影响了破产审判权运行的统一性。

为了分析和解决中国破产审判权运行不畅的问题，本书将审判质效提升的目标与合理配置破产审判权这一稀缺资源的经济学理论相结合，围绕破产案件和衍生案件审理，从经济学成本—收益的分析方法着手，对中国破产审判权进行专门研究。基于这一研究目的，需要构建破产审判权的基本理论，规范破产审判权运行中各参与主体的地位和关系，明确破产审判权的内容，并且为破产审判权运行提供全面的保障措施，从而降低破产审判权运行的成本。本书从以下六个部分展开论述。

第一章，绪论。该章阐述“中国破产审判权”的研究背景与意义、研究现状和研究方法。为了进一步优化营商环境，更好地推进供给侧结构性改革，以及实现破产审判对经济运行的调节作用，提高破产案件审理的质量与效率成为当前司法改革的重点工作之一。因此，本书综合运用比较研究、经济学研究和社会学研究方法，构建破产审判权基本理论，明确破产审判权的基本内涵、特殊属性与特殊功能，对破产审判权的主体地位和彼此之间的关系进行梳理，对破产审判权的主要内容予以明确，并且完善破产审判权运行的保障措施；目的是强化破产审判权运行独立性，提高破产审判权运行专业化水平，为优化破产审判权运行、提高案件审理质效提供参考和建议。

第二章，破产审判权由来及发展。本书从运行角度研究中国破产审判权，首先要明确破产审判权是什么，以及其产生的背景和环境。破产审判不仅是破产审判权形成的场域，也是其运行的场域，破产审判的发展验证了诺思论证的“制度选择都是向着降低制度费用的方向进行”理论。国外破产审判专业化与相关规则成文化、破产程序多元化和审判机构专门化息息相关，而中国破产审判经历了对外法律移植和对内司法制度改革曲折发展，从无到有，从民事审判中逐渐分立，直到开始破产审判专业化改革。为减少破产审判权运行的不确定性，本书界定较为广义的破产审判权，是法院和法官在对破产案件和衍生案件进行审理，出具判决、裁定和决定，包括与破产管理人和行政机关协调在内的工作中所行使的各项权能组成的有机统一的整体。在此基础上，本书提出并分析了中国当前破产审判权运行不畅，且基本理论缺乏、相关立法不完善的问题。

第三章，破产审判权属性和功能。破产案审判权高效率高质量运行，既要解决破产审判中普遍存在的问题，也要解决中国破产审判的特殊问题，破产案件审理质效提升需要通过挖掘破产审判权运行独立性和提高破产审判专业化水平来实现。破产案件审理机制特殊，导致破产审判权分化出了特有的运行逻辑和模式，破产审判权运行的经济效益和法律效果并存。因此，破产审判权的研究既要建立在破产审判与民商事审判关系的法学基础上，也要关注破产审判权本身的资源性和运行租值等经济学问题。第三章沿着“民事审判—商事审判—破产审判”的研究思路，进一步明确破产审判权在运行中特有的社会属性、商业属性、有限属性和扩展属性，并进一步论证破产审判权对市场经济的调整、公共利益的维护、债权债务人的清理、债权人的保护和债务人的拯救功能，为强化破产审判权运行独立性，提高破产审判权运行专业化水平提供基础。

第四章，破产审判权运行的参与主体。与民事审判不同，破产审判权运行需要多方权力（利）主体参与，破产程序参与主体之间责任范围的重合或者相互推诿会拖延破产程序，增加破产审判权运行的成本。破产案件审理质效的提升，需要通过规范破产程序各方主体的地位和职权，以破产审判权专业化运行来实现。因此，为提升破产审判权运行效率，第四章明确提出：首先，法院是破产审判权的行使主体，在破产审判中具有主导地位，应当建立专门的破产审判机构，配置专业的破产审判人员，提升法官的专业能力；其次，破产管理人配合并制衡破产审判权运行，需要强化“管理人中心主义”，以市场调控和经济规律弥补破产审判权有限性；再次，法官要尊重当事人意思自治，发挥债权人决策和监督的功能，提高破产裁定的接受度；最后，行政机关参与破产审判，发挥行政权运行的及时性和主动性，分担法院的负担、降低法官执业风险。

第五章，破产审判权运行的权能。破产审判权运行的核心是法官在破产审判中的各项权能，破产审判权专业化水平提升意味着专业的法官能在破产审判中熟练、准确地行使各项权能，依法高效地审理破产案件。为了解决中国破产审判权运行中存在的问题，破产审判中，需要协调破产案件集中管辖与衍生案件区别管辖，来保障破产案件审理专业化与衍生案件审理效率；优化破产案件受理权能，畅通案件受理渠道；通过调整法院确认权能的范围，来提高破产审判的确定性；发挥好法院在控制审理期限、程序转换方面的作用，提高破产审判权运行效率；平衡好破产审判中的依法裁量与自由裁量，提高法官的商业判断水平。

第六章，破产审判权运行的保障。破产审判权运行涉及社会治理的多个方面，需要多方合力解决破产案件及其他衍生问题。相比修改破产法，配套制度构建的成本更低，见效更快。因此，提升破产审判权运行质效既是法律问题也是社会问题，不仅需要完善基本理论、审判规则和司法实践，还需要从社会环境、参与主体和技术革新等方面，有针对性地提出切实可行的方案。具体来说：明确破产审判权基本理论，转变法官的审判观念和当事人的破产观念；探索建立专门的破产审判机构，加强法官队伍建设；发挥破产管理人中心作用，明确破产管理人地位，提高破产管理人任职资格；落实府院联动机制，建立官方破产管理机构；加强破产审判信息化建设，为提升破产审判权运行质效提供全方位的保障。

第一章 绪 论

一、问题提出与研究意义

（一）问题提出

对我国破产审判权进行研究，是基于司法实践中破产审判权界定不明的状态，以及由此产生的破产审判权运行不畅的问题而展开的。联合国国际贸易法委员会《破产法立法指南》提出的促进经济稳定增长、实现资产价值最大化、及时高效并公正地解决破产事务立法目标，也是破产审判权运行的目标。[①] 世界银行2023年发布的营商环境评价指标（B-READY）中，效率与法治框架和法治基础设施构成三大支柱，而破产程序在实践中的效率性则是评估“商事破产”的重要指标。最高人民法院《破产审判会议纪要》中要求：以更加有力的举措开展破产审判工作，为经济社会持续健康发展提供更加有力的司法保障。中共中央、国务院《关于新时代加快完善社会主义市场经济体制的意见》提出“健全破产制度，改革完善企业破产法律制度”来实现市场主体有序退出，进行资源合理配置。国家发展和改革委员会等部门联合发布的《关于推动和保障管理人在破产程序中依法履职进一步优化营商环境的意见》要求“更好发挥政府在企业破产程序中的作用，推动和保障管理人依法履职，降低破产制度运行成本，加快‘僵尸企业’出清”。破产案件审理的质量和效率得到社会高度重视，是因为破产案件需要在破产法院（法庭）进行裁决。处于困境中的企业面临管理困境，需要法

---

① 参见联合国国际贸易法委员会编著：《破产法立法指南（中文版）》（2006），第9～11页，https://uncitral.un.org/sites/uncitral.un.org/files/media-documents/uncitral/zh/05-80721_ebook.pdf。

院以国家审判权力来牵制债权人、处理债务人的事务、归集债务人的资产、确认债权债务、确定不正当行为，以及权威地决定谁能得到什么。

1. 从破产审判到破产审判权

破产审判是由法院行使审判权，以国家公权力来处理商品经济发展过程中，个人和商主体因为借贷和经营资不抵债时，债权人和债务人之间的债权债务关系。破产审判是破产审判权形成的场域，也是破产审判权运行的场域。因此，从较为广义的角度来说，破产审判权是法官在破产案件和衍生案件审理过程中所行使的，以破产清算、破产重整和破产和解程序的管辖权能、受理权能、确认权能、控制权能、裁量权能为核心内容，以及与个人权利、社会权力和行政权力制约配合的各项权能的统称。从破产审判的发展历程来看，破产审判权从产生之初就是为了给实现资源重新配置提供司法途径。

2. 破产审判的意义

经济形势的变化对破产审判提出了新要求，而通过破产审判权运行，实现社会资源再配置的结果直接作用于经济发展。无论是挽救困境企业，还是直接淘汰落后产能，破产审判都为市场竞争的优胜劣汰提供了司法保障。破产审判权运行与经济发展之间的内在联系，验证了诺思关于制度演进的基本理论：每一次制度更迭，即破产审判权运行规则的修改，都是为了以更低的成本、更短的时间来处理债权债务关系，保证经济高速健康发展。[①] 这一规律也适用于中国当前的破产审判改革，《九民纪要》提出："审理好破产案件对于推动高质量发展、深化供给侧结构性改革、营造稳定公平透明可预期的营商环境，具有十分重要的意义。"

破产审判与经济发展关系密切，破产审判权运行既要遵循法律规则，也要符合经济运行的规律。从经济学视角来看，审判权是一种稀缺资源，具有价值和财富效应。破产审判权是审判权在破产案件审理中的一种表

---

① 参见［美］诺思：《制度、制度变迁与经济绩效》，杭行译，格致出版社、上海人民出版社 2014 年版，第 81 页。

现形式，属于特殊的司法资源，这一点不言而喻。而破产审判权的稀缺性较之一般民事审判权更甚。资源稀缺程度与总量无关，而由供需关系决定。我国当下的破产审判权运行过程中，理论、规则和审判资源供给不能满足企业法治化退市的需要，因此面对降低破产制度运行的交易费用、提高破产制度绩效的经济发展要求，需要优化破产审判权在处置破产财产、帮助企业经营等方面的运行，进一步提高审判质量和效率，以此来提升破产审判权运行的社会整体收益。破产审判中需要国家和法官个人投入大量的成本，而破产审判权运行能够为社会带来的收益直接体现在经济发展中，因此破产审判权具有租值。因为审判权是生产司法产品所必需的要素，在这个意义上，其租值就是“生产要素的回报”。[①]

破产案件审理的质量和效率是破产审判权运行的实际效果。在破产审判中，需要平衡审判权的效率价值与公正价值，通过改善破产审判的各个环节，来有针对性地解决破产案件从申请、受理、审理到企业注销与重整计划执行各个阶段存在的问题，提高破产案件审理的质量和效率。破产审判权运行质效评估，包括审判权运行质量和审判权运行效率两个主要方向，其价值基础是司法公正和司法效率。从法律经济学视角来说，公正价值侧重于行使破产审判权在案件处理中以利益平衡来实现公平正义，而效率强调破产审判权运行中成本与收益比例的最优化。从降低破产审判相关制度费用的角度来说，[②] 提升破产审判权运行质效需要充实各个环节，包括：完善破产审判权理论和相关规则、协调破产审判权主要权能运行，来降低信息费用[③]、裁决费用[④]和执行费用[⑤]；明确破产审判权运行参与主体的职权和责任，来降低监管费用[⑥]和量度费用[⑦]；提

① 参见李俊慧：《经济学讲义：颠覆传统经济学26讲》（上），中信出版社2012年版，第211～215页。

② 参见黄永锋：《审判权的制度经济学分析》，吉林大学2020年博士学位论文，摘要。

③ 审判人员为知悉案件事实和熟练掌握裁判规则所付出的信息费用。

④ 运行审判程序作出裁决所花费的费用，包括说服当事人和社会公众接受裁判结果的费用。

⑤ 强制义务人履行生效裁判的费用。

⑥ 监管审判人员渎职、贪腐、滥用职权等违法行为的费用。

⑦ 对审判人员的工作绩效进行考核、评价和奖惩的费用。

供全面完善的保障措施来降低直接改制的费用①。

3. 中国破产审判权运行不畅

当前破产审判权运行的社会收益与投入成本之间难以形成良性运转，破产案件审理就会出现困境，由此会产生一系列社会问题。中国破产审判权运行的问题在司法实践中被发现，破产审判权运行不畅表现为《企业破产法》实施的问题和审判管理的问题，并且二者相互影响。无论是破产案件受理难、对外协调沟通难，还是审判效率提升难，都与当前审判管理评价标准和法官考核机制不科学有关。但是，需要注意的是，破产审判权运行是综合性问题，司法实践中暴露出来的问题，其背后与破产审判的理论和立法息息相关。

中国目前缺少对破产审判权的专门性研究，这是破产审判权界定不明的根本原因。基本理论的缺乏，使得对破产审判权运行独立价值和审判专业化难以形成正确认识，也造成了破产审判权主体地位和基本内容的不确定，难以完善配套措施。理论供给不足也影响到破产制度的立法，过去理论界对审判权在破产案件审理中的特殊性关注较少，加之司法先行，忽视基础理论构建，导致立法过程中没有针对破产审判权运行各个环节进行规则完善，造成实践中法官无法正确把握破产制度的衡平法理念。

中国当前破产审判的相关规则不够完备，裁量标准不够具体。由于缺少理论基础，规则的体系化和完备程度会受到影响，会使破产法官的地位和权能行使不明确，造成破产审判中法官、破产管理人与政府之间的关系混乱，破产审判效率难以提升。中国是单一制国家，破产审判权运行应当具有统一性，保证法律适用统一性、确保司法机关按照统一的标准行使职权，进而确保一国范围内公平正义的实现。② 而各地法院为提升破产案件审理效率，基于当地经济发展情况和审理习惯，制定的操作规则和办理模式各有特点，使破产审判权运行应有的普遍性特征逐渐

① 对现行有关审判权的制度安排进行改革以及确立新制度的费用。

② 参见申伟：《我国审判权运行特征研究》，载《兰州大学学报（社会科学版）》2015年第6期。

弱化，增加了破产审判权运行成本。

4. 中国破产审判权运行的任务

当前中国破产审判权运行的任务，是通过对科技、资本、劳动力和人力资源等生产要素调动和配置，推动产业升级；综合运用清算、重整与和解等手段，完善市场主体救治和退出机制。而企业破产案件中的法律关系复杂，加剧了中国司法资源供给与破产案件高效审理需求之间的矛盾，因此，中国破产审判领域的改革应当充分利用现有资源，提升案件审理的效率，降低破产审判权运行的制度成本。针对这一需求，最高人民法院《关于深化人民法院司法体制综合配套改革的意见——人民法院第五个五年改革纲要（2019—2023）》（以下简称“五五纲要”）提出：加强清算与破产审判机制建设，加大审判队伍培训力度，全面提升专业化水平。通过破产审判专门化、破产审判权专业化改革来提升破产案件审理的质量，优化案件审理的法律效果和社会效果，符合审判权运行规律，也与司法权专业化趋势下细化职业分工的要求一致。

但是，面对中国破产审判权运行中的问题，单纯从破产审判机制方面对破产审判进行改革，针对性不足，调整力度不够，不能在短时间内改善当前中国破产审判权运行状态。破产审判是“开庭与开会相结合、办案与办事相结合、裁判与谈判相结合”。所以，破产案件审理会涉及破产法与其他规则的冲突和协调，破产法原则与其他法律原则的解释和适用，破产程序与其他程序的衔接和融合，破产法官审判权与其他主体的权利（力）制约和平衡，破产审理机制与其他机制的协作和匹配。

根据《九民纪要》关于破产纠纷案件的审理规定，中国企业破产审判“对于推动高质量发展、深化供给侧结构性改革、营造稳定公平透明可预期的营商环境，具有十分重要的意义”。面对中国经济深化供给侧结构性改革与优化营商环境的双重任务，需要将破产审判建设从机制运行提升到权力运行的高度，加强破产审判权理论的研究。如果能对破产案件审理中发现的问题进行分析，将与破产审判有关的理论与立法和司法实践结合起来，围绕破产审判权进行专门的研究，构建破产审判权的基本理论，完善破产审判权运行规则，实现破产审判专门化，提升破产审判权专业化水平，明确破产审判权主要权能的运行模式，为优化破产案件审理质效提出有针对性的保障措施，则能够更加经济高效地化解现有的社会矛盾。

（二）研究意义

本书综合运用比较分析、经济学、社会学等研究方法，围绕破产审判权运行中需要解决的主要问题，对中国破产审判权进行专门研究，对构建破产审判权理论、完善破产审判规则和提升破产案件审理质效具有重要意义。

第一，理论意义。针对中国破产审判权界定不明的现状，本书从国外破产审判的历史着手，通过梳理国外破产审判发展历程，探究破产审判权与破产审判的关系，明确破产审判既是破产审判权形成的场域，也是破产审判权运行的场域。而后，综合对比和考察国外破产审判与中国破产审判的演进，结合场域理论，阐明了破产审判权的内涵，并进一步明确破产审判权运行与破产审判权的关系，为破产案件审理提供理论基础。

本书从法学层面阐明了破产审判权与民事审判权的关系，明确破产审判中破产审判权与其他权力的关系；从经济学层面明确破产审判权资源性，以及破产审判权运行与经济发展的内在联系；并以前述理论为基础，根据破产案件特殊的审理机制和破产审判权运行的特殊逻辑，提炼总结了破产审判权独有的社会属性、商业属性、有限属性和扩展属性。综合国内外破产审判与经济发展和社会治理的关系，提出破产审判权能够发挥的市场经济调整功能、社会公益维护功能、债权债务清理功能、对债权人保护功能和对债务人拯救功能。为挖掘破产审判运行的独立价值、强化破产审判权运行独立性、推进破产审判专业化改革的立法和实践探索提供了理论基础。

第二，实践意义。中国破产审判权运行不畅的问题是多方原因造成的。构建破产审判权的基本理论，是破产审判权运行独立性强化和专业化水平提升的第一步。更为重要的是，如何将理论与实践相结合，通过规则制定、制度设计和改革推进，进一步提升破产案件审理的效率，优化破产案件审理的法律效果和社会效果。针对中国破产审判权运行中反映出来的立法层面和司法层面的问题，在基本理论指导下，本书明确了破产审判中法院（法官）、当事人、破产管理人和行政机关的法律地位，为规范破产审判中各方权责关系，解决当下各方主体关系不明而造成的“越位”“缺位”“推诿”“不作为”等现象，提供了基本思路，同时也针对现有问题提出了立法修改的方向。

本书对破产审判权权能的梳理和分析，能在当前破产审判改革的背景下，结合民事审判权的理论和实践，帮助法官强化对破产审判权基本内容的认识。中国破产审判囊括了破产案件与衍生案件的审理，所以法官各项权能的行使更加复杂。因此，本书对破产审判管辖权能、受理权能、确认权能、控制权能和裁量权能，主要从破产案件审理特殊性角度进行分析，在建立破产法院的改革过程中，帮助法官形成破产审判思维。同时，本书从破产审判权运行质量和效率提升的角度，对衍生案件审理相关权能的协调提出了改进意见。在破产审判这一场域中的权力（利）主体，彼此之间形成的破产法律关系，共同构成了破产审判权运行这一综合的动态过程。因此，在中国当前发展阶段，本书提出了文化环境改善、机构和人事制度改革、技术革新等措施来保障破产审判权运行。

二、国内外研究现状

（一）国内研究现状

1. 关于审判权的基本理论

（1）法理学理论

第一，破产审判权的研究建立在对审判权与民商事审判权、破产审判权的关系准确定位的基础上。在西方国家，司法权即审判权的研究与司法权研究没有本质区别；但是由于中国司法语境的特殊性，关于中国的司法权研究一般都要首先明确研究范围，大多与国际社会一致，例如，孙万胜将司法权界定为审判权。[①] 而张泽涛将司法权定性为法院审

① 参见孙万胜：《司法权的法理之维》，法律出版社2002年版，第8页。

判权则与中国历史传统一致。[①] 胡夏冰从司法权的历史发展过程比较了国外的司法权理论，梳理评析了中国司法权理论，最终对司法权的研究还是主要针对法官和法官审判权；同时，作者还认为司法权依其权力性表现出的自身特征，会随着时代演变而不断变化。[②]

第二，对审判权的性质与功能的认识。孙笑侠认为司法权的本质是判断权，因为我国司法体制严重行政化，所以需要将司法权与行政权进行对比分析；由此阐释了审判权的被动性、中立性、注重权力过程的形式性、稳定性、专属性、主体职业性、效力终极性、交涉性、非服从性和公平优先性。[③] 胡夏冰则论证了审判权的独立性、被动性、终局性、中立性、对象有限性。[④] 孙万胜对司法权功能的剖析是为了证明司法权为什么能够以这种权力形态存在。他提出司法权的基本功能是排除法律运行中的障碍，维护法律的价值；辅助功能是解决权利冲突与纠纷，实现权利的制度性配置。[⑤] 他还认为，司法机关的审查权是为了“避免对法的价值做出不同的解释，使法的价值得到更为可靠的保障”[⑥]。

第三，关于司法权的结构，即本书所指的审判权权能。胡夏冰总结为：案件受理权、审判权（狭义）、司法实务管理权、司法解释权、程序规则制定权、司法审查权。[⑦] 有观点认为：审判权包括审理权和裁判权。“审判权是国家权力不可分割的组成部分和国家司法权的主要内容，它主要由案件的审理权和裁判权构成。”审理和裁判对应的是当事人的诉讼，审判权是与当事人的诉权所对应的权能。[⑧] 也有观点认为，法院在诉讼中的权能可以理解为审判权，包括程序控制权、程序异议裁决

---

① 参见张泽涛：《司法权专业化研究》，法律出版社2009年版，第9页。

② 参见胡夏冰：《司法权：性质与构成的分析》，人民法院出版社2003年版，第201页。

③ 参见孙万胜：《司法权的法理之维》，法律出版社2002年版，第7~12页。

④ 参见胡夏冰：《司法权：性质与构成的分析》，人民法院出版社2003年版，第207~209、215~234页。

⑤ 参见孙万胜：《司法权的法理之维》，法律出版社2002年版，第30页。

⑥ 孙万胜：《司法权的法理之维》，法律出版社2002年版，第31页。

⑦ 参见胡夏冰：《司法权：性质与构成的分析》，人民法院出版社2003年版，第235~266页。

⑧ 参见谭兵、李浩主编：《民事诉讼法学》，法律出版社2009年版，第31页。

权、调查取证权、证人询问权、释明权、事实认定权和实体争议的裁决权这七项权能。①

（2）经济学理论

第一，审判权具有资源性。苏力认为，权力是一种资源。② 周旺生认为，权力本身就是一种存在于社会关系中的资源，而且是对相关社会主体和其他社会资源具有支配性力量的社会资源，可以给人们带来好处。③ “能够支配资源是权力的终极价值所在。正是因为能够支配资源，权力本身也就成为一种稀缺资源。”④ 因此，可以得出“审判权是一种稀缺的社会资源”的结论。“法院案多人少”就是对审判权这一司法资源稀缺性的形象化表述。在社会科学中，经济学是一个专门研究如何有效利用稀缺资源的学科，主要研究人在资源稀缺世界中的各种行为选择。

张文显教授认为：资源即利益的源泉。权力是重要的法律资源，能够给人带来实际利益；合理的权力安排会降低交易费用，提高效率。“权利和权力是最重要的法律资源”，原因在于两者“可以给人们带来实际利益”；“合理的权利和权力安排会降低交易费用，提高效率”；“权利和权力是受社会的经济结构、物质文明和精神文明发展水平所制约的，因而都是稀缺的”。⑤ 张五常认为，资源的产权主要包含四个方面：所有权、使用权、收入权和转让权。所有权体现的是资源在最终意义上的名分归属；使用权体现的是资源由谁使用以及如何使用；收入权体现的是资源使用的成本由谁承担以及因资源使用而产生的收入归谁享有；转让权体现的则是前述三种权能（所有权、使用权和收益权）的转移或让渡。⑥ 要切实发挥破产审判权通过资源配置调整经济运行的功

---

① 参见张卫平：《转换的逻辑：民事诉讼体制转型分析》，法律出版社2004年版，第319～364页。

② 参见苏力：《法律社会学调查中的权力资源——一个社会学调查过程的反思》，载《社会学研究》1998年第6期。

③ 参见周旺生：《论作为支配性力量的权力资源》，载《北京大学学报（哲学社会科学版）》2004年第4期。

④ 焘建国：《公共权力运行的经济分析》，载《中国行政管理》2006年第1期。

⑤ 参见张文显：《权利与人权》，法律出版社2011年版，第95页。

⑥ 参见张五常：《经济解释》（2014增订本），中信出版社2015年版，第824～828页。

能，需要明确破产审判权自身资源特殊性，降低破产审判权运行制度成本来配置市场资源。

第二，审判权具有租值。① 审判权是生产司法产品所必需的要素，在这个意义上，其租值就是“生产要素的回报”。从社会治理的效果来看，审判权运行能够带来财富和价值的增加，具有社会收益，但是这种公共资源不仅有限，且运行所需要投入的成本高昂。② 因此，为了降低社会治理成本，最大化治理效能，要进行合理的制度安排和规则设计来激励法官，提高审理工作积极性和主动性，也需要严格约束法官执业行为以防范寻租风险。

2. 关于破产审判权运行

（1）民事审判权和商事审判权

对破产审判基本内涵、特殊属性和特殊权能的论证建立在对民事审判权一般属性和功能的认识基础之上。因此，将破产审判权与我国民事审判权（商事审判权）的理论及运行进行比对十分重要。我国语境之下的民事审判权可以划分为事实认定权、法律适用权和诉讼程序指挥权三大类，其中诉讼程序指挥权包括审判程序启动权、案件管理权和指定期日及期限权。张艳丽界定民事审判权的内容为受理案件权、查明和认定事实权、正确使用法律并作出裁决权、组织和指挥诉讼权，并且提出了我国民事审判权的独立是法院的独立，由此产生了影响民事审判权运行的一系列问题，主要原因是行政干预、地方割据严重、监督机制不规范。③ 张卫平将民事审判权的权能划分为程序控制权、程序事项裁决权、调查取证权、释明权、事实认定权、实体争议裁决权，并提出审判权与执行权分离。④

张旭东分析了民事诉讼机能的扩张态势，这种扩张与经济和社会发

---

① 租值，是在一定时期内分析生产要素的收入投入之间的差额，以及生产要素的成本。

② 参见李俊慧：《经济学讲义：颠覆传统经济学 26 讲》（上），中信出版社 2012 年版，第 211 ~ 215 页。

③ 参见张艳丽主编：《民事诉讼法》，北京大学出版社 2013 年版，第 140 页。

④ 参见张卫平：《民事诉讼法》（第 4 版），法律出版社 2016 年版，第 80 ~ 91 页。

展总体水平有关，更与一个国家特定的经济形态和社会状态相关，因此审判专业化趋势与整体化趋势同时出现。① 陈胜蓝将包括破产审判在内的商事审判与我国经济发展的关系进行了深入研究，认为司法审判在中国经济发展中发挥了三个方面的功能：解决纠纷，执行契约；规则生成，界定产权；执行政策，管理经济。其中法官的释法活动事实上已超越或改变了原有立法规定的宗旨。中国的司法审判实施方案分享了立法机关的部分“立法权”，司法在破产法领域对于立法有替代作用。②

（2）破产审判权的特殊性

无论是企业破产还是个人破产，之所以都需要在破产法院（法庭）进行裁决，既有历史的原因，也因为陷入财务困境的企业和个人都在管理方面面临相似的困境，都需要牵制债权人，同时处理债务人的事务、归集债务人的资产、确认债权债务、确定不正当行为，以及权威地决定谁能得到什么。③

《企业破产法》第 4 条“破产案件审理程序，本法没有规定的，适用民事诉讼法的有关规定”实际上对破产审判中《民事诉讼法》与《企业破产法》的关系进行了原则性规定。而韩长印教授较早关注到破产审判特殊性：《企业破产法》实施初期，对破产案件审理的认识和研究还没有上升到破产审判权行使和运行的高度，但是韩教授已经指出破产程序的特殊性与其非讼性质相关。郑伟华也认为，法院在破产审判中的角色定位源于破产程序非讼属性，“法院主要以程序的推进过程体现司法行为的公正和效率”④。因为破产案件和审理程序的特殊性，“破产程序中法院负担的司法事务确有一部分与行使审判权没有直接关系，如

① 参见张旭东：《民事诉讼程序类型化研究》，厦门大学出版社 2012 年版，第 17 ~ 28 页。

② 参见陈胜蓝：《商事审判与中国经济发展》，北京大学出版社 2014 年版，第 43 ~ 50、77、108 ~ 118 页。

③ 参见［美］道格拉斯 · G. 贝尔德：《美国破产法精要》（第 6 版），徐阳光、武诗敏译，法律出版社 2020 年版，导论第 2 页。

④ 郑伟华：《破产审判中法院的角色定位——基于典型案例的思考》，“新时代破产审判的司法进路”京津冀法院破产审判研讨会会议论文，2018 年 7 月于北京。

法院选任和监督破产管理人、决定管理人的报酬、许可管理人对债务人财产的部分处理决定、听取管理人的报告、许可管理人辞职；召集、指挥第一次债权人会议；在和解、重整期间许可、同意债务人自行管理财产和营业事务等”。尽管如此，韩长印教授依旧强调法院在破产程序中的特殊任务“不足以改变法院作为争议裁判者的角色定位”，“法院……对破产程序中的一切争议仍有裁决权，而且这种裁决权与其他事务中的监督、管理、指挥权相比，尚占有主导地位”，因此破产案件审理过程中法官的上述职权应当被纳入破产审判权的范畴之内①。

从《企业破产法》实施到现在，对破产审判权进行单独研究和论述的文献较少。其一，曹爱民和李洪君两位法官的《审判权的限制与拓展——以审判权在破产程序中的运行来考量》提出了审判权在破产程序中有限制和拓展的原因是破产程序的利益诉求多元化、法律关系复杂化、参与主体多样化、权力行使复杂化，以及程序运行特殊化。作者认为，政府的强势介入，引起了审判权与行政权的紧张关系，审判权的独立地位受到了挑战；而“强制自治”模式的运作机制，一定程度上改变了法院（法官）中立的形象，审判权的权威性基础有所动摇；法院（法官）在破产程序中的主导地位，削弱了审判权被动性的品质，使其具有了行政权的一些内涵。② 但是受限于当时的司法环境和破产制度发展，文章没有直接提出破产审判权的内涵与外延，也没有突破大民事审判格局，还是将破产审判权的研究与民事诉讼程序中审判权的研究作为一体考虑。其二，陈国俊在《破产审判权浅析》一文中认为，破产程序比民事诉讼程序复杂，破产程序中裁判权弱化的同时其他权能得到强化。破产审判权的内容可以分为：程序控制权、制裁权、调查取证权、监督权、裁判权、保全及强制执行权和建议权。③ 其三，曹文兵在论文

① 韩长印、郑金玉：《民事诉讼程序之于破产案件的适用》，载《法学研究》2007 年第 2 期。

② 参见《审判权的限制与拓展——以审判权在破产程序中的运行来考量》，载滨州市滨城区人民法院网 2014 年 6 月 6 日，http://bzbcqfy.sdcourt.gov.cn/bzbcqfy/374640/374686/455905/index.html。

③ 参见陈国俊：《破产审判权浅析》，载《江苏经济报》2010 年 1 月 6 日，B03 版。

中对破产审判权中行政权适当介入进行了分析，他认为“破产审判工作是一项系统工程，关乎经济发展”，关系民生保障与社会和谐稳定，需要司法权和行政权各司其职，各尽其能，明确各自的权力边界。积极探索构建行政权尊重司法权、行政权服务和保障司法权的有序运行机制，保证行政权与司法权的顺畅衔接，企业破产程序才能顺利推进。①

2019 年和 2021 年，深圳市中级人民法院与重庆市第一中级人民法院针对破产审判权与破产事务管理权分离运行，分别进行了专门调研。两份报告都对破产审判权采取了狭义定义，仅限于对破产申请和衍生诉讼的裁断权力，而将破产管理人选任、破产法实施外部优化等其他权力归于破产事务管理权。② 深圳市中级人民法院的报告还分析了“两权”分离运行的依据，进而结合国内外司法实践探索“两权”分离运行的初阶、中阶和高阶模式。两份报告中对破产审判权范围界定的依据是法院处理事项的类型；而本书依据场域理论，从权力行使主体的范围进行较为广义的界定。两份报告和本书都以破产审判机构专门化改革和推进破产审判专业化，来实现破产案件审理质效提升的目的。

3. 关于破产审判专业化

（1）破产审判机构专门化

破产专业化审判改革起始于最高人民法院《关于全面深化人民法院改革的意见——人民法院第四个五年改革纲要（2014—2018)》（以下简称“四五纲要”）。该纲要不仅明确了审判权的判断权和裁量权性质，还提出要建立中国特色社会主义审判权力运行体系、优化人民法院内部职权配置。2016 年 6 月，最高人民法院印发《关于在中级人民法院设立清算与破产审判庭的工作方案》，从健全破产案件审判组织、加快破

---

① 参见曹文兵：《破产案件审理中司法权与行政权的边界》，载《湖北民族学院学报（哲学社会科学版）》2018 年第 1 期。

② 参见深圳市中级人民法院课题组：《从混同到分离：我国现行破产办理体制的审视与重构——以破产审判权与破产事务管理权分离运行为视角》，载龙光伟主编：《深圳破产审判年刊 2019》，人民法院出版社 2019 年版；曹世海、彭海波：《破产审判权与破产事务管理权的分离——以府院联动机制运行困境为视角》，载孙海龙、司伟、邬砚：《破产法律报告》，人民法院出版社 2021 年版。

产案件审理速度、提高破产案件审理专业水平等方面，提出要统一裁判标准，提高案件审判质效。该方案要求：直辖市应当至少明确一个中级人民法院设立清算与破产审判庭，省会城市、副省级城市所在地中级人民法院应当设立清算与破产审判庭。该方案还对中级人民法院下设的破产审判庭的职能范围、案件管辖和人员配备设置了基本标准。

2016 年 9 月，最高人民法院出台《关于进一步推进案件繁简分流优化司法资源配置的若干意见》，明确提出推广专业化审判，确定审理类型化案件的专门审判组织，科学选任法官，实行繁简分流，优化资源配置。但是对于如何界定专业化审判，专门化审判与专业化审判内在关系如何，理论界与实务界缺乏统一认识。有观点认为：专业化审判是指人民法院在现代社会矛盾日益复杂化、新颖化，纠纷内容以及解决纠纷知识日益专业化和社会分工日益精细化的大背景下，根据矛盾纠纷所呈现出的类型化的特点，由专门法院、专业化法庭、专业化合议庭、专业法官等主体，对特定类型的案件进行的专门化的审判活动。①

（2）破产审判专业化

从法官实务角度来看，破产专业化需要“建立专业破产审判队伍，完善破产案件法官绩效考评机制，提升破产法官审理积极性与创新意识”②。“专业化审判解决突出问题是审判效率过低、法律文书不能以理服人的问题。”③“它既能够实现案件办理效率的提升，促进案件裁判尺度的统一，更重要的是能够通过专业化及时提升对社会相关事务的关注和回应。”④ 徐阳光教授 2016 年提出了中国设置破产审判庭的必要性，他认为破产法的“坩埚”效应决定了破产程序的复杂性，破产程序的终极性增加了利用破产制度讨债的质疑，加之破产程序多元性特点，组

---

① 参见李兆杰、牛艳：《人民法院推进专业化审判路径探析》，载人民法院报 2017 年 5 月 3 日，第 8 版。

② 俞锦锋：《构建破产审判“五化”格局的思考》，载中国法院网 2018 年 11 月 7 日，https://www.chinacourt.org/article/detail/2018/11/id/3566626.shtml。

③ 文彬：《专业化审判是必由之路》，载《人民法院报》2019 年 6 月 15 日，第 2 版。

④ 肖新征：《此消彼长：审判权厘定后审判业务机构改革的新进路》，载《山东法官培训学院学报》2019 年第 6 期。

建专门的破产法庭，实现破产审判专门化和专业化是最佳解决方案。[①]截至2024年初，全国已经有100余家清算与破产审判庭以及专门的破产审判合议庭、17家破产法庭建立。破产法庭的建立有助于传播破产的正面理念，降低破产成本，推动“执转破”程序的有效衔接。[②]

但是，从目前实践情况来看，设立破产审判庭和破产法庭并没有提升法官行使破产审判权的独立性和专业性，破产审判专门化程度和破产审判权专业化水平不能满足实践需要。鲁雅清指出，最近几年我国法院受理的破产案件激增，破产案件特殊性、破产审判专业化需求，以及破产法官考核的改革的要求，对我国早期建立破产法院提供了内在动因。[③] 2019年最高人民法院《关于适用〈中华人民共和国企业破产法〉若干问题的规定（三）》出台，将破产审判专业化建设在优化营商环境和深化供给侧结构性改革中的积极作用予以彰显。在司法实践中，地方各级人民法院着力加强破产审判专业化建设，提高破产审判信息化水平，加强司法与行政的良性互动，探索完善破产管理人制度、破产重整、执行程序与破产程序的衔接等相关制度。[④] 从最高人民法院的司法改革层面来说，破产制度完善的目标是：完善破产程序的启动机制，强化法律效果；建立破产简易程序，提升破产审判效率；完善管理人制度，促进管理人报酬合理化；扩大破产制度适用主体，完善破产法律制度体系。

（3）破产审判机制

2018年最高人民法院印发《破产审判会议纪要》，提出健全破产审判工作机制，最大限度释放破产审判的价值，包括破产重整企业识别、

---

① 参见徐阳光：《中国为何要设置破产案件审判庭》，载王欣新主编：《破产法茶座》第1卷，法律出版社2016年版。

② 参见石干一、黄梅：《试论设立破产法庭的意义及发展路径》，载《西部学刊》2021年第12期。

③ 参见鲁雅清：《设置破产法院的必要性研究》，“新时代破产审判的司法进路”京津冀法院破产审判研讨会会议论文，2018年7月于北京。

④ 参见肖波、叶浪花：《第三届市场化破产国际研讨会召开　刘贵祥出席并致辞》，载《人民法院报》2019年10月17日，第1版。

政府与法院协调、案件信息沟通、合法有序的利益衡平四项破产审判工作机制。这是对破产案件启动难、法院对外协调难问题的回应，也对应着破产案件实现受理常态化、审理专业化和信息化的破产审判权运行应然状态。同时，《破产审判会议纪要》进一步明确破产审判权运行的任务：助推建设现代化经济体系；着力服务构建新的经济体制，完善市场主体救治和退出机制；完善执行与破产工作的有序衔接，推动解决“执行难”。“五五纲要”提出：加强清算与破产审判机制建设，加大审判队伍培训力度，全面提升专业化水平，将破产审判从民事审判中单列出来予以特殊关注。

第一，关于“执行不能转破产审查”机制。中国“执行不能转破产审查”机制的法律依据，是 2015 年最高人民法院《关于适用〈中华人民共和国民事诉讼法〉的解释》第 513 条至第 516 条。2017 年最高人民法院《关于执行案件移送破产审查若干问题的指导意见》（以下简称《“执转破”指导意见》）细化了程序规定。2018 年《破产审判会议纪要》对“执转破”的具体问题作了进一步规定。地方法院也针对各自的民商事案件执行与破产案件审理实际情况，在协调现有破产审判机构和破产审判队伍的基础上，制定了各自推进和规范执行转破产的法律文件。

第二，关于简易程序。破产审判中简易程序适用，是民事诉讼繁简分流改革的内容之一，即针对不同类型的破产案件，精准对应审判程序，实现程序正义与实体正义的统一，提高破产审判质效。最高人民法院印发了《关于推进破产案件依法高效审理的意见》，各地法院为推进和加速破产案件审理制定了相关的法律文件，主要从繁简分流的识别、审理期限的规定、破产管理人选任程序、送达和公告的方式与时间、债权人会议召开的方式等方面，优化程序模式，进一步缩减审理时间。

第三，关于预重整程序。2018 年以来，《破产审判会议纪要》、《加快完善市场主体退出制度改革方案》、《九民纪要》等法律文件对预重整制度的构建给予了肯定和支持。截至 2022 年，全国至少有 21 个省市区制定并公开了预重整的指引或相关政策。但是，在程序启动模式，债务人主体资格限制，预重整期限，破产管理人的选任、履职和报酬等方面规定各不相同。

第四，关于“府院联动”机制。中国的市场化破产从行政性破产转变而来，因此行政机关的作用和角色发生了转变：从主导企业破产到配合破产管理人进行债务人资信处置、企业注销等。实践中，破产程序推进离不开行政机关的参与，但是理论界对行政机关参与破产审判的合法性和合理性存在不同观点。从法学理论出发，根据审判权运行一般规律，审判权独立行使应当排除外界权力干预。但是面对破产案件审理需要，王欣新教授将我国破产法制中审判权与行政权关系的表现总结为：某些行政权前置于司法权，某些行政权配合司法权行使。[①] 在破产审判专业化进程中，法院对行政权力经历了依赖—排斥—“府院联动”的转变，对行政权力在破产审判中发挥作用的认识发生了变化，政府与市场的替代、互补、排斥关系在不同历史阶段和破产程序具体问题中交融。[②] 李曙光教授认为：破产审判中的行政权配合破产审判权行使，是一种符合我国司法实践“成本—收益”的妥协性选择，是一种过渡措施。但是，为了保证破产审判权运行的程序公正，需要制定相应的规则来规范法院与行政机关的关系，对行政机关参与设置必要的限度，既要调动行政机关参与积极性，满足案件高效审理的需要，又要保证破产审判权行使独立性和中立性。

总体来说，国内审判权论著对破产审判特殊问题的针对性不强。国内关于审判权的论著大多是若干年前的研究成果，其解决的实际问题与现在我国司法改革和破产审判权运行过程遇到的问题已经有了一定的区别。如今我国不断强化审判专业化，而在一定程度上弱化了国家权力与公民个人权利对抗化解的研究，一方面是因为前人的理论研究已经回答

---

① 参见王欣新、李江鸿：《破产法制中司法权与行政权关系探析》，载《政治与法律》2008 年第 9 期。

② 参见王欣新：《破产法前沿问题思辨》，法律出版社 2017 年版，第 29 ~ 38 页。

了很多基本问题；另一方面是我国审判实践的发展和司法改革取得的成果不断更新着公众对于司法审判的认识，以专业化提升审判水平和案件审理质效成为当下司法改革的主要任务。

（二）国外研究现状

国外没有直接针对破产审判权研究的专著和论文，相关研究散见于各国破产制度的介绍和规则之中，所以研究过程中，需要以问题为导向梳理整合现有的研究成果。

1. 破产审判权演进

（1）经济学视角

诺贝尔经济学奖得主奥利弗·哈特教授认为“破产程序应该提供事后有效的结果”，即实现债权人、债务人和其他利益相关主体的利益最大化。① 审判权作用于破产程序，破产程序源于企业陷入经营和财务困境，因此应通过制定破产法、推动法律实施来实现社会成本最小化这一理想目标。② 关于破产审判权的资源性认定问题，相关论述如下。美国学者帕森斯认为：“权力是一种用于促进整个团体或整个社会利益的集体资源。”③ 美国家庭社会学家古德认为，“权力是社会控制过程中的一种资源。”④ 美国社会学家林南认为，权力是嵌入社会关系网中的资源。⑤ 英国社会学家吉登斯认为权力形成的基础是资源，每个行动者都能获得资源，拥有一定的权力，但权力的大小要取决于行动者所能调动的资源多寡。⑥

---

① See Oliver Hart, *Different Approach to Bankruptcy*, Harvard Institute of Economic Research Discussion Paper, Number 1903.

② See Francisco Cabriloand and Ben W. F. Depporter, Bankruptcy Proceedings, http://encyclo. findlaw. com/7800bok. pdf, p. 277.

③ Talcott Parsons, *Politics and Social Structure*, The Free Press, 1969, p. 185 – 223.

④ William J. Goode, *The Celebration of Heroes: Prestige as a Social Control System*, University of California Press, 1978, p. 2 – 6.

⑤ 参见［美］林南：《社会资本——关于社会结构与行动的理论》，张磊译，上海人民出版社 2005 年版，第 42 ~ 44 页。

⑥ 参见［英］安东尼·吉登斯：《社会的构成》，李康、李猛译，中国人民大学出版社 2016 年版，第 241 ~ 247 页。

科斯定理在审判权运行的方面的应用是：关于破产审判权运行的理想状态是最大化收益，同时最小化制度成本，即通过明晰权力归属来降低交易费用。[①] 美国经济学家奥利弗·E. 威廉姆森认为：交易费用在经济活动中就相当于物理中的摩擦力。[②] 关于产权与交易费用，美国经济学家德姆塞茨认为：产权制度的出现是为了降低交易费用。[③] 产权能够将个人行为的外部性内化形成激励作用，因为私有产权使行为人能够更加准确充分地对其行为的成本和收益作出判断与回应。[④] 科斯认为：在一个存在交易费用的世界中，资源的产权归属对于资源价值的实现至关重要，一种权属安排相比另一种权属安排能够在更大程度上实现资源的价值。因此破产审判权运行中，具体权能的行使与分割，需要通过法律进行明确规定，通过规范主体关系、明确各自职权，来减少破产审判权运行的不确定性。

破产审判权具有经济属性。美国法官波斯纳认为，法院和立法机关更明确地运用经济理论会使法律制度得到改善。[⑤] 这一论断从普通法系国家的法官具有立法权的角度进行，说明了法官行使破产审判权，是在追求财富最大化（包括有形财富和无形财富）。[⑥] 波斯纳从法官个人所处的约束条件和激励背景来分析法官如何裁量案件，虽然没有具体分析审判权的产权的经济学原理，但是认为法官的效用函数涉及薪资、休闲、众望、威望、公益、回避判决被撤销、声誉和投票等诸多方面。将审判权运行中抽象的原则与标准具象化，并与经济利益挂钩，为破产审

---

① See Ronald H. Coase, *The Problem of Social Cost*, The Journal of Law and Economics, Vol. 3, p. 16 (1960).

② See Oliver E. Williamson, *The Economic Institutions of Capitalism*, Free Press, 1985, p. 33.

③ See Harold Demsetz, *The Exchange and Enforcement of Property Rights*, Journal of Law and Economics, Vol. 7, No. 4, p. 18 – 19 (1964).

④ See Harold Demsetz, *Toward a Theory of Property Rights*, The American Economic Review, Vol. 57, No. 2, p. 348 (1967).

⑤ 参见［美］理查德·A. 波斯纳：《法律的经济分析（上）》，蒋兆康译，中国大百科全书出版社 1997 年版，序言。

⑥ 参见［美］理查德·A. 波斯纳：《法理学问题》，苏力译，中国政法大学出版社 2002 年版，第 444 页。

判权运行中的法官选任与培养应然状态、激励与约束机制构建提供了参考模型。

根据美国学者诺思制度演进的理论，制度更新是因为环境变化，实施成本更低的制度被选择出来是社会博弈的结果，制度用来减少人们行为的不确定性。① 本书对于破产审判权的研究也基于减少权力运行的不确定，提高破产案件审理质效，因此研究过程中主要通过梳理各国破产法和破产制度发展的历史，来分析现代意义上的破产法产生后，破产审判逐渐从商事审判中分离的进程和背后的原因。

（2）社会学视角

本书在破产审判权研究中引入了法国社会学家布迪厄的场域理论。“场域”是他提出的社会学概念，指的是在各种位置间客观关系的一个网络（network）或一个构型（configuration），也指各种位置之间存在的客观关系的网格和构成。② 场域是“处在不同位置的行动者在惯习的指引下依靠各自拥有的资本进行斗争的场所”。③ “资本”指的是某场域中的成员所拥有的，并且仍在不断追求的某种特殊利益；“惯习”指的是整个场域或场域内部成员行动时所遵循的一般逻辑，是一种区别于习惯的更为复杂的行为方式。场域理论中的“场域”、“惯习”和“资本”，对应实践中的“空间”、“逻辑”和“工具”。破产审判是一种特殊的审判类型，破产审判是多个成熟场域因为破产案件而交汇在一起形成的交集，是一个具有特殊性和开放性的新型场域。在分析破产审判与破产审判权和破产审判权运行的关系时，在破产审判的空间中，法律为破产审判权提供了资本，审判权运行的基本逻辑是破产审判场域中的惯习，破产审判权产生于破产审判，并且在破产审判的场域中运行。

---

① 参见［美］诺思：《制度、制度变迁与经济绩效》，杭行译，格致出版社、上海人民出版社 2014 年版，第 7 页。

② 参见［法］皮埃尔·布迪厄、［美］华康德：《实践与反思：反思社会学导引》，李猛、李康译，中央编译出版社 2004 年版，第 133 ~ 145 页。

③ 宫留记：《布迪厄的社会实践理论》，河南大学出版社 2009 年版，第 48 页。

（3）法学视角

《发达国家企业破产制度》以商品经济发展的脉络展现西方国家破产立法过程，自由贸易和竞争过程中的市场失灵时需要国家进行干预。除立法调整之外，国家公权力也逐渐向司法领域渗透，罗马法中公权力对债务执行的干预被认为是破产审判的起源。① *International Cooperation in Bankruptcy and Insolvency Matter* 一书对破产审判权起源分析道：破产审判从最初对债务人施以刑罚，到后期针对财产进行处置，要实现不同时期破产法对经济发展的调节作用，各国破产审判机制也随之调整。②伴随债务清理法规的变化，国家的破产审判权不断强化，从法律诉讼阶段（legis actiones）裁判官保障债权人公平受偿，到程式诉讼时期（foemulae）裁判官授权原告对逃跑的未履行债务的被告的全部财产实行占有，并授权债权人会议选出一个财产托管人，③ 到非常诉讼时期（extrodinaria cognitio）非经裁判官的命令不得执行债权人的财产，破产审判权的国家权力属性不断强化，保障债权人利益、维护公平正义的功能突出。破产审判权的权威性和强制执行特征催生了早期的自愿破产制度，凯撒时期《关于财产让与的优流斯法》（Lex Iulia de bonis cedendis）颁布，允许债务人自愿将其全部财产让与债权人，从而避免任何人身强制措施（如强制执行）并避免破廉耻。④《法国法律发达史》展现了破产法从民法典到商法典，再到独立的立法过程，破产法的独立是破产审判权独立的基础。⑤《德国法律发达史》表明破产法从一开始就没有被规定在商法典中，而直接以单行法出现，进一步肯定破产制度的特殊性和破产审判权独立性。⑥

---

① 参见王培荣、粱扬子：《发达国家企业破产制度》，时事出版社 2001 年版，第 1 ~ 36 页。

② See Bob Wessels, Bruce Markell & Jason Kilborn, *International Cooperation in Bankruptcy and Insolvency Matter*, Oxford University Press, 2009, p. 3 – 5.

③ 参见黄风编著：《罗马法词典》，法律出版社 2002 年版，第 43 页。

④ 参见徐国栋：《罗马破产法研究》，载《现代法学》2014 年第 1 期。

⑤ 参见何勤华主编：《法国法律发达史》，法律出版社 2001 年版，第 282 ~ 293 页。

⑥ 参见何勤华主编：《法国法律发达史》，法律出版社 2001 年版，第 266 页。

2. 破产审判机构与破产法官

(1) 关于破产审判机构

美国建立了独立的破产法院，破产审判专门化程度最高。因此，对美国破产法院建立的历史和破产法官特殊地位的比较性研究和分析格外重要。联邦地区法院对《联邦破产法典》下的所有“案件”拥有原始和专属管辖权。[①] 因为破产申请触发的程序只能在地区法院申请，且地区法院对相关的民事争讼具有原始但不排他的管辖权，破产法院是地区法院的附属机构。[②] 美国学者劳伦斯·鲍姆在《从专业化审判到专门法院：专门法院发展史》一书中，将包括美国破产法院在内的专门法院和专门法官设置的原因、趋势和方式进行了制度化研究，认为美国审判专业化是一种偏离制度设计的现象，受到“民间理论”（folk theory）影响。[③] 而国外关于破产法学的专著中关于破产法院的内容，其介绍和论述基本以管辖权与法官职责为主，比如《德国破产法导论》第六章的破产法院；[④]《德国破产法》第五章，德国破产审判机构限于地方法院所在地的区法院，其管辖分为事务管辖、地域管辖和职能管辖；[⑤] 美国学者查尔斯·J. 泰步《美国破产法新论》第六章破产管辖与破产司法程序。[⑥] 李曙光教授的《美国破产法院综述》和《破产法院与破产法官》，[⑦] 是我国学者早期认识美国破产法院从属于地区法院的地位、破产法官特殊地位（选拔与有限任期）的资料。美国 1978 年《联邦破产

---

① 参见《美国法典》第 28 编第 1334 节。

② 参见［美］道格拉斯·G. 贝尔德：《美国破产法精要》（第 6 版），徐阳光、武诗敏译，法律出版社 2020 年版，第 26 页。

③ 参见［美］劳伦斯·鲍姆：《从专业化审判到专门法院：专门法院发展史》，何帆、方斯远译，北京大学出版社 2019 年版，第 7 页。

④ 参见［德］莱因哈德·波克：《德国破产法导论》（第 6 版），王艳柯译，北京大学出版社 2014 年版，第 19 ~ 23 页。

⑤ 参见［德］乌尔里希·福尔斯特：《德国破产法》（第 7 版），张宇晖译，中国法制出版社 2020 年版，第 25 ~ 30 页。

⑥ 参见［美］查尔斯·J. 泰步：《美国破产法新论》（第 3 版），韩长印、何欢、王之洲译，中国政法大学出版社 2017 年版，第 357 ~ 432 页。

⑦ 参见李曙光：《美国破产法院综述》，载《法制资讯》2013 年第 3 期；李曙光：《破产法院与破产法官》，载《法制日报》2007 年 5 月 13 日，第 11 版。

法典》设立了隶属于地区法院的破产法院体系。

（2）关于破产法官

法国由商人进行破产案件审理，是因为破产审判与商事审判权一致：首先，裁决商事纠纷的裁判官应当是精通商事贸易惯例之人；其次，司法审查或寻求和解的过程中最令人关注的，是应该选择能受到诉讼双方信任的裁判法官。[①] 德国司法辅助人对进入法院的破产案件具有原则上的职能管辖权，法官具有部分职能管辖权。法官与司法辅助人共同承担以下职能：决定破产程序终结和中止，决定对破产管理人的法律监督，临时设立债权人委员会，召集并主持债权人会议，确认破产计划以及命令和终结自行管理——法官可以保留全部或部分职能，然后委托给司法辅助人，或再次由法官自行负责。[②] 美国学者小戴维·A. 斯基尔所著《债务的世界：美国破产法史》以“公共政策选择”为理论基础，揭示了美国破产法律制定和多次修改背后的政治逻辑与利益集团博弈，直观展现了破产法院与破产法官如何一步步走入历史舞台。破产法官在美国破产法的修订中发挥着特殊作用：在判例中形成规则，影响国会立法，影响官方管理人机构建立。美国破产法官不具备美国《联邦宪法》第 3 条的法官地位，导致了破产案件审理过程中管辖范围的冲突。苏珊·默南在《工业社会中的破产：俄亥俄州北区破产法院的历史》一书中介绍了俄亥俄州经济发展的不同阶段破产法院发展、破产法官队伍的建设以及寻求破产法院保护的债权人和债务人的利益平衡。每一次破产法的修订对破产法院的管辖范围、破产法官权能行使都是根本性改变。在《五十年的正义：美国佛罗里达州中区地方法院的历史》一书中，德纳姆从法官视角说明了破产法修改、经济社会变迁对佛罗里达州地区法院破产案件数量和类型的影响，以及破产法官的选任和工作内容，直观展示了美国破产法官的日常工作。

---

① 参见李玉林：《论法国特殊商事审判制度——以商事法院与商事法官为中心》，载《山东审判》2008 年第 3 期。

② 参见［德］乌尔里希·福尔斯特：《德国破产法》（第 7 版），张宇晖译，中国法制出版社 2020 年版，第 26 页。

3. 关于破产审判权运行权能

美国法官行使破产审判权的逻辑和方式与中国存在很大差别，主要体现在美国的破产审判充分尊重当事人意思自治，法官为维护破产程序公平正义而进行“监管”。在立案与受理时，不是以严格的审查开始，而是受理案件后对不符合法律规定的案件予以驳回。在审查与确认权能方面，对破产原因的审查区分破产法与衡平法两种标准，负债超过资产是破产意义上的资不抵债，而不能清偿到期债务是衡平法意义上的资不抵债。在控制权能方面，法院享有广泛的权力，可以将根据破产法某一章申请的案件转为符合另一章条件的案件。①

在破产案件管辖权方面，各国的规定受制于破产审判机构的设置和司法制度。美国《司法机构与司法程序规则》对美国地区法院的管辖范围进行了划分，在此基础上划定 90 个破产法院的管辖范围；同时，对破产法官的选任与职权进行了详细规定。美国破产审判中将破产案件中的事务和争讼（proceeding）分为常规性的管理性事务（administrative matter），核心争讼与破产案件中不是必然存在的非核心争讼，其中核心争讼包括异议程序（contested matter）、对抗程序（adversary matter）。②《破产诉讼与实践：从业者指南》一书中将美国破产法院的管辖权分为对人、对物和其他争议三个部分，而其他争议即非核心争讼问题。③ 由此出现的破产法官审理范围的争议往往牵涉州政府与联邦政府的利益平衡，成为宪法性争议。

破产审判权运行的核心是具体权能的运行，而具体权能行使又体现和塑造着破产审判的特殊属性。破产审判权在破产重整计划的批准过程中所发挥的作用，是破产审判权与一般民商事审判权有所区别的重要表现，美国的 Mark J. Roe，Frederick Tung 和 Howard Zhang 在 *Bankruptcy*

---

① 参见［美］道格拉斯·G. 贝尔德：《美国破产法精要》（第 6 版），徐阳光、武诗敏译，法律出版社 2020 年版，第 18 页。

② 参见［美］查尔斯·J. 泰步：《美国破产法新论》（第 3 版），韩长印、何欢、王之洲译，中国政法大学出版社 2017 年版，第 357 ~ 358 页。

③ See Salerno Thomas, *Bankruptcy litigation and practice : a practitioner's guide*, 2nd *ed.*, J. Wiley, 1995, p. 23 – 29.

and Corporate Reorganization: Legal and Financial Materials 一书第 20 章中，对美国“破产审判权有限性”这一现象各方的诉求和博弈结果进行了介绍。Thomas Jackson 在 *Logic and the Limits of Bankruptcy Law* 一书中认为，破产法的目的是有限的，是解决破产所带来的问题，破产原则不应改变各方依据破产法之外的法律而享有的权利；太过广义的破产审判权运行会引发更多争议，造成高成本、低效率。[①] 这在一定程度上对法官行使破产审判权时自由裁量的范围和商业判断的标准进行了限制。

国外破产审判权及运行的现状缺少系统化论著。为此，需要阅读各国破产法条文和相关解释以及各国破产法基本制度为容的介绍，进而从中分析和提炼各国破产审判权理论和运行的特殊性，总结和归纳破产审判权理论和运行的共同性。除了美国《联邦破产法典》，美国《联邦破产程序规则》详细规范了债权人或债务人申请破产、提出异议的程序和需要提交的材料、债权人会议的决策程序和权限、破产管理人与联邦破产托管人在不同程序中的职责、破产法院需要进行审查和裁决的事项以及程序等。其他国家破产程序的基础资料大多是教科书式的系统化介绍，比如《德国破产法导论》、《德国破产法》（第 7 版）、《英国公司和个人破产法》（第 2 版）、爱泼斯坦等《美国破产法》、贝尔德《美国破产法精要》等，对破产法基本构造和破产程序运行进行或简要或细致的概述，但是这些论著缺少问题导向，与我国破产审判权运行状态缺乏关联性。

关于美国破产审判专门化，鲍姆在《从专业化审判到专门法院：专门法院发展史》一书中介绍了审判专业化产生的中性优势和社会效果，对我国破产审判专业化改革提供了目标指引。在提升破产案件审理质效的过程中，构建专门的破产法院、提升破产法官专业能力这一途径已经在美国的审判权改革中被验证。作者总结的美国破产审判规则演进情况如表 1 - 1 所示。

---

① See Thomas H. Jackson, *Logic and the Limits of Bankruptcy Law*, Harvard University Press, 2001, p. 12 - 23.

表1-1 美国破产审判规则演进情况

年份	具体规则与内容
1898	《破产法》重构了联邦破产法律，设立了新的审判制度，即由地区法院任命破产公断人（referee）作为该院附设职位（adjuncts），任期两年。破产公断人的报酬根据处理案件提取费用，而不是固定薪酬，主要职能具行政性的，如果处理的事项属于审判职能，那么他们的决定将由地区法官审查。
1938	《钱德勒法》（Chandler Act）把破产公断人的大部分行政职责转交给了破产托管人（trustees）或书记官（clerks）。
1946	1946年《破产公断人薪酬法》（Referees'Salary Act of 1946）对仲裁人采取授薪制，撤销了原来的报酬提取制度，且把任期延长至6年。
1973	最高法院颁布的《破产诉讼规则》（Rules of Bankruptey Procedure）把“破产公断人”的头衔转为“破产法官”。破产法官的管辖权有效扩张，更多行政职责转交其他职员。地区法官负责审理对破产法官裁决的上诉。
1978	1978年《破产法》设立了隶属于地区法院的破产法院体系。破产法官管辖权扩大到破产债务人的其他诉讼案件。法官任命方式也从原来地区法院任命变更为总统提名加参议院确认。法官任期延长至14年。巡回区司法委员会（cireuitcouneil）可以组建破产合议庭审理破产上诉案件；否则，上诉案件一般由地区法官审理。
1982	最高法院在“北方管道建设公司诉马拉松管道公司案”（Northern Pipeline Construction Co. v. D. Marathon Pipeline Co.）判决中推翻了1978年《破产法》的规定。最高法院判定《破产法》给予破产法官仅《联邦宪法》第3条可赋予的法官权力，因此构成违宪。在该案中最高法院并没有形成多数方意见，有两位法官虽然赞成构成违宪，但在“违宪程度”的判断上与其他大法官意见相左。
1984	在一些临时措施之后，1984年《破产修正与联邦法官地位法》（Bankruptcy Amendments and Federal Judgeship Act of 1984）对最高法院的判决作出了正式制度回应。上诉法院负责破产法官的任命，任期14年，同时也负责现任破产法官的续职。破产法官获得了破产法案件以及与破产“核心程序”衍生案件的完整司法权。在非核心程序的案件中，破产法官会将事实认定和法律适用的结论呈递给地区法官，由后者最终决定；如果取得当事各方同意，破产法官也可以直接裁决。上诉程序与1978年的法律规定类似。
1994	1994年《破产改革法》（Bankruptcy Reform Act of 1994）允许破产法官在征得当事人同意时引入陪审团。每个巡回区应当依法成立破产法官上诉庭，除非发生两种法定例外情形之一。对破产案件的上诉由破产上诉庭（如果有）负责，除非一方当事人要求由地区法官审理。

美国破产审判权运行的宪法性争议主要来自法官地位特殊性。贝尔

德认为：破产法官并非独立自主行事，也不行使司法权，破产法官仅仅附属于地区法院；如同衡平法院任命特别主事官（special master），地区法院可以选择将破产案件委托给破产法官。① 中国并不存在破产法官与一般法官身份性质和权限范围的不同，破产审判权专业化是要提升现有法官的专业能力，提供更加明确的审查规则和裁量标准，因此，这一问题在我国破产审判专业化改革过程中是破产案件与衍生案件审理权限划分问题，但是无须考虑当事人宪法性权利保障。由于我国目前对破产衍生案件审理没有明确规定，美国破产审判对此问题的一系列重要案例和最新发展可以为后续破产审判权运行的规范提供一定借鉴。

对于破产法院建立问题，一方面我们可以从国外商事法院②和美国联邦破产法院的运作模式中吸取经验，另一方面也要立足我国司法体制改革的背景和审判实践。目前我国已经建立了知识产权法院、金融法院、互联网法院，而环境资源审判也在探索从审判庭向专门法院发展，这都为建立破产法院提供了借鉴。专门法院所依据的是案件的专业性而非案件所属的专业部门的特点。③ 其中，知识产权法院在北京、上海、广州设立是因为知识产权案件数量多、集中程度高，专门法院审理能够优化审判资源配置，符合成本与效益的考量。④

因为划分破产审判、破产审判权运行的语境在中国，所以主要考察和分析国外与中国在破产审判运行中有较大差别的权能，从比较法的视角，对国外破产审判中各参与主体的权限进行拆分组合。比较典型的差别体现如下。其一，破产审判的受理权能。国外破产案件提出破产申请后，法院需要审查的内容主要以需要当事人提交的各项材料的形式表现出来，尤其是破产中法官并不进行实质性审查，而是通过受理后的驳回

---

① 参见［美］道格拉斯·G. 贝尔德：《美国破产法精要》（第6版），徐阳光、武诗敏译，法律出版社2020年版，第26页。

② 参见何其生主编：《国际商事法院研究》，法律出版社2019年版，第13～35页。

③ 参见范永龙：《从专业法庭到专门法院——论设立环境资源法院的现实考量与机制构建》，载《山东法官培训学院学报》2019年第5期。

④ 参见冯晓青、王丽：《从专门法庭到专门法院：我国知识产权司法的最新进展透析》，载《南都学坛》2015年第5期。

规则进行。[①] 其二，破产审判的裁量权能。破产审判权中一个比较特殊的问题是重整计划的强制批准权。[②] 其中法官需要进行一定程度的商业判断，包括企业存续的价值、重整计划可行性、重整计划清偿比例与评估清算价值等。美国通过判例在破产审判中确定和更新重整计划的批准条件，比如关于可行性标准，法院需要考虑资本结构的充分性、企业的盈利能力、经济条件和管理能力。[③] 在 Temple Zion 案件中，考虑的因素又增加了两个，分别是"在相同管理情形下可以继续运营的可能性，以及其他能够确定实现成功操作的前景的相关事宜，以便该计划规定得以实施"[④]。

美国是判例法国家，虽然破产法以成文法形式确定下来，但是法官造法和进行法律解释的地位在其行使破产审判权的过程中，不断修正和发展破产法、丰富和完善破产制度。美国 Ronald J. Mann 所著 *Bankruptcy and the U. S. Supreme Court* 则通过对美国最高法院审理的破产案件的梳理总结，分析法官如何解释《联邦破产法典》，试图理解法院在破产案件中如何做出那些决策。分析案例的过程，也是作者展示当法官从法条和政治观念中无法得到指导时该从何处寻找裁判依据，当成文法无法提供必要指导时法院如何去解释法律的过程。作者经过案例分析发现，因为执行不足，美国法院的决策从系统上阻碍了破产法立法目标的实现，而面对金融风险无处不在、经济不稳定的社会现状，法院以自身的地位和能力应当在经济社会中发挥其行使国家权力的特殊作用。

三、研究思路与研究方法

（一）研究思路

本书从破产审判权运行角度，对中国破产审判权进行研究。破产审

---

① 参见［美］查尔斯·J.泰步：《美国破产法新论》（第3版），韩长印、何欢、王之洲译，中国政法大学出版社2017年版，第133页。

② See Jack Friedman, *What Courts Do to Secured Creditors in Chapter* 11 *Cram Down*, Cardozo L. Rev. 14, 1992－1993, p. 1495－1944.

③ See In Re Merrimack Valley Oil Co., Inc., 2 B. R. 485 (Bankr. D. Mass. 1983).

④ In re Temple Zion, 125 B. R. 910, 914－915 (Bankr. E. D. Pa. 1991).

判权的权能复杂，破产审判权运行是多项权能综合运转的动态过程，因此本书着重于分析提高破产法实施的效率价值，借鉴经济学“降低成本、提高收益”的思路，针对提升破产案件审理质效的核心环节，来分析和解决实践中破产审判权运行不畅的问题，实现社会整体资源高效利用和我国经济转型阶段的收益最大化。本书的研究从司法实践中发现问题，进而回溯理论和立法，在制度载体中寻找原因，为《企业破产法》修订和破产审判的实践探索提供理论基础。本书从实践到理论展开分析，而后通过理论来指导和规范破产审判实践，进而从破产审判权运行角度完成破产审判权的专门研究。

1. 发现中国破产审判权在运行中存在的问题

根据联合国《破产法立法指南》的破产法实施目标、世界银行的营商环境评估指标，以及当前供给侧结构性改革深化的要求，提升破产案件审理的效率和质量至关重要。而在司法实践中，我国破产案件也存在“启动难”① 和“审理难”② 的问题，总体上表现为破产审判权运行不畅。而破产审判实践中暴露出来的问题，又与当前破产审判权基本理论和相关立法不完善存在密切关系，因此，分析破产审判权的相关问题要从司法、理论和立法三个方面进行。

2. 分析中国破产审判权运行不畅的原因

为了解决中国破产审判权在运行过程中出现的问题，首先需要明确破产审判权是什么，以及破产审判权从何而来，其次通过分析破产审判权运行的特殊性，来进一步剖析阻碍破产案件审理质效提升的原因。

本书通过对国内外破产审判发展历程的考察和对比，构建破产审判与破产审判权和破产审判权运行的关系，明确破产审判权的内涵和外延。实践中，中国破产审判权运行不畅问题只在司法层面体现，其受到破产审判权的理论和立法不完善的影响，而核心是缺少对破产审判权的

---

① 参见温岭市人民法院课题组：《促进民营经济高质量发展的司法保障研究——基于构建破产便利化视角》，载《上海市经济管理干部学院学报》2023 年第 1 期。

② 参见杨春平：《论经济转型条件下破产法律制度的有效适用》，载《法制与经济》2017 年第 2 期。

专门研究，导致破产审判权运行的独立性无法实现，破产审判权专业化改革推进困难，难以提升案件审理质效。

3. 为破产审判权高质量高效率运行提供理论基础和具体建议

本书最终的研究目的，是基于破产审判权在案件审理中的运行状态，来形成对破产审判权的专门研究，实现破产审判权高质量高效率运行，以及为其运行提供保障。

首先，通过破产审判权与民事审判权的对比和联系，以及破产审判权运行的背后的经济学原理，论证破产审判权的特殊属性和特殊功能，构建破产审判权的理论框架。其次，以破产审判权的基本内涵、特殊属性和特殊功能为依托，重新梳理破产审判权运行主体间的关系，推进破产审判机构专门化和破产审判专业化，提升破产审判权这一稀缺资源的利用效能，降低制度运行成本。再次，通过对破产审判权运行的权能与民事审判权进行联系和对比，进一步明确破产法官的职权，以及运行方式，将破产审判权特殊属性具象化，切实发挥破产审判权运行的特殊功能。最后，为保障破产审判权运行，从基本理论、参与主体、技术革新等方面提出配套措施。

（二）研究方法

1. 比较研究方法

本书通过比较研究的方法，分别梳理国外破产审判的演进与中国破产审判权发展过程，比较破产审判权运行独立过程的中外差别。通过分析美、英、德、法、日等国家关于破产审判的立法和司法状况，与中国《企业破产法》规制下的破产审判权运行的法治环境进行对照，为中国破产审判权高效有序运行构建基本理论，创造良好的外部和内部环境。中国破产审判起步晚，破产法和破产制度是法律移植的结果，因此要想全面而准确地认识破产审判运行的应然状态，需要研究国外破产的理论、立法和司法状况，针对中国破产审判权运行存在的问题找出原因，从而为提高中国破产审判权运行质效提供切实可行的参考方案。

2. 法经济学研究方法

本书通过经济学研究的方法，将经济效率目标与法律的公平价值结合，着眼于提升破产审判权运行的质量与效率，以及如何在改进制度过程中实现成本降低与收益提升；从审判权资源性入手，将破产审判权运行质效转化为破产审判权运行的制度收益与成本的比值；以科斯定理关于产权与交易费用的理论为基础，规范破产审判权运行中各参与主体的关系，实现破产审判权与破产管理权、当事人自治权和行政权的制约与平衡。本书通过诺思制度演进的理论，明确优化破产审判权制度载体的方向，最大化降低破产审判权运行的制度成本。破产程序是一种对破产财产产权进行再分配的事前合同，破产审判权运行是实施规则、实现社会资源分配的过程。因此，破产审判权理论的构建、运行状态的优化都需要围绕降低破产成本、最大化破产收益进行，无论是破产审判机构专门化、审判人员专业化改革，还是规范破产程序参与主体的关系，明确破产审判权各项权能行使，都应以减少破产财产处置和债务人企业存续与否的不确定性为核心，去实现债权人清偿利益最大化，提高破产审判权运行质效。

3. 法社会学研究方法

本书通过社会学研究的方法，引入场域理论，来分析破产审判与破产审判权和破产审判权运行的关系；通过将场域理论中的主体关系、惯习和资本要素与破产审判权运行相结合，揭示破产审判权的特殊性和破产审判权运行的复杂性。同时，破产审判权运行既要考虑个案的公平正义，还要考虑破产案件对整个社会的影响，实现债权人、债务人与社会公共利益主体之间的平衡。要实现破产审判权高效有序运行，单纯依靠法院和法官行使审判权无法完成，需要与参与破产审判权运行的各方力量逐一对接。同时，不断优化破产审判权运行也是在为破产案件的社会化解决提供基准和参考。将破产审判权运行置于其社会背景之中，协调破产审判权与其他主体权力（利）的相互关系，以此促使人们从社会整体角度去研究破产审判权，对经济发展和社会稳定具有重要作用。

第二章　破产审判权由来及发展

企业破产的首要目标是及时清理破产企业的债务，从而促进资金的有效流转以提高资金使用率，使企业资产及时从闲置状态或没有效率的状态流向能够发挥其最大用处的部门，提高生产效率和资源配置效率。[①] 制度是审判权运行的载体。破产审判的出现与破产法从无到有直接相关，又在制度变迁过程中不断发展，形成独具特色的案件审理机制。破产审判权源自破产审判，经过破产立法专门化和破产理论专门化后，破产制度经过审判实践的打磨，逐渐在理论、立法中形成运行的独立价值。要全面认识和理解破产审判权运行与经济发展的联系，需要明确破产审判如何从传统的民事审判中分离，破产审判权从何而来，以及如何发展到当下的运行样态。

考察破产审判权的由来与发展，是通过研究历史上国内外破产审判的相关立法和制度演进，来形成对破产审判权的基本认识，进而分析中国破产审判权在当下运行中面临的实际问题。

一、国外破产审判的发展

社会生活中的各项制度，是为了以一种相对稳定的结构来减少人们互动的不确定性。但是，制度的稳定性与制度变迁并不冲突，包括法律规则在内的各项制度一直处在演化过程中。制度变迁决定社会演化的方式。[②] 破产审判随着破产制度和破产法的出现和发展而不断演进，依据

---

① 参见陈胜蓝：《商事审判与中国经济发展》，北京大学出版社 2014 年版，第 112 页。

② 参见［美］诺思：《制度、制度变迁与经济绩效》，杭行译，格致出版社、上海人民出版社 2014 年版，第 81 页。

诺思的理论，这种演进向着降低制度成本的方向进行，破产审判的发展决定了破产审判权的演进方向和运行成本的变化。

（一）破产审判的由来

1. 破产

“欠债不还”在欧洲最早被认为是犯罪行为。古罗马时期，债务人会成为债权人的奴隶，并且存在因债务株连而拘禁债务人儿孙的现象。[①]“破产”（bankrupt）的概念是随着资本主义萌芽的出现而产生的，一般认为源于意大利语“banca rotta”。[②] 因为意大利的商业习惯，商人在市场中拥有自己的板凳，如同如今商主体的营业执照，以此来证明具有经商的资质，如果其不能偿付债务，债权人会依习惯砸烂此人的板凳，以昭示其经营失败。《元照英美法词典》对破产（bankrupt）的定义为“个人、合伙、公司或市政法人等无力偿还到期债务的状况”[③]。《牛津法律辞典》将“bankruptcy”解释为“一个被法院判决为支付不能的人所处的一种状态”。法院通过命令强制管理破产者的事务，使债权人得以公正地分配其财产。[④]《法学大辞典》定义的“破产”是“债务人不能清偿到期债务或者负债超过资产时，由法院强制执行其全部财产，公平清偿全体债权人，或者在法院主持下，由债务人与债权人会议达成和解协议，避免倒闭清算的法律制度”[⑤]。法律上的“破产”有特定含义，是指处理经济上的破产，是债务清偿的一种法律制度，即对丧失清偿能力的债务人，经法院审理与监督，强制清算其全部财产，公平清偿全体债权人的法律制度。[⑥]

“破产”的本质是到期不履行债务。古代因为欠债不还而血腥复仇，之后使债务人成为债权人的奴隶，这些针对债务人人身的残酷惩罚

---

① 参见［古罗马］提图斯·李维：《自建城以来（第一至十卷选段）》，［意］桑德罗·斯奇巴尼选编，王焕生译，中国政法大学出版社2009年版，第79页。

② 参见范健、王建文：《破产法》，法律出版社2009年版，第2页。

③ 薛波主编：《元照英美法词典》，北京大学出版社2017年版，第132页。

④ See *A Dictionary of Law*, Oxford University Press, 2013, p. 44.

⑤ 邹瑜、顾明主编：《法学大辞典》，中国政法大学出版社1991年版，第1295页。

⑥ 参见王欣新：《破产法》（第3版），中国人民大学出版社2011年版，第2页。

随着社会文明的进步逐渐被财产执行所取代。破产法就是对债务清偿不能的处理方式发展到一定程度的文明产物；随着商品经济萌芽出现和发展，“破产”被认为是市场经济发展到一定阶段必然出现的法律现象，破产法也被认为是市场经济社会法律体系的重要组成部分。[①]“破产”原本是清算的概念。破产清算是破产法中最基本的制度，“是在司法框架下在法官主持下对欠债的债务人财产进行处置分配”，[②] 即现在所说的狭义的破产程序。而当代破产是一个广义概念，除了清算程序之外，以避免债务人破产为目标的重整程序、和解程序也被纳入破产程序之中，成为破产制度组成部分。

2. 破产案件

债务人不能清偿到期债务或者资不抵债时，由债权人或者债务人向法院提出破产申请，依法清理财产，对债务人依法进行拯救或者破产清算，调整和清偿债务，并依法终结债权债务关系，破产案件由此出现。相对于一般债权债务关系的处置，破产案件是资不抵债情况下对债务的概括清偿。

破产案件特殊性决定了破产案件处理的特殊性。对破产案件审理程序性质的认识无论是“破产诉讼事件说”“破产非讼事件说”，还是“破产特殊事件说”，[③] 都承认破产案件需要经过司法程序处理。债务人或债权人提出破产申请后，从破产案件的管辖、受理、审查、确认，到给出裁定，是进入司法程序的破产案件需要经历的审理过程。参与破产案件处置的主体，除了有权提出破产申请的债权人、债务人，负责审理破产案件的法院与法官之外，还有破产管理人和行政机关等。

3. 破产审判

在西方社会，司法就是审判，是指“法院依照法定的职权和程序，

---

① 参见王欣新：《破产法》（第 3 版），中国人民大学出版社 2011 年版，第 2 页。

② 李曙光：《市场经济、供给侧改革与破产法》，载李曙光、刘延岭主编：《破产法评论》第 1 卷，法律出版社 2018 年版，第 7 页。

③ 参见邹海林：《破产法——程序理念与制度结构解析》，中国社会科学出版社 2016 年版，第 6 ~7 页。

通过具体解释和适用法律对社会纠纷进行裁判的一种活动”①。审判是第三者以国家的名义对对立当事人间争议的权益归属所做出的具有约束力的判断。审判不以当事人是否承认判决内容的公正性为约束力产生的条件，反之，审判本身预设了当事人必须接受判决结果的权威性。

无论企业破产还是个人破产，之所以都需要在破产法院（法庭）进行裁决，既有历史的原因，也因为陷入财务困境的企业和个人都在管理方面面临相似的困境，无法通过私力救济和与相对人一一协商化解纠纷，即都需要牵制债权人，同时处理债务人的事务、归集债务人的资产、确认债权债务、确定不正当行为，以及权威地决定谁能得到什么。② 破产审判是由法院行使审判权，以国家公权力来处理商品经济发展过程中，个人和商主体因为借贷和经营资不抵债时，债权人和债务人之间的债权债务关系。

（1）破产审判受制于经济发展

从古到今，破产审判与经济发展的关系一直颇为密切，破产审判的模式与内容受到经济运行状况的影响。第一，经济运行的变化直接影响破产法律规则的完善和更新。国家通过立法调整债权债务关系的同时，逐渐发展出了遏制经济萧条和阶层冲突的新法律——破产法，而破产审判是破产法实施的动态过程。第二，由国家权力介入债权债务关系清理，是因为债权人和债务人因债务而产生的斗争有时是毫无理性的，甚至可能损害社会公共利益，因此，除了立法调整之外，国家公权力也逐渐向司法领域渗透。以经济学视角来分析破产审判出现的原因，是在自由贸易和竞争过程中市场失灵时需要国家进行干预。罗马在地中海贸易中处于劣势，大量手工业者和商人破产，金融资本冲击之下，银行业受到冲击。面对个人和商主体的信贷危机、社会的金融危机，债权人和债务人为了个人私权利的斗争激化了阶级矛盾，造成社会秩序混乱，影响了经济发展和国家稳定，依靠债权债务关系的调节已经无法解决。因此

① 杨知文：《中国审判制度的内部组织构造》，法律出版社2014年版，第10页。

② 参见［美］道格拉斯·G. 贝尔德：《美国破产法精要》（第6版），徐阳光、武诗敏译，法律出版社2020年版，导论第2页。

国家通过立法、行政和司法等多种手段，调节债权债务关系，介入纠纷的裁断、财产的执行。

（2）破产审判的罗马法起源

第一，从自立救济到司法救济。古代的破产债务处置是从债权人自立救济开始的。《汉穆拉比法典》规定债务人需要以债务人的妻子、子女的劳务和女奴的人身承担责任；① 《十二铜表法》规定债务人将他的人身作为债的担保，来实现对债权人的保护。这种对债务人身体的平均分配包含了破产程序在多个债权人之间公平清偿的理念。而法官以国家公权力介入债务清理与债务人财产的执行，标志着破产由自力救济进入司法救济，也是破产审判的起源。破产审判中的法官立案与受理、选任管理人等权能的雏形出现于《十二铜表法》，法官依债权人申请公开发布“管财命令”，若无其他债权人抗辩，则选任“管财人”进行财产出卖。② 法官将无力偿债的逃亡者未能带走的财产拍卖所得，按一定比例向债权人还债；后来，这种财产执行扩及一切无清偿能力的债务人。无论债务人是否逃亡，只要他还不起债，便由法官将他的财产清查变卖，按各债权人的债权比例，公平分配。③

第二，从债务执行到破产程序。古罗马诉讼程序中的执行程序是破产审判的渊源。一是法律诉讼阶段（legis actiones）。裁判官经债权人申请下达扣押财产的命令，并对财产进行公开拍卖，是以司法审判救济债权人的开端。二是程式诉讼时期（foemulae）。法官选任破产管理人雏形初现。因为审判程序开始限制对人的执行，不承认先占债权人优先受偿，申请扣押命令的债务人成为财产管理人，在保管、公告、拍卖后按比例分配给债权人。裁判官授权债权人会议选出一个财产托管人，负责编制拍卖计划、债权和债务的状况以及拍卖的条件，然后拍卖财产给出

---

① 《汉穆拉比法典》第 117 条：“订立借贷契约后，以妻、子、女交与债主以代银或从事工作者，其工作期限以 3 年为限；第 4 年应恢复其原状。”参见［英］爱德华滋：《汉穆拉比法典》，沈大銈译，中国政法大学出版社 2005 年版，第 42 页。

② 参见吴传颐编著：《比较破产法》，商务印书馆 2013 年版，第 18 页。

③ 参见王培荣、梁扬子：《发达国家企业破产制度》，时事出版社 2001 年版，第 4 页。

价最高者，买受人接替债务人的法律地位，在规定的期间内对债权人履行债务；[1] 同时，裁判官要为待拍卖的财产任命一个保佐人（curator bonorum）代表债权人的利益。三是非常诉讼时期（extrodinaria cognitio），国家司法权强化，统一规定非经裁判官的命令不得执行债权人的财产，为后来破产审判奠定了基础。

罗马法针对破产程序的自愿破产制度，被看作破产审判程序独立化的标志，因为与财产拍卖可以适用于其他法律程序不同，财产让与只适用于破产程序。这一内容最早被规定在凯撒时期《关于财产让与的优流斯法》（Lex Iulia de bonis cedendis），允许债务人自愿将其全部财产让与给债权人，从而避免任何人身强制措施（如强制执行）并避免破廉耻。[2]

从私力救济走向司法救济，国家开始干预私人之间的债务清偿，是破产审判权的起源。但当时的救济措施更强调执行与债权人利益保障，执行程序民刑不分，通过行使审判权对债务人人身和财产的执行都带有惩罚性质，还不具备现代破产审判权的特征。裁判官和法官对不能履行债务的个人或商主体进行债权债务关系的裁断和执行，兼具司法性与行政性。

（二）破产审判的演变

国外的破产审判发展过程与资本主义经济发展进程同步。随着自由平等原则在社会生活各个方面的延伸，生产力得到发展的同时商业竞争加剧，商业竞争中出现失败者的概率也在增大；失败的经济主体丧失清偿能力，进入破产状态，破产成为自由资本主义的普遍社会现象。为了保证所有债权人对破产财产的公平受偿，防止陷入破产的债务人有不利于债权人的行为，审判开始从个别债务清偿逐步发展到对全体债权人利益的保障，破产程序在司法实践中发展起来。随着社会资本走向集中，垄断资本主义经济时期国家对经济活动的干预措施增加，对企业破产的

---

① 参见黄风编著：《罗马法词典》，法律出版社2002年版，第43页。

② 参见徐国栋：《罗马破产法研究》，载《现代法学》2014年第1期。

预防和控制也逐渐强化；关于企业破产的法律条文增加，以多元化的司法破产程序来为企业债务松绑；挽救债务人企业的破产审判理念随着新的法律规则实施和破产程序进行而逐步落实，并通过大量破产案件的处置而被经济社会接受。

发端于罗马法的破产审判随着资本主义经济发展而不断革新。而各国的破产审判规则、制度和理念也随着本国市场经济的发展情势不断变化，有渐进式的演变，也有突然的废止和出现。根据诺思关于制度演进的理论，破产审判制度的变迁是一种收益更高的制度对另一种收益较低的制度的替代过程。破产审判在世界各国呈现出不同的样态，是破产法律规则和破产制度在演进过程中与本国的政治制度、法治体系和文化环境不断反馈与融合的结果。

1. 总体发展趋势

自由资本主义经济时期，破产审判权发展的集中表现，是破产审判所依据规则的成文化。中世纪的意大利城市中，随着商品经济的快速发展，经济流转中债务人无力偿债的现象增多，为保障商品流转关系的正常有序，出现了一系列成文法令和条例：1244 年《威尼斯条例》明确债务人财产的扣押对全体债权人都发生效力；破产程序必须以管财人为中心，全体债权人对变卖债务人财产所得公平受偿等。[①] 1314 年《米兰条例》、1415 年《佛罗伦萨条例》、英国 1582 年的《安特卫普习惯法》和法国 1673 年的《商事条例》对罗马破产法的观念有所发展，通过破产审判来维护商品经济秩序、保护全体债权人利益的司法观念逐步兴起。最初，债权人能够取得逃债的债务人财产的所有权，对债务人的股息分配需要在法官的监督之下进行。随着法律规则的逐步完善，为了进一步实现公平正义，破产案件全部交由法院审理，通过破产审判来保障当事人的权益。

垄断资本主义时期，破产审判的发展表现为破产程序多元化。以挽救债务人企业和预防破产清算为目的，各国通过立法将破产和解程序与

① 参见王培荣、梁扬子：《发达国家企业破产制度》，时事出版社 2001 年版，第 6 页。

破产重整程序纳入破产审判：1883 年比利时颁布《预防破产之和解制度》；意大利在 1903 年引进和解制度而颁布了《和解法》；德国 1916 年发布《暂行和解法》，1927 年颁布《和解法》；法国《1889 年破产法》增加了和解制度，1919 年颁布了与破产法配套的《和解法》。美国 1938 年《钱德勒法案》中第 10 章公司重整与第 11 章偿债安排构成了企业重整制度的规定，1978 年《联邦破产法典》以第 11 章系统全面地规定了重整制度。1982 年英国关于破产法实施的调查报告中提出简化和革新破产法的需要，一方面通过简化破产程序的法律规定来提高当事人意思自治，扩大官方管理人与机构管理人的职责，同时降低破产成本，提升破产案件审理质效；另一方面革新破产法，引入重整制度来实现债务人企业经营存续。随着和解程序与重整程序进入破产审判，立法层面实现了破产程序多元化。破产法实施目标从债权人利益保障走向了债务人挽救和公共利益维护，实现了三位一体的利益保障机制，因此破产审判权运行的目标从单一利益保障走向了多元利益保障。

2. 英国

（1）破产法及破产审判规则成文化

英国 1542 年亨利八世时期“公法”第 34 编和第 35 编是最早的破产立法。该法案中的“按比例分配原则”“为了全体债权人的利益管理和分配破产财产”是现代破产法的两个重要特征，并首次赋予了大法官和枢密院等机构处理个人破产案件的权力，由此，以审判权行使为核心的破产程序取代对债务人的财产执行。

（2）破产审判人员特定化

英国《1570 年破产法》规定了大法官对破产案件的独一排他裁决权。由于破产案件中的非司法性事务处置造成司法资源的浪费、破产程序迟延，为了债权人的利益，法案首次区分了破产案件中的司法权与管理权，将上议院大法官委任的“智慧、诚实而谨慎的人”作为破产专员（bankruptcy commissioner）行使对破产财产和破产事务的管理权。[①] 破

---

① 参见徐阳光：《英国个人破产与债务清理制度》，法律出版社 2020 年版，第 29 页。

产专员拥有实质性的权力，起初其职权有点类似于今天的托管人和破产法官的结合：除了像托管人一样收集、清算和分配债务人财产的正常活动外，破产专员可以根据债权人的申请传唤债务人，经过宣誓后进行调查，必要时还可以拘禁债务人直到剥夺其财产为止。① 这一时期的破产审判中，对破产申请中债务人资格的审查和认定是较为核心的内容。由于破产还被认为是有罪的，所以破产审判呈现出民事、行政和刑事“三审合一”的特点。英国破产审判人员权力的扩张来自《1603 年破产法》，因为其确立了针对债务人的调查制度（examination），破产专员被赋予更大的权力来监禁试图逃避全面调查的人。② 《1732 年破产法》将破产管理工作转移给了债权人的受托人（assignee），破产审判权与破产管理权分工开始在英国的立法和司法实践中得到尝试和发展。

（3）破产审判机构专门化

英国 1831 年的《破产法庭法》（The Act of Bankruptcy Court 1831）第一次以法律明确由专门的审判机构来行使破产审判权。该法案序言指出：建立破产法庭是为了方便管理和分配债务人的财产。破产法庭是运用衡平法审理个人破产案件的专业法庭。同时，为了配合破产审判权运行，布鲁厄姆《1831 年破产法》引入了官方受托人（official receiver），在公权力与私权利、审判权与行政权分立又结合的管理模式上迈出了重要一步。官方受托人隶属于伦敦破产法院，是负责管理破产财产的官员。

通过建立专门的破产审判机构，英国进一步明确了破产法官、官方受托人和破产管理人的法律地位和职责。由此，将破产程序分为司法功能和管理功能两部分，司法功能归法院管辖，监督管理和控制功能委任给行政职能部门即贸易委员会负责，债权人保留对破产财产的控制权。③ 而后，英国法官的破产审判权能内容在法律修改和司法实践

① 参见［英］费奥娜·托米：《英国公司和个人破产法》（第 2 版），汤维建、刘静译，北京大学出版社 2010 年版，第 8 页。

② 参见徐阳光：《英国个人破产与债务清理制度》，法律出版社 2020 年版，第 30 页。

③ 参见徐阳光：《英国个人破产与债务清理制度》，法律出版社 2020 年版，第 36 页。

中不断变化，比如1842年之后，余债免责问题交由法院决定，但是之后又交由议会来识别债务人是否适用余债免责。[①] 英国法官有一定程度的立法权，所以法院与议会在破产审判中各自职权的划分也处在动态变化之中。

3. 美国

虽然美国不是第一个建立专门破产审判机构的国家，但是因破产重整制度的发展和现有联邦破产法院对破产案件的专门化审理，破产审判在美国的发展过程中，专门化和专业化实现得最为彻底。

（1）破产制度宪法化

美国《联邦宪法》第1条第8款授权国会对“有关破产问题统一立法”。破产制度的重要性上升到被写入宪法的高度，是因为破产规则和破产审判的统一性决定了统一化的市场环境和全国范围内高效率的资源配置。《1800年破产法》规定由地区法院任命的委员监督欺诈性破产的犯罪刑罚，其权力与英国的破产专员非常相似，破产委员指定托管人来进行清算和分配。法案允许对债务人和在破产程序中合作的债务人进行豁免，在批准免除债务之前，破产专员必须向联邦地区法官证明债务人在破产程序中进行了合作。[②] 1841年，美国国会通过了第二部破产法，该法适用于所有的债务人，并且允许债务人自愿申请破产，确立了破产免责主义，在1843年又被废止。该方案允许债务人要求陪审团进行审判，或就是否符合要求的问题向巡回法院提出上诉。债务免除成为债务人的积极辩护被强制适用，而不需专员向法院证明债务人是否配合。1867年，美国国会颁布了第三部破产法，引进了破产程序中的和解制度（composition）。[③]

---

① 参见［英］费奥娜·托米：《英国公司和个人破产法》（第2版），汤维建、刘静译，北京大学出版社2010年版，第9页。

② 参见杨晓雪：《【领读】跟随泰布教授的目光，溯源美国近500年破产法史》，载微信公众号“破产法快讯”2021年7月12日，https://mp.weixin.qq.com/s/Sa0u00REU-HdUpPrxMVzgg。

③ 参见王培荣、梁扬子：《发达国家企业破产制度》，时事出版社2001年版，第35页。

（2）破产审判机构与人员专门化

美国破产审判专业化建设通过《1898 年破产法》颁布取得了一定突破。联邦地区法院被当作专门的破产法院，大部分司法和行政性工作由破产公断人（referee in bankruptcy）完成，1973 年改称破产法官（bankruptcy judge）。[①] 发生这一转变的原因，是经济萧条后进入司法程序的破产案件增多，破产案件中对实体权利的争议少、审查和行政管理事务多，以专门的机构和专业的人员处理这一特殊案件，能够在司法资源紧张的情况下大幅提升破产案件审理质效。破产公断人的管辖权被限定于简易管辖（summary jurisdiction），只有审理特定的破产法上的核心争讼的权力，而一个完整的诉讼只能由享有美国《联邦宪法》第 3 条法官地位的联邦地区法官或州法官审理。[②]

（3）破产审判权力制衡化

债权人、破产管理人、官方受托人和法院的权力（利）平衡改革来自 1938 年《钱德勒法案》。最为核心的内容是破产重整制度成为挽救困境企业的程序得到推广，不同于清算程序中各方参与主体的关系：债权人利益保障、管理人职权范围扩大，法院让渡非司法权力的同时保留最终的裁决权来保证公平正义。

《1898 年破产法》进行了实质性修改，规范了破产程序，同时对破产重整进行体例改编。法案规定：联邦法院有权对破产有关程序进行规制和命令；债权人通过行使选举受托人和债权人委员会的权力以控制破产程序。此时，破产法院已经建立，但大部分的破产审判和相关管理工作由地区法院进行。美国的破产重整程序进入破产审判，扩大了破产管理人的职权范围，更加明确保障债权人的利益；同时破产制度在调整债权人和债务人关系之外，提高了对社会公共利益保护的地位，将国家机关纳入破产审判过程中参加破产重整，但是其缺陷在于分散的裁判权体

---

① 参见［美］查尔斯 · J. 泰步：《美国破产法新论》（第 3 版），韩长印、何欢、王之洲译，中国政法大学出版社 2017 年版，第 45 页。

② 参见［美］查尔斯 · J. 泰步：《美国破产法新论》（第 3 版），韩长印、何欢、王之洲译，中国政法大学出版社 2017 年版，第 49 页。

系。1986 年的修正案使联邦托管人（United States Trustee）制度正式确立，联邦托管人在破产程序中承担行政性和监督性职责，减轻破产法官的行政性工作负担，使其更专注于司法性工作。1978 年的破产改革法案也是美国现行《联邦破产法典》的基础，根据法律规定，破产法官获得新的权力（这是众议院所提出的），但是不享有美国《联邦宪法》第 3 条赋予的地位。但是这一法案扩大了破产法院的管辖权，破产法官能够审理破产案件中产生或与破产程序有关的任何事项。

4. 法国

成文法国家破产审判的发展主要依据法律规则的制定和修改。作为第一个制定民法典的国家，法国对包括破产法在内的商事法律和审判规则法典化进程经历了“法典化—去法典化—再法典化”三个阶段。破产审判从单纯的清算程序，发展到预防、挽救困境企业的多元化债务处理程序。法国的破产审判机构延续了专门审判与普通审判分立的传统，但是又不同于普通法国家进行专门设置，而是以特定机构和人员来进行包括破产审判在内的商事审判。

（1）破产及审判规则法典化

法国在破产审判发展过程中的贡献是实现了破产及审判规则的法典化。受到科尔伯主义[①]影响，1673 年，路易十四发布了法兰西《商事法令集》（ordonnance du commerce），该条例承认债务人与大多数债权人和解是避免适用清算程序处理破产人全部财产的合法手段；规定了破产程序及效力；[②] 第 10 章规定商人自愿将全部财产让与给债权人的程序；第 11 章是关于破产及有罪破产的规定。[③] 1807 年拿破仑时期的《法国

① 17 世纪法国的重商主义，由科尔伯提出。

② 参见何勤华主编：《法国法律发达史》，法律出版社 2001 年版，第 283 页。

③ 参见王培荣、梁扬子：《发达国家企业破产制度》，时事出版社 2001 年版，第 8 页。（《商事法令集》第 1 条：破产开始的时间，从债务人逃亡隐匿或被查封财产之日计起。第 2 条：破产人有向债权人报告其资产及负债情况的义务。第 3 条：债务人如果是商人，应提供商品账簿。第 4 条：关于撤销权的规定。第 5 条至第 7 条：债权人会议以债权额 3/4 以上多数通过的决议，对未表赞成的少数债权人同样有约束力。第 8 条：优先债权的受偿，不受和解的约束。第 9 条：选任财产管理人管理变卖财产后的现金。第 10 条以下是关于对欺诈破产罪的惩罚措施，其中第 12 条有处以死刑的规定。）

商法典》颁布，采用了商人破产主义，第3编为破产编，共三章，以债务人不能支付为破产原因，规定了财产转移、破产和复权，债务人因为破产需要被关押。①

然而，随着经济社会发展，法国商法的去法典化表明包括破产法在内的商法制度存在难以法典化的特点。1967年，法国废除了商法典的破产编。通过颁布《关于司法清理、财产清算、个人破产和破产犯罪的法律》这一单行破产法，进一步扩大了法院的权限：在企业停止清偿之前，法院拥有广泛的自由裁量权，作出是否给企业享受中止追诉的程序；当法院确定企业处于清偿状态时，能以职权决定援用司法清算程序还是财产清理程序；在司法清算和财产清理程序中，法院根据破产管理人的建议批准申报承认的债权。② 1985年，法国颁布了《困境企业司法重整和司法清算法》。2001年，法国将《困境企业司法重整和司法清算法》的基本规则进行修订和完善后，将其作为第六卷“困境企业”编入商法典，2003年和2004年作了修订。

（2）破产审判机构特定化

法国审判机构分立的传统自古有之，其司法机关分为普通司法法院与行政法院。而普通法院系统内的一审法院又分为民事法院与刑事法院，商事法院（tribunal de commerce）属于民事法院系统，最早可追溯到1563年的国王敕令。通过1673年的《商事法令集》，法国明确破产案件由商事法院管辖。这种专门化审判虽然没有实现破产审判的完全独立，但是考虑到了破产案件与商事案件的特殊问题和审判人员所需要具备的专业能力和商业经验。

1807年《法国商法典》第4编规定了商事法院的组织、管辖、诉讼和时效等。现行的《法国商法典》在第7编的“商事裁判和商业组织”和司法组织法中规定了商事法院的职责：负责处理商人之间、企业

① 参见何勤华主编：《法国法律发达史》，法律出版社2001年版，第246~247页。
② 参见何勤华主编：《法国法律发达史》，法律出版社2001年版，第28页。

之间以及与商业行为相关的诉讼。[①] 法国商事法院并非与行政区划完全一致，没有设立商事法院的地方，破产案件由大审法院负责。商事法院中的法官可以从登记的企业老板和商事法院前任和现任成员中选任。

5. 德国

考虑到破产法对债权债务的概括处置，债权人所获得“均衡清偿”的特殊性，德国对破产法直接进行了单独立法。德国破产审判相关规则的制定和废止，充分说明了程序法在规则破产审判方面的重要性。

（1）破产及审判规则独立化

德国破产法吸收了法国商法典的内容，但是没有将破产法与其他商事法律统一纳入商法典之中。1861 年《德意志联邦商法典》中没有关于破产法的内容。1877 年，德国颁布单独的《德意志帝国破产法》，突破了商人破产传统，采用一般破产主义，对破产救济、减成清偿以及债务人经过破产程序后对未清偿债务的免责，在破产法历史上有重要意义，经过破产审判后免除债务人的未清偿债务。除了破产法，破产审判的相关规则也被规定在德国《法院组织法》、德国《民事诉讼法》和德国《刑事诉讼法》中。

（2）破产审判的诉讼程序化

民主德国实行社会主义公有制经济制度，不存在全面所有制企业破产法。因此，1976 年德国《民事诉讼法》以第七章的“执行”相关内容的制定，实现了之前的《德意志帝国破产法》与《和解法》的废除。德国通过《民事诉讼法》和《总体执行法令》实现对小企业和小商人破产的债务处置与执行，在一定程度上表明了破产法的程序法特征，破产审判在缺乏实体法的制度规制时，可以依据民事程序规则进行。

（3）破产案件管辖集中化

1999 年，德国颁布《支付不能法》，为此废止了 9 个破产法令，修改了 99 部法律。通过修改普通和专门法院的组织法、律师和公证人法、

① 参见［法］皮埃尔·特鲁仕主编：《法国司法制度》，丁伟译，北京大学出版社 2012 年版，第 56 页。

民事诉讼法和强制拍卖法等，德国法院对破产案件的管辖更为集中，有利于实现审理人员的专业化。[①] 德国没有实现破产案件审理专门化，而将破产案件的管辖权限定为地方法院所在地的区法院，将破产案件专属管辖与审理专业化进行了平衡。

二、中国破产审判的沿革

中国破产审判发展进程较为曲折，一方面需要实现包括审判机构在内的司法制度现代化，另一方面“破产”来自对外法律移植，既要通过立法进行制度建设，又要以司法审判逐步转变法治理念。由于历史发展阶段和国家政策的调整，破产审判发展与破产法的出现、废止和修订同步，在对外破产制度借鉴和吸收的过程中，与中国本土文化和司法制度相互碰撞融合。

（一）近代对外法律移植

中国破产审判不同于西方从民事审判中演进分立，是直接通过立法确立的。因此，中国破产审判的相关立法先于司法和理论。中国通过制定破产法实现对国外破产制度的借鉴和吸收，以法律规则来指导破产审判。

1. 破产审判缺失

中国传统的政治法律思想是重农抑商，市场经济始终没有从萌芽状态自行发展壮大。中国古代关于债务清偿的理念多以熟人社会的道德约束和氏族裁断为主要方式，唐朝和宋朝的法典都有因为拖欠债务而被施以刑事制裁的内容，如鞭笞等，但是没有在对债务人人身和财产的执行中发展出破产的基本理念和制度。中国法律制度意义上的“破产”在晚清才出现，清代资本主义经济发展过程中，商人之间的债务清偿和融资借贷在商会主导之下得到一定程度的发展。

清末对债务人施以刑罚、政府监管的个别干预，并没有实现破产审判调整平等主体之间商事法律关系公平性和普遍性的要求，也没有形成

---

① 参见李飞主编：《当代外国破产法》，中国法制出版社2006年版，第5页。

破产审判的一般程序。清政府对行商破产进行两种处罚：家产被没收并变价折抵债务，对债务人处以严苛的刑事惩罚。[①] 破产有罪并对债务人进行较为严重的刑罚，直到清朝末年依旧以国家权力干预私人债务清偿的主要内容。行商破产在个别情况下，如果得到外界支持，也可能出现债务重组的情况，但是当时规制行商破产后果主要依靠的是商业习惯和政府监管。中国古代社会司法权与行政权合一行使，政府监管中也存在一定程度上的"类司法权能"，但是由于调整行商破产的规范具有"非司法性"，监管机构的干预具有特定性而非普遍性，监管的程序不严谨、机构独立性不强，所以行政权的属性更明显。这种规范中直接涉及破产的内容较少，针对债务人的约束性规定较为丰富。例如，破产前的预防性担保，包括物保、中间人担保和人身抵押；商人或非商人破产后的投股归账，"债务人之资力不敷清偿总债权额，由多数人评议其财产，变卖得价，平均分配各债权人"。[②]

2. 破产法制定

（1）清末修律

1901 年清政府开始被迫修法。中国法律赖以生存的秩序与自然和谐已经不复存在，因此遵循历史的模式被突破，参考西方的法律成为法律修订的指导方针。[③] 清末破产法制定的一个特点，是破产法没有被规定在《钦定大清商律》（1904）中，而是在 1906 年以单行立法的形式颁布了《大清破产律》，这是中国历史上第一部接近现代破产制度内核的破产法，被看作对《钦定大清商律》不足之处的补充。《大清破产律》共 9 节、69 条，适用于商人破产，个人破产设有专门程序。[④] 受制

① 参见陈夏红：《近代中国的破产制度变迁》，中国政法大学 2009 年硕士学位论文，第 7 页。

② 前南京国民政府司法行政部编：《民事习惯调查报告录》，中国政法大学出版社 2000 年版，第 345 页。

③ 参见高尚：《清末修律变法与法律移植——移植与变法的具体分析》，载《外国法制史研究》2000 年第 0 期。

④ 参见《大清破产律》，载上海商务印书馆编译所编纂：《大清新法令（1901—1911）》（点校本）（第 4 卷），商务印书馆 2011 年版，第 192～202 页。

于清政府当时所处的国际环境和面对的国内困局，其内容核心为“破产欺诈”，主要是将当时在西方司法实践中交由民事诉讼程序进行审理的问题视为犯罪，而处以刑罚。最终，因为与中国传统习惯冲突过大，《大清破产律》施行不到一年就被废止。1909 年松冈正义起草的《破产律草案》未及颁行，包括三编十章共 337 条的内容，包括实体法、程序法和罚则法。

清末修律是面对西方压迫和国家转型的被迫选择，所以，制定破产法并非从经济发展的需求着手、以优化破产审判和提升破产案件审理质效为目的，而是在现代化法律体系从无到有的构建过程中，为了对应西方社会治理，在各个方面都有相应规则而制定的规范。中国传统司法传统中缺乏与破产相关的理念和原则，所以破产法的制定以法律移植为主，本土内容较少。《大清破产律》第 1 条对于破产案件处置的权力主体定位于地方官和商会。① 基于中国当时行政权与审判权合一行使的机构设置，破产的行政性很强。其中，“选举董事”② 与现代破产审判中选任破产管理人类似，但是由商会而非破产审判机构进行。

（2）民国破产法修订

1915 年，北京政府法律编查会对松冈义正的《破产法草案》加以修正，编成《破产法草案》。该草案分为实体法、程序法、罚则法三编，共 337 条。其中，“实体法”编 4 章：总则、破产债权、破产财团、破产之效力；“程序法”编 6 章：总则、破产宣告、破产债权之呈报及调查、破产财团之管理及变价、破产之完结、复权手续。③

为了适应国内商品经济发展需要，民国政府的破产法借鉴了国外当时破产法和破产审判的理念，遵循了民商合一立法例。原南京国民政府公布的 1935 年《破产法》共四章，有 159 条，分为：总则，和解（法

---

① 《大清破产律》第 1 条：商人因贸易亏折或遇意外之事不得已自愿破产者，应赴地方官及商会呈报，俟查明属实，然后将该商破产宣告于众人。参见上海商务印书馆编译所编纂：《大清新法令（1901—1911）》（点校本）（第 4 卷），商务印书馆 2011 年版，第 192 页。

② 参见上海商务印书馆编译所编纂：《大清新法令（1901—1911）》（点校本）（第 4 卷），商务印书馆 2011 年版，第 193 页。

③ 参见王去非：《破产法论》，法学研究社 1931 年版，目录。

院之和解、商户之和解、和解及和解让步之撤销），破产（破产之宣告及效力、破产财团之构成及管理、破产债权、债权人会议、调协、破产财团之分配及破产之终结、复权），以及罚则。《破产法》与当时的《民事诉讼法》互为补充，其中在第5条规定“于和解或破产之程序除本法有规定外准用民事诉讼法之规定”；“其他民事诉讼法已有者即不复为之规定”。与《破产法》同时公布的，还有《破产施行法》，一共6条。在民商合一背景下制定的《破产法》，其执行程序与民事法律规定有重合之处是必然的，所以破产审判中经常出现引用破产法条款的同时依民法条例裁断的现象。[①]

民国《破产法》对外移植的色彩明显，但是社会治理的实际反馈和客观规律已经无数次表明：即便将同样的规则加诸两个不同的国家或社会之上，产生的效果也是完全不同的；即便完全仿照他国的破产法进行法律移植，只要法律实施的机制、发生的方式，以及破产程序参与主体的主观模型不同，那么破产审判运行的客观效果就不会相同。

3. 破产案件进入司法程序

民国时期，司法机关开始介入破产案件，这是中国破产审判权运行的开端。1912年（辛亥革命时期），上海纯泰钱庄因周转不灵，停业破产，店主主动赴上海地方审判厅申请破产。清末法制变革成果被南京临时政府予以援用，江苏、浙江地方政府规定《大清破产律》作为审判破产案的法律依据。[②] 因此，上海地方审判厅援引《大清破产律》办理该案。

这一时期破产审判权运行，司法人员的权限范围缺少必要规范，权力行使较为随意。由于缺少破产管理人这一参与主体，所以由司法人员进行债权债务的调查；但同时，司法人员履职过程受到商会这一社会权力主体的制约，通过社会习惯形成对破产审判权的监督和配合。破产审

① 参见王小梅：《法律移植与本土文化的融合——1930年代南京国民政府〈破产法〉考察》，载《河北学刊》2007年第3期。

② 参见张世慧、史慧佳：《辛亥鼎革与商事审判：1912年上海纯泰钱庄破产案》，载《近代史研究》2020年第1期。

判权运行中，审判厅负责债务核查，破产宣告，告知债权人破产情况，并将示谕附送商会，请商会通知相关债权人。从该案中可以看出破产审判权与社会中介机构权力的配合与制约，因为没有破产管理人管理权的参与，所以很多应当由破产管理人进行的事务实际由法官承担。该案也表明，破产法律的完整并不能完全决定破产审判权的实际运行状态，在破产法律规则缺失、缺少破产管理人参与的情况下，审判权与社会权力配合，在实践中也可以完成对破产案件的具体处置。

4. 破产审判具有附属性

中国改革开放初期，理论与实务界对企业破产这一商事属性较为明显的综合性制度缺乏全面清晰的认识；企业改制导致国内不同性质的企业之间自身性质不明；《企业破产法（试行）》（已失效）与《民事诉讼法》[①] 并用，无法准确界定破产审判的地位。这一时期的破产法仅对全民所有制企业进行约束，非全民所有制企业的破产程序内容依《民事诉讼法》和最高人民法院的指导意见进行。法律适用对象的不同使得在该时期实际上形成了破产立法的双轨制，这种不统一的立法体例不仅使破产立法烦琐零乱，执行起来也有一定的难度。[②] 破产法难以独立实施，破产审判被视为对行政性破产的一种保障方式，[③] 这种附属性使法院在审理破产案件时的地位难以界定。

（二）现代对内司法改革

破产审判受到破产法和审判规则的调整。破产法的政治属性，注定其必须与政治文明进步保持同一节拍。而在政治属性之外，破产法的兴旺发达更取决于市场经济的发展程度，两者完全是正比例关系。[④] 因此，1949 年后中国破产审判受到政治制度、经济体制和政策的影响，

---

① 参见 1991 年《民事诉讼法》第十九章“企业法人破产还债程序”。

② 参见贾凌民：《市场经济呼唤更加完善的破产法》，载《中国行政管理》1996 年第 3 期。

③ 参见吴建有、冯晋、齐学贵：《对企业破产的再认识》，载《决策借鉴》1997 年第 1 期。

④ 参见陈夏红：《破产法七十年：从政策工具到法治缩影》，载《法人》2019 年第 10 期。

发展进程被阻断；改革开放后，为适应经济发展需要，伴随《企业破产法》修订，中国破产案件办理从行政化向市场化和法治化转变，破产审判从统一化走向专门化和专业化。

1. 破产审判法治化改革

为实现经济高质量发展，及时清理“僵尸企业”，完善市场主体退出机制，要实现市场主体破产法治化，这是关键。要在中国的司法制度内完成对破产案件从认识到办理方式的转变，前提是以审判权主导破产案件审理，实现破产审判法治化。

（1）行政干预阻止企业破产

中华人民共和国成立后，根据1949年2月《关于废除国民党〈六法全书〉与确定解放区司法原则的指示》，包括1935年《破产法》在内的南京国民政府法律体系在中国结束历史使命。计划经济时期，破产法和破产制度没有得到应有的重视，这一时期，企业出现亏损和无法继续经营时，通过政府的行政干预予以解决。因此，中国破产审判的渐进式发展受到一定阻碍。

（2）行政干预主导企业破产

经济审判是中国特殊历史时期对与经济发展有关的市场经济主体参与的“商事审判”的一种别称。1978年改革开放之后，破产作为社会治理的政策性工具，在国有企业改革中发挥着重要作用。这一时期的企业破产呈现的政策导向明显。经济发展速度超前于立法和司法，因此企业破产主要依靠地方政府主导。

计划经济的禁锢被打破后，更多的财产权益纠纷出现，因此审判权需要发挥处理经济纠纷、调整经济关系的作用。经济审判是在中国原本民事审判和刑事审判庭二元界分中，将经济发展领域的案件独立而形成的审判模式。1980年8月，最高人民法院经济审判庭发布《关于人民法院经济审判庭收案范围的初步意见》和《关于人民法院经济审判庭收案办法的初步意见》，要求：“经济审判工作的任务，就是通过处理经济纠纷、经济犯罪和涉外经济案件，保障社会主义现代化建设事业的顺利进行。”经济审判庭的收案范围[①]中，有关于企业合同纠纷的规定，但是经济审判庭同时还进行刑事审判，是一个兼具适用公法和私法的审判庭，所以并不能承担现代意义上的商事审判任务。1984 年 3 月，第一次全国经济审判工作会议召开，明确经济审判工作的基本任务是：审理经济纠纷案件，通过审判活动，调整生产和流通领域内的经济关系，保护国家利益和集体、个人的合法利益，维护社会主义经济秩序，保障中国社会主义现代化建设事业的顺利进行。[②] 这一阶段经济审判庭的收案范围[③]进行了调整，主要处理经济纠纷案件和经济行政案件。

因为专门的破产法并没有被制定，计划经济体制转变过程中的破产企业大多是国有或集体所有制企业，因此由政府牵头处置破产试点工作在沈阳、武汉等地开始实施。根据彭真委员长提出的想法，立法应当从出台政策、政策实践到制定法律的过渡。[④] 1985 年沈阳发布了首个破产地方规章：《沈阳市城市集体所有制工业企业破产倒闭处理试行规定》。由于经济政策调整之下国企改制，企业破产无法避免，中国的企业破产处置从行政机关防止破产转向行政机关主导破产。

---

① （1）工矿企业内部职工利用职务之便，进行贪污和受贿的犯罪案件；（2）国家工作人员利用职务之便，进行走私和投机倒把的犯罪案件；（3）工矿企业的重大责任事故案件；（4）玩忽职守案件；（5）重大偷税抗税案件；（6）严重污染环境的犯罪案件；（7）处理经济纠纷案件过程中发现与该案有关的犯罪案件；（8）其他经济犯罪案件；（9）社会主义公有制企业之间的产、供、运、销合同纠纷案件；（10）基本建设和维修方面的合同纠纷案件；（11）信贷纠纷案件；（12）保险纠纷案件；（13）其他经济纠纷案件；（14）涉外贸易合同纠纷案件；（15）涉外保险合同纠纷案件；（16）涉外承建合同纠纷案件；（17）其他涉外经济纠纷案件。

② 参见任建新：《努力开创经济审判工作的新局面　为社会主义现代化经济建设服务——在第一次全国经济审判工作会议上的报告》，载《人民司法》1984 年第 5 期。

③ （1）经济合同纠纷案件，包括法人之间，法人与个体经营户、专业户、农村社员之间的经济合同纠纷。（2）涉外经济纠纷，包括国内一方同外商在经济、贸易、运输和海事中发生的纠纷；外商在我国从事投资经营活动，在税务、劳务等方面对我国主管部门的处理持有异议，依法向人民法院起诉的案件；外国企业、组织之间在我国领域内发生的经济、贸易、运输和海事纠纷；等等。（3）农村承包合同纠纷案件。农村社员、专业户与社、队之间的各类承包合同纠纷，经有关部门调处不成起诉到法院的案件。（4）经济损害赔偿纠纷案件。这类案件是指法人之间或法人为一方当事人，在生产、流通领域因侵权行为发生的损害赔偿纠纷案件。（5）经济行政案件，是指当事人不服行政处分，按照《民事诉讼法》和有关经济法规的规定，向人民法院起诉的争议案件。（6）其他经济纠纷案件。

④ 参见彭真：《论新时期的社会主义民主与法制建设》，中央文献出版社 1989 年版，第 248 页。转引自陆晓燕：《“市场化破产”的法治内蕴》，法律出版社 2020 年版，第 18 页。

（3）经济审判庭审理企业破产案件

中国现代化的破产审判始于 1986 年，《企业破产法（试行）》颁布实施，法院可以通过行使审判权来解决企业的债权债务纠纷，将资不抵债、经营不善的企业破产纳入司法领域。但是，从清末到改革开放，中国的破产制度发展出现了中断，又因为对破产这一现代社会的必然现象和经济规律缺少传统文化的认同与基本理论的铺垫，中国破产审判起步十分艰难，破产案件很难进入司法程序。

《企业破产法（试行）》没有经历法律规则与司法实践、应然标准与现实需求的碰撞完善，而是直接以立法的形式确立了很多现代化的破产理念和制度。这种立法选择是为了应对经济转型和国企改制的一种策略，但是没有经过法治理念现代化和法律规则现代化发展过程，制定出来的规则很难在中国当时的破产案件处理中发挥出应有作用。1988 年，最高人民法院进一步扩大经济审判庭的收案范围，特别点明了“企业破产和债务清偿案件”的受理问题；① 破产案件进入审判权的行使范围之内，但是现代破产法的理念还没有在法院内部和法官中被广泛接受。经济法独立于民法、刑法和行政法的概念和定位是中国独有的，经济审判庭也是中国独有的。随着中国市场经济的发展，破产案件逐渐增多，涉及企业职工安置和社会稳定的问题更加严峻。1993 年最高人民法院的《全国经济审判工作座谈会纪要》明确对破产审判的立案受理、破产申请、法律责任和府院协调提出了四点要求②。这一时期的破产程序规则

① 参见 1988 年 7 月 18 日最高人民法院时任院长任建新在全国法院工作会议上的报告。

② （1）人民法院对申请企业法人破产还债案件要依法受理，要注意防止不具备法人资格的企业分支机构、私人独资企业、个人合伙企业以申请破产还债来逃避债务。私人独资企业、个人合伙企业在由个人承担无限责任后仍不能清偿全部债务的，参照《民事诉讼法》关于清偿顺序和按比例分配的办法处理。财产分配完毕后，债务人后来又有清偿能力的，还应承担清偿责任。（2）企业法人自动关闭，厂（店）停人散，无人向人民法院申请宣告破产还债的，企业的主管部门或有关机关为保护所有债权人的利益而指定的财产管理、清理组织可以原企业的名义向人民法院申请破产还债。（3）有关单位未按法定程序对企业进行清算而擅自处分企业财产，致使部分债权人的利益未得到保护，债权人在诉讼时效期间内起诉的，由擅自处分破产企业财产或者接受该企业财产的单位负责在债权人参加破产清偿可以得到的份额内进行赔偿。（4）人民法院在受理申请企业破产还债案件后，要主动与政府有关部门联系，妥善解决破产企业职工的安置问题。

主要依据《民事诉讼法》的规定进行。1991 年《民事诉讼法》专章设置企业法人破产还债程序，适用于全民所有制企业以外具有法人资格的企业。虽然以带有公法性质的经济审判理念和思维来对待破产案件审理，产生了制度设计与权力行使的错位，但这一时期积累的经验为后续民二庭审理破产案件奠定了基础。

（4）民二庭审理企业破产案件

中国的商事审判是对经济审判的继承。2000 年，中国进行了“大民事审判”格局调整，最高人民法院将民庭、经济庭和知识产权庭的名称、职能进行调整整合，统称民事审判庭，民事审判庭、经济审判庭、知识产权审判庭分别改称民事第一审判庭、民事第二审判庭、民事第三审判庭，总体来说各审判庭原有的职能基本没有变化，各民事审判庭的工作统称民事审判工作。这一次改革并没有实现商事审判的独立，破产审判也无法摆脱作为民事审判一个分支的地位。

在“大民事”审判格局下，破产审判由民事第二审判庭负责。2000 年 12 月印发的《最高人民法院机关内设机构及新设事业单位职能》（法发〔2000〕30 号）对民一庭与民二庭审判的案件类型进行了区分。[①] 这种区分不仅是对法院系统内部民一庭和民二庭条线系统的分工依据，也是人民法院民事案件与商事案件区分的实际依据；区分的标准一是主体，二是案由。破产审判作为一种特殊的商事审判，在商事审判尚且未能实现专门化的情况下，为了提升破产案件审理质效而实现其

---

① 民事审判第一庭负责：（1）审判第一、二审有关婚姻家庭、劳动争议、不当得利、无因管理等传统民事案件，房地产案件（包括房屋买卖、租赁、预售、按揭、开发合同案件，土地使用权出让、转让合同案件，建筑工程承包合同等案件）；不动产相邻关系案件，邻地利用权案件以及其他不动产案件（包括山林、水利、草原、滩涂、铁路、机场、公路、桥梁、港口、堤坝等不动产引起的案件。涉及以房地产及其他不动产为抵押的合同，其性质以主合同性质确定）；农村承包合同案件；自然人之间，自然人与法人、其他组织之间的合同、侵权案件。（2）审理申请撤销相关仲裁的案件。（3）审理适用特别程序的案件。（4）办理相关的申请复议案件。（5）审批高级人民法院相关案件延长审限的申请。（6）指导人民法庭工作。民事审判第二庭负责：（1）审判第一、二审国内法人之间、法人与其他组织之间的合同纠纷和侵权纠纷案件，审判第一、二审国内证券、期货、票据、公司、破产等案件。（2）审理申请撤销国内仲裁的案件。（3）办理相关的申请复议案件。（4）审批高级人民法院相关案件延长审限的申请。

独立行使的目标只能停留在理论层面。

2. 破产审判专业化改革

完成从行政性破产向市场化破产转变之后，中国破产审判从统一裁判的粗放型审判模式向提升审判专业化水平的精细化审判模式转型。因为“相比一般的民商事案件，破产案件审理对于法官的能力要求、综合素质、专业素养等有着更高的要求”①。

（1）破产审判专门化

提升破产审判专业化水平，需要明确破产审判定位和形成破产审判思维，因此，要通过破产审判专门化来实现破产审判专业化。其一，破产案件审理需要完善的法律规则支撑。2006 年《企业破产法》颁布，依据现代化的破产观念为破产审判权运行制定了基本规则：依循破产程序受理开始主义的体制；创制了相对独立的和解程序，作为供债务人在破产程序中可以适时选择并灵活运用的司法清理程序；建立以积极稳妥步骤拯救陷于困境的企业重整制度。② 由此，破产审判作为商事审判的一种特殊形式得到广泛认同，但是《企业破产法》并没有从根本上改变破产审判权的运行状态，进入司法程序的破产案件还是很少，案件审理效率低、审理质量不高。其二，需要以审判机构专门化推动破产审判专业水平提升。中国破产审判专业化改革的目的是提高企业破产案件审理的专业化水平，统一裁判标准，提高案件审判质效。2016 年，最高人民法院制定了《关于在中级人民法院设立清算与破产审判庭的工作方案》，要求 4 个直辖市和 11 个省的省会城市、副省级城市在中级人民法院设立清算与破产审判庭，并且划定了基本的职能范围。

全国各级法院拥有破产审判庭现已增至 100 多家，破产审判专门化改革进程持续推进。但破产审判专业化程度还在低水平徘徊，不少破产

---

① 俞锦锋：《构建破产审判“五化”格局的思考》，载中国法院网 2018 年 11 月 7 日，https://www.chinacourt.org/article/detail/2018/11/id/3566626.shtml。

② 参见邹海林：《我国破产立法的若干观念》，载《中央政法管理干部学院学报》1996 年第 4 期。

审判庭是加挂的牌子，而不是真正意义上的专业化审判机构，也没有符合破产审判业务需要的专业化审判队伍。2019 年北京、上海和深圳破产法庭挂牌成立，中国破产审判专门化实现了跨越式发展。这三家破产法庭的成立，开启了破产审判独立化进程。截至 2024 年年初，全国范围已经建立的 17 家破产法庭，一方面，是根据当地破产案件审理需要，解决破产审判质效提升困难的问题；另一方面，是在探索破产审判权独立运行的基础上，在更高层次上推进破产审判专业化，为提升破产审判工作专业化水平创造良好的环境和足够的空间。

（2）破产审判专业化

建立破产审判专门机构是为破产审判专业化奠定组织基础，实现破产审判专业化的核心在于破产法官。法官对相关法律的掌握、案件审理经验，以及与破产审判参与主体的协调和沟通，共同构成了破产案件审理过程中法官应当具备的综合能力。因此，为了实现破产审判专业化，第一，需要配置专门的破产审判人员不断充实破产法官队伍。《关于在中级人民法院设立清算与破产审判庭的工作方案》要求根据案件数量和岗位需要合理核定人员编制和法官员额，一般按照 1∶1∶1 的比例为法官配备法官助理和书记员。第二，提高破产法官业务能力。通过典型案例发布规范裁断标准，法官通过专门化的破产案件审理培养破产审判思维；通过破产领域法官的专业交流分享审判经验，法官通过参加定期培训和学术会议丰富知识结构。

三、破产审判与破产审判权

破产审判的内核是对债权债务关系的处理。从私力救济到公权力介入来协调个人利益与社会公共利益，是破产审判发展变化的总体趋势。破产审判中，为高效有序办理破产案件，法官代表法院，依据破产法和相关法律法规行使判断权，概括处理债权债务关系；法官在与当事人、破产管理人和行政机关进行沟通、协调多方法律关系的过程中，所行使的各项权能共同构成了破产审判权。破产审判权作用于破产案件，规范各参与主体权力（利）和义务，并最终形成裁断推进破产财产处置与债务人企业经营的过程，就是破产审判权运行。破产审判是破产审判权形成的场域，也是破产审判权运行的场域。

（一）破产审判权形成的场域

破产审判是破产审判权形成的“场域”[①]。社会学家布迪厄提出，场域是“处在不同位置的行动者在惯习的指引下依靠各自拥有的资本进行斗争的场所”[②]。“资本”指的是某场域中的成员所拥有的，并且仍在不断追求的某种特殊利益；“惯习”指的是整个场域或场域内部成员行动时所遵循的一般逻辑，是一种区别于习惯的更为复杂的行为方式。

1. 破产审判权的内涵

破产审判的场域中，法官所拥有资本是代表法院行使国家权力，力图实现破产案件审理的法律效果和社会效果的统一，以维护审判权的权威性。惯习是指法官工作追求理性的逻辑推理和遵循法律框架的制约。当代破产审判，依据破产法和其他相关的法律法规，通过司法程序，经由破产法官的审查和裁量做出裁断，并且在原始清算制度的基础上发展出了重整制度、和解制度，破产审判的方式和理念也都在现代化的司法改革中得到了更新，但是其本质并没有改变。破产审判权形成于破产审判这一“空间”，破产审判场域的特殊性决定了破产审判权的基本内涵，而且权力外延则随着经济社会发展的需要具有时代特点。

对破产审判权的认识要与破产法调整对象的发展同步，与破产程序的设置变动相对应。从系统论的观点出发，任何事物都是一个系统，破产审判权这一系统与其他系统一样，都是由一定的组成部分或要素构成的有机整体，并且各个部分在系统中发挥各自的作用，维持系统的正常运行。破产审判权是专属破产审判机构行使的一项综合性审判权力，法官要承担司法裁判职责和行政性事务管理职责。

在中国的破产审判中，有一种形容是“破产法官既要办案也要办

① “场域”是指在各种位置间存在的客观关系的一个网络（network）或一个构型（configuration）。参见［法］皮埃尔·布迪厄、［美］华康德：《实践与反思：反思社会学导引》，李猛、李康译，中央编译出版社2004年版，第133页。

② 宫留记：《布迪厄的社会实践理论》，河南大学出版社2009年版，第48页。

事，既要开庭也要开会，既要管人还要管物”。破产法官代表法院所行使权力的范围涵盖破产审判的全部过程和所有环节，会与所有参与破产程序的主体产生关联，因此破产审判权的运行是一个多方参与、多种权利（力）综合作用的有机整体。有学者对破产审判权给出定义：“破产审判权是针对破产案件、由国家权力机关行使的裁断权力，主要是法院审判破产案件的权力，广义的破产审判权涵盖整个破产程序中一般意义上的决定权，包括授权给管理人行使的事务性和专业性职责；狭义的破产审判权则是以法院对破产审判节点的控制与程序的推进为核心，以法院出具的裁定、决定为标志。”①

本书从相对广义的角度上去讨论破产审判权：第一，破产审判权的行使主体是法院和法官。虽然破产管理人接受了法院让渡的权力，行政机关参与破产程序行使必要权力，但这些权力（利）不属于破产审判权本身，而是配合破产审判权运行所必需的权力内容。第二，破产审判权的行使对象既包括破产案件，也包括因破产案件而产生的相关纠纷，即破产衍生案件；涉及对审判节点与程序的推进，也要对相关的民商事纠纷进行实质审理和裁断，因此在破产审判中法官可以出具判决、裁定和决定。第三，破产审判权运行过程中，法院和法官要承担起与破产管理人权力（利）的协调、与行政机关权力的协调的工作，在一定程度上改变审判权的行使模式。第四，破产审判权是法官在破产案件审理的过程中所行使的各项权能组成的有机统一的整体，其内容与民事审判权有一致性，又具有自身特殊权能。

2. 破产审判权的外延

破产审判权脱胎于民事审判权，但是其权能的组合和运行模式与一般民事审判权不同。本书对破产审判权相对广义的认定，需要将破产审判中所有参与主体的权利（力）与破产审判权之间的关系梳理清楚，包括：债权人的权利、债务人的权利、破产管理人的管理权、行政机关的

---

① 程顺增：《论破产审判权的谦抑与让渡——以法院和管理人的关系为视角》，中国破产法论坛“管理人制度的实践与创新”专题研讨会会议论文，2017 年 4 月于绍兴。

行政权。破产审判中各项权利（力）与破产审判权的关系非常复杂，有制约也有平衡，有合作也有监督。因此，明确其他权利（力）的行使边界的过程，也是厘清破产审判权内涵的过程。总体来说，破产审判权是法官在破产案件和衍生案件审理过程中所行使的，以破产清算、破产重整和破产和解程序的管辖权能、受理权能、确认权能、控制权能、裁量权能为核心内容，以及与个人权利、社会权力和行政权力制约配合的各项权能的统称。

（二）破产审判权运行的场域

破产审判是破产审判权运行的“场域”。[①] 一般的民商事案件审理中，审判权直接针对双方当事人的对抗性争议，通过司法审判完成纠纷的终局性解决，存在法院（法官）与当事人以及双方当事人之间的三条法律关系。而破产案件审理过程中，通过审判权概括处置企业的债权债务关系，需要借助破产管理人的力量来协调债权人和债务人的关系，需要行政机关协助处理企业破产预警、存续经营和退市等相关社会问题。因此，办理破产案件的过程中，破产审判权运行的场域是多方主体主导场域在破产领域的交集，除了司法审判，还涉及当事人合作制约的权利场域，破产管理人的破产管理场域、行政机关的服务型行政场域，由此形成多方法律关系，以及其他权力（利）对破产审判的制约与配合。

1. 破产审判权运行中的法律关系

破产审判权形成于破产审判这一场域，但是破产审判权运行并不在传统意义上审判权运行的场域范围内，而是审判权与行政权、管理权在办理破产案件时的交集（见图 2－1）。因此，破产审判权运行的场域，事实上是破产审判权与当事人自治权制约、破产审判权与破产管理权让渡和监督、破产审判权与行政权配合三者的交集。不同于民商事诉讼三角形结构，四方主体在破产案件中形成了多重破产法律关系。

---

① 参见［法］皮埃尔·布迪厄、［美］华康德：《实践与反思：反思社会学导引》，李猛、李康译，中央编译出版社 2004 年版，第 145 页。

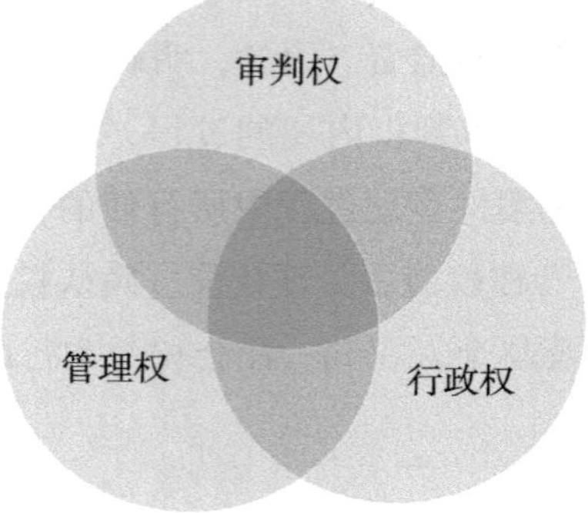

图 2－1　破产审判权运行场域关系

破产审判权运行的场域中，存在多方法律关系，包括法院与当事人之间，法院与破产管理人之间，法院与行政机关之间的关系，以及债权人与债务人之间，不同顺位的债权人之间，债权人与破产管理人之间，债务人与破产管理人之间，破产管理人与行政机关之间的关系。而法律资本占据主导地位，因此其他主体在破产审判中的地位和作用需要以其与法院的关系为中心进行构建。其中，法院与当事人的关系是传统审判权运行过程中的法律关系，因为债权人与债务人之间的非对抗性，导致这一法律关系中法院居中裁断的地位发生了一定变化；法院与破产管理人的关系，是破产审判中因审判权与管理权逐渐分离而产生的新型法律关系，法院权力的让渡形成了破产管理人中立、独立履职的基础；而法院与行政机关的关系不同于传统案件审理中对行政干预的排斥，而需要行政机关主动积极配合解决企业破产引发的社会问题，妥善处置破产财产与企业经营事项。

2. 破产审判权运行中的制约与配合

破产审判的理念变化影响破产审判权运行过程中的内外制衡。破产审判的理念经历了债权人保护—债权人和债务人保护—社会公共利益与债权人、债务人利益共同保护的变化过程。随着破产审判理念的变化，针对破产审判权的制衡的各项制度也在不断调整。

（1）内部制衡

破产审判权运行的内部制衡主要来自司法制度中法院系统的内部监督和审判管理。除了来自上级法院的审计监督之外，对破产案件审理质效和破产法官的考核构成破产审判权运行的内部制衡。对破产案件审理效果的评估应当以市场化的方式进行，即通过破产审判实现资源最优配置，节约司法资源和破产成本，实现经济稳定有序发展。但是，区别于一般民商事案件审理对双方当事人之间的法律效果和社会效果的评价，破产审判对公共利益的保护使企业破产案件的复杂性和影响力超出法院自身的评价能力。因此，这种内部制约与监督往往需要参考和借助其他评价体系和标准，来反向更新对破产审判权运行制衡的内部审判管理。可区别破产法官与普通法官地位的国家和地区，对破产法官的考核方式以法官身份为基础进行，而法官一体化的法域也需要考虑到破产案件审理期限和具体工作的特殊性，进行特别的制度设计。

（2）外部制衡

除了传统监督审判权运行的方式之外，对破产审判权的外部制衡还需要从其产生和运行的特殊场域进行考虑。破产审判最初是以保障债权人利益为本位，对经济利益的追求完全压倒债务人的人身权益和人格利益。罗马法对破产的债务人的严苛惩罚逐步走向缓和的同时，也将私人之间的财产执行权力逐渐纳入国家机关的职权范畴，这是一种国家权力、社会权力和个人权力的制约和平衡。

破产审判对债务人的宽容态度是因社会文明的进步而逐渐发展出来的，允许债务人通过清算、重整、和解等方式免除部分债务。当代破产审判以社会利益为本位，因为大型企业、金融机构破产所产生的债务清偿关系可能会影响到众多债权人和社会公共利益，有出现社会群体事件的风险，甚至影响社会稳定。

四、中国破产审判权运行的问题

破产法为破产审判的场域提供了法律资本，破产审判权产生于此。要结合审判权运行的基本逻辑与破产案件特殊的审理机制来完成破产法的实施，实现破产法的立法目标。从近代破产制度和破产法引入，到当代将破产审判权运行与经济发展紧密连接，伴随着中国法治现代化，中国的破产审判权曲折发展。当前，破产审判权运行不畅阻碍了经营失败的企业退市，影响社会资源有效配置。因此，需要对其中存在的问题和成因从司法、理论和立法层面进行总结和分析，而后以此为根据解决现实问题。

（一）司法层面

破产审判权运行不畅的问题形成于破产案件审理的司法实践，影响破产财产的处置、债务清理、债权清偿，且不利于债权人和债务人的利益保护；会降低企业继续经营成功的可能性，以至于影响产业升级与营商环境改善，损害社会公共利益。结合目前各地法院的破产审判白皮书和全国人民代表大会常务委员会执法检查组《关于检查〈中华人民共和国企业破产法〉实施情况的报告》，破产审判权运行在破产法的实施与破产审判管理两个方面存在的问题及成因如下。

1.《企业破产法》实施的问题

（1）破产审判启动难

从全国法院案件审理情况来看，2020 年全国法院审结各类案件 3080.5 万件，审结、执结 2870.5 万件，结案标的总额 7.1 万亿元，其中相当比例的债务处于支付不能的状态。以最为严厉的法院失信被执行人名单而论，常年保持在 650 万个左右，占全国总人口比例已达 4.6‰。① 从中国经济结构调整数据来看，企业清出的司法处置数量与经济运行数据不匹配，大量“僵尸企业”没有得到司法处置，充分说明了当下破产审判启动存在问题，阻碍了破产法实施。《企业破产法》颁布后进入司法程序的破产案件数量有了极大提升。但是，中国现有各类市场主体约 6000 万个，每年新增数十万个竞争失利但未能依法规范得到拯救或有序退出市场的非正常市场主体。而且，破产法实施过程中

① 参见叶建平、叶子涵：《关于制定我国现代新型破产法典的建议》，载微信公众号“中国破产法论坛”2021 年 9 月 27 日，https://mp.weixin.qq.com/s/QUeozJ6raDIFKevYhOz7QA。

也出现过受理案件数量下降的现象，比如2008年与2013年数据相比，破产案件受理数量减少。与西方国家相比，中国适用破产程序案件的数量不足美国的0.2%、西欧国家的1.16%。2014年，每千户公司进入破产程序的数量仅为0.11户，低于西欧平均70户。[①] 2014年，全国注销企业505,866户，吊销企业214,130户，而同年的破产案件数量只有2000多件。到2020年，情况并没有显著改善，2020年全国注销企业2,899,000户，而因破产原因注销的企业只有3908户，占比仅为1‰。

中国的破产审判启动难，主要有以下几方面原因：第一，债务人破产申请比例低。多地的破产审判数据表明，受理的破产案件以债权人申请居多。[②] 债务人对破产审判的功能认识不足，即便被吊销执照或强制拍卖财产，也不通过破产程序解决经营问题。第二，债权人破产申请积极性不高。中国破产审判权运行成本较高，债权人倾向于通过个别诉讼寻求清偿。第三，地方政府对企业破产退出有较多顾虑。由于对破产审判权功能认识存在偏差，加之企业破产可能带来的社会稳定问题、上下游企业经营问题，地方政府出现主动干预市场调解的行为。第四，法院破产申请受理难。破产案件审理的时间成本、破产程序的难度，以及随之而来的债权人权利保障问题，使法院“不受理或受理期限超过法律规定期限的情况比较普遍”。[③] 同时，实践中对破产法官缺乏相对科学的绩效考核，法官审理破产案件积极性弱，所以在法定标准不够细致的情况下，法院的受理审查标准可能更为严格。

（2）破产审判对外协调难

第一，与破产管理人配合。《企业破产法》引入了破产管理人这一社会主体，来承担破产管理权能，分担法院的部分管理性事务，发挥市

---

① 参见龙光伟主编：《深圳破产审判年刊2018》，人民法院出版社2018年版，第86页。

② 参见《广州市两级人民法院破产审判实践和破产机制调研报告（2006～2016年）》；《江苏省各级各地人民法院破产审判十年的探索与思考（2007～2017年）》；《苏州市两级人民法院破产审判报告（2006～2015年）》；《浙江省各级各地人民法院破产审判报告（2013年）》。

③ 参见王东明：《王东明作企业破产法实施情况的报告》，载法治网，http：//www.legaldaily.com.cn/rdlf/content/2021－08/19/content_8584217.htm。

场主体在破产财产处置和企业救助方面的积极作用；但是实际在破产审判权运行过程中，破产管理人制度的功能和并没有得到充分发挥，甚至出现了因为破产管理人履职不当而影响破产案件审理质效的情况。破产管理人应当弥补法院在具体破产事务中的不足，充当债权人、债务人与法院之间的桥梁，配合法院行使破产审判权。但是，中国破产管理人在破产审判中的地位缺少明确规定，导致破产管理人与当事人、破产财产和法院的关系难以界定。法院不仅没有减少工作任务，在选任、管理、监督和指导破产管理人的过程中，还需要安排专门的组织和人员，构建新的工作机制、制定新的规范和流程。中国破产审判中法院与破产管理人的协作和沟通模式，扩充了破产审判权的内涵，但是也增加了破产审判中的时间成本，浪费了部分司法资源。主要原因在于：一方面，法律规定的破产管理人可选任范围过窄，指定方式不科学，对破产管理人的职责和义务要求过于模糊，法院评价破产管理人工作时缺少切实可行的标准；另一方面，破产管理人自身专业水平有待提升，破产审判中经常出现选任出的破产管理人能力与案件实际需求不匹配，因此破产管理人需要更加积极履行忠实和勤勉义务。

第二，与行政机关协调。破产审判权高效有序运行，单靠法院无法完成，尤其是中国司法语境之下的破产案件审理，债务人企业在税收、金融监管、职工安置和信用修复等方面，需要行政机关的积极支持与配合。但是，针对破产审判权运行中需要解决的问题，政府部门没有认识到问题的紧迫性。常态化的企业风险处置机制尚未建成，专门化的企业破产处置对接机构没有组建，行政权职能作用没有与破产审判权运行良好衔接。主要原因有两方面：其一，法院对外协调动力不足。法院寻求对外协调超出了一般审判权运行的范畴，破产法官对自身职权与工作性质存在疑问。其二，政府支持力度不够。进入破产程序的债务人企业无论是走向退市注销，还是继续经营，都需要解决相关的社会矛盾，需要企业的主管部门、人社、工商、审计、税务等多部门的协调配合，而政府在企业破产中的服务职能发挥不到位。行政执法程序与破产审判权运行需求不匹配，在债务人财产被行政机关采取了执行措施或者企业在税务、电力方面被采取强制措施的情况下，实践中法院的裁定很难获得支持和配合。因此，与一般民事诉讼程序相比，破产审判权运行中，法院与行政机关的沟通成本较高，同时破产财产清偿率较低，不利于提升债权回收率。为了实现破产审判权高效有序运行，提升破产案件审理质效，法院需要主动与行政机关沟通，召开联席会议，形成必要的规范性文件，来协调破产审判工作中司法权与行政权的矛盾。

（3）破产审判效率低

第一，破产案件审理周期长。《企业破产法》没有规定破产案件审理期限。《企业破产法》第 14、45、79、84、120 条对于债权人会议、债权申报、提交重整计划草案和裁定终结破产程序等关键环节规定了具体时限；各地法院制定的破产案件简易审理程序规则，一般规定简易程序的审理期限为 6 个月。但是，实践中部分法院已审结的破产案件平均周期超过 500 天，有些破产案件审理时间长达数年，少数破产案件甚至超过 10 年未能审结。①

第二，破产案件相关法律程序衔接不畅。通过执行案件移送破产审查的机制，缓解民事诉讼执行难问题，同时扩大破产案件收案范围。但是，在破产审判实践中，关于执行法院或执行部分移送案件的条件和程序缺乏明确具体的规定，对于被执行企业是否移送破产审查，各地法院指定的标准差别很大，影响破产审判权运行的统一性。

第三，破产衍生案件审理困难。破产衍生案件涉及与破产案件解决有关的实体权利纠纷，涉及债务人、债权人、债务人的出资人、投资人等各方利益的冲突、矛盾和博弈，是各方矛盾的深层体现。虽然 2021 年施行的《民事案件案由规定》列出了 13 项“与破产有关的纠纷”，但是破产程序非讼性与衍生案件诉讼性并存时，在管辖法院、审判业务庭、审判人员等审判组织方面，在案件审判理念、裁判规则等审判权权能运行方面，目前的破产法和相关法律规定缺少具体明确的区别性规

---

① 参见王东明：《王东明作企业破产法实施情况的报告》，载法治网，http://www.legaldaily.com.cn/rdlf/content/2021-08/19/content_8584217.htm。

定，造成实践中各地裁判的程序和态度无法统一。衍生案件审理困难，直接影响破产审判权运行的效率。

中国破产审判效率提升困难的原因有三：其一，对破产制度的正确认识仍需转变。债权人和债务人对申请破产存在疑虑，地方政府干预企业进入破产程序依旧存在，法院对破产审判存在抵触心理。其二，“府院联动”机制没有完全落实到位。其三，破产审判力量不足。中国法院案多人少的矛盾一直存在，对破产审判权运行造成的制约影响更为明显。一方面，破产审判庭和破产法庭的专业法官缺少，很难形成专业的破产审判团队，来集中处置僵尸企业和挽救困境企业；另一方面，破产案件比一般的民商事案件复杂，审理周期长，既需要认定事实、适用法律，也要对外对内协调统筹，对法官专业性要求更高。破产法官选拔面临困难，法院内部轮岗还有可能影响已经形成的破产审判团队。

2. 破产审判管理的问题

广义的审判权运行包括案件审理与审判管理两个部分。无论是对破产案件审理效果的评价，还是对审判人员的考核，都属于审判管理的范畴，而非直接作用于破产案件。但是，实践中案件的裁断与审判管理两个部分相互影响，尤其是在中国破产审判权运行不畅的情况下，对破产法官的考核和培养直接影响到案件审理效率，而形成科学的破产案件审理评价标准有助于转变破产理念。

（1）破产案件审理评价标准模糊

中国破产审判从理论构建、立法完善到司法政策调整，呈现出一种本土法律文化与现代法律制度融合的状态。目前的破产审判权的内涵与外延尚未明晰，因此破产审判权运行的评价体系难以形成，这也造成我国破产审判权运行评价在一定程度上需要与世界银行营商环境评价标准进行对标，其实是利用国际通用标准来倒逼我国破产案件审判的效率提升，优化破产案件审理的法律效果和社会效果。但是，世界银行的评估标准是基于整个国家的经济和商业环境考量，对破产案件审理的针对性不强。另外，由于仅关注商法与市场的关系，以及评估对象选择的偏见，世界银行的评价存在局限性。

（2）破产法官绩效考核不科学

破产审判的工作专业性、政策性强。从事破产业务的法官不仅需要具备法学专业能力，在处置重大复杂破产案件时，还应当具备经济、财务、金融等方面的知识和经验。因此，专业破产法官的培养本身是一个耗时费力的系统性工作，但是为了及时高质量审理企业破产案件，这种制度成本的付出是值得的。而且，当全国破产审判队伍发展到一定阶段，破产法官培养的社会成本到达峰值后会逐步降低，并维持在较低水平，而批量化破产案件得到专门审理后所获得的社会收益会大幅提升，因此二者的比值会逐渐缩小。但是，在现阶段破产审判力量不足的情况下，无法最大化发挥现有破产审判队伍的力量，是因为缺乏科学的绩效考核机制，无法调动破产法官的主观能动性。

（二）理论层面

中国破产审判权运行过程中的诸多问题，其根源在于缺乏独立化、专门化的破产审判权基本理论。破产审判中法官权能行使需要建立在完善的运行规则和丰富的基本理论研究之上。而破产审判权运行理论的缺失，一方面无法为规则制定提供支撑，另一方面无法为司法实践探索创新提供正确的理念和原则。因此，破产审判权理论缺失，是中国破产审判权运行不畅的根本原因，理论构建需要回应破产审判权运行的独立性和专业化这两个主要问题。

1. 破产审判权运行独立性问题

破产审判从民事审判中分离独立，为破产审判权独立运行提供了基本条件，但是要真正实现破产审判权独立运行，需要为其提供必要的理论依据。既需要不断夯实与破产审判相关的基本理论，还需要在审判实践进一步探索和挖掘破产审判权独立运行的优势，形成专门的理论研究，进一步指导破产审判实践。

（1）破产审判权基本理论研究匮乏

从清末修律对破产法的引入，到民国时期破产法的修订，中国近代的破产制度建立在对日本、德国和美国等国破产法律移植的基础上，受制于当时经济发展水平和国内外环境的制约，没有对破产理论的深入认识和理解。改革开放后，与企业破产相关的法律规则制定和修改在实用主义法学思想的影响下，基本上是以提高案件审理效率为核心的技术性规则制定模式，而破产法基本理论研究相对滞后，破产审判中的“衡平法”理念与传统的法官审判权行使产生了一定程度的冲突。

与其他成文法国家相比，中国立法中心主义倾向更加明显，因此在法学理论的研究中以法律制定和修改为主要内容的研究方向居多。另外，独特的司法制度和司法环境，使我国法官的独立性较弱，不具备英美法系国家法官的地位和作用。法官主体地位缺失，针对破产法的研究很难以司法为中心，所以之前破产案件审理的相关研究很少从法官审判权行使和运行视角切入，对司法实践中的问题的考察和探讨最终也回归到立法完善和法学解释问题上。

（2）破产审判权运行独立价值有待挖掘

破产案件审理是实体规范与程序规范的结合，无论这种程序规范是以专门针对破产案件的形式出现，还是与民事诉讼程序融合；无论被规定在破产实体法中，还是以程序法形式进行单独规制，在成文法国家的传统价值观中，程序一直依附于实体。在价值选择方面，实体总是处于第一位，而程序是第二位的。而现代意义上的破产法和破产审判最先出现在英国，衡平法观念的影响和程序法现代化进程都在影响全球商事破产审判权运行，因此，破产案件审理程序决定破产法实施效果的观念逐渐被人们接受。

破产审判权的独立价值是由以下几个方面决定的：第一，破产案件类型特殊。破产案件受理过程中法官一定程度上突破了审判权的被动属性和当事人处分原则，破产案件书面审理为主、听证为辅的审理机制，将对立当事人辩论演化为召开债权人会议，都表明了破产审判权与民事审判权行使方式有根本区别，需要区别对待。第二，破产审判权是各种权能综合作用的有机整体。从前文对破产审判权的定义中可以看出，破产审判权具有极强的综合性，由于破产法兼具实体法和程序法的特征，法官具有多重角色，破产审判中裁断工作、管理工作与协调工作都占有相当大的比重，无法与审理民商事案件法官的工作进行统一管理和考核。第三，破产审判权作用效果特殊。破产案件审理效率和成本直接关系到世界银行对中国营商环境的评估，因为企业破产波及范围广，会产生连环效应，所以破产审判权对于经济社会的重要作用是一般民商事审判权无法比拟的。挖掘破产审判权的独立价值，主要是为了实现将破产审判权从中国民事审判权的研究和设计中分离，同时提高破产审判权作为控制破产程序的权力的地位，不仅关注破产制度和实体法完善，还要进一步提高对破产审判权理论和立法的重视。

2. 破产审判权运行专业化问题

提升破产审判权运行专业化水平，并不是中国的制度创新，而是世界范围内破产审判的发展趋势。同时破产审判专业化并不是脱离民事审判权发展状况孤立存在的，而是在中国审判专业化改革背景之下，与中国破产案件审理的实际情况和司法环境的具体样态相适应。

（1）破产审判权理论与实践衔接不畅

中国破产审判权运行专业化水平的提升并不是最终目的，最终目的是提升破产案件审理效率，拓宽优化破产案件审理法律效果与社会效果的途径。破产审判权运行的专业化需要专业理论的支撑，将破产审判权的理论与实践相结合，破产审判权运行专业化的基础是破产审判权相关理论的专业化。但是，当前中国破产审判权运行理论与实践衔接不畅，主要表现如下。

第一，破产审判权理论供给不足。破产法的基础理论大多脱胎于民法和商法。从成文法国家的学科传统和研究习惯上来说，破产法脱离商法之后，以演绎逻辑对破产法基本理论关注，一般集中在程序参与主体层面和规则实施过程中，将破产法与民法、商法进行对比，而少有以破产审判权为基本研究对象的研究。而普通法国家法官对破产法规则和理论的发展和补充，又决定了以归纳逻辑对破产审判权的认识不够体系化和理论化。我国针对破产审判的理论研究起步较晚，因此破产审判权及运行的体系化研究尚难以支撑当前破产审判实践的发展需求。

第二，破产审判权理论与审判实践分离。法律规则与司法实践存在距离，在破产法领域也是如此。目前《企业破产法》简单化和模糊化的规则设计，通过制定司法解释和发布会议纪要等方式难以完全回应和解决破产案件审理中的实际问题。各地法院在破产审判权运行过程中，基于当地经济发展情况和审理习惯，所采取的工作方式和制定的具体操作规则呈现出多样化特点，弱化了破产审判权运行应有的普遍性特点。破产审判实践中对于具体事务处理的需求，使司法实务人员更加关注具有理论支持的操作技术而非理论本身，但是脱离破产法和破产审判权基本理论，规则无法精准细化到可操作性与合法性相统一的状态；很多破产审判实践中的问题又没有及时传递给理论界，使得破产审判的理论研究也无法给予关照和回应。

（2）破产审判权运行专业化认识不足

一般认为，专业化审判有四层含义：一是审判主体专业化，包括专门法院，专业化合议庭，专业法官。二是法官思维和知识的专业化，包括专业审判知识、专业思维能力、专业审判语言等。三是审判机制的专业化、正规化，从主体的设置、主体的选定、业绩考核、司法技能培育等方面形成健全的机制。四是审判理念的专业化，如上海知识产权法院在推进知识产权专业化审判过程中形成了创新、法治、平衡、开放的理念。[①] 破产审判专业化有自身的发展一般规律，从审判权发展规律来说，破产审判专业化的原因如下。

第一，破产审判专业化具有“中性优势”，即“案件集中由一个法院或一群法官审理”，专业品质更有保障，司法效率更能提升，法律适用统一性也更强。[②] 破产审判专业化的“中性”，主要考察的是破产审判效率问题，与破产审判的结果无关；破产案件由于涉及债务人财产保管、企业经营和集中分配，在公平基础上，案件处理的效率十分关键。中国司法改革过程中，各地法官采访和学者对话里提到最多的也是案件处理效率提升问题；破产审判权专业化之所以是中国司法改革的必由之

---

① 参见李兆杰、牛艳：《人民法院推进专业化审判路径探析》，载《人民法院报》2017年5月3日，第8版。

② 参见［美］劳伦斯·鲍姆：《从专业化审判到专门法院：专门法院发展史》，何帆、方斯远译，北京大学出版社2019年版，序言第5页。

路，也是因为其对案件审理效率提升的显著作用。[①]

第二，破产审判专业化会对裁判结果产生实质性影响。破产审判机构的设立只是破产审判专业化的第一步，对案件处理结果起决定作用的是破产法官。不同的破产法官对于一些法律与理论还未厘清的模糊地带问题认识存在差异，对很多司法政策的理解也会带有自身的局限性，加之对自身利益的考量，会在一些具体问题的处理上出现较大的区别，比如对于重整计划强制批准权的行使，破产法官基于自身商业判断的经验、自由裁量权的边界的认识、案件效率的追求、业绩考核的考量，产生了强制批准“不愿意适用”或“过度适用”的问题。

第三，破产案件数量的持续增长造成法官审理压力增大。美国破产法院的出现是在破产案件不断增加的情况下，联邦地区法院将破产案件移交给特定人员审理从而减轻地区法院法官压力的结果。随着供给侧结构性改革推进，中国企业破产案件数量激增，而目前个人破产制度呼之欲出，由中国的人口基数可以预见未来进入破产审判的案件数量之多；没有设立专门破产审判庭的法院，要在普通商事案件之外分出精力和资源来处理大量的破产案件，法官的压力可想而知。

除了上述三个方面，中国破产审判运行专业化具有自身特殊性。

首先，中国法官身份统一。破产法官是在已经进入审判序列的民商事法官中遴选产生的，形成专业化、专门化审判格局，能够促进破产法官职业群体的形成和专业水平的提升，破产法官在大量的案件处理中积累经验、深入理解破产法的立法目的，形成自身职业认同。其次，破产案件审理时间长、问题复杂、程序特殊，过去对破产审判人员适用一般法官的绩效考核标准，无法起到更好地激励他们履职的效果，而在原有的司法体系内单独考核破产法官又会使一个机构内出现两套规则，不利

① 参见文彬：《专业化审判是必由之路》，载《人民法院报》2019年6月15日，第2版；韩长印：《破产审判的专业化要求与江山法院的针对性探索》，载《人民法院报》2018年1月11日，第5版；罗斌、余建华：《专业化审判是一种趋势——访淳安县人民法院院长陈奇策》，载《人民法院报》2012年4月12日，第5版；罗华、李坚：《创新专业化审判模式　探索金融生态司法保护》，载《贵州日报》2020年2月28日，第15版。

于统一管理，因此设立专门的破产审判机构，配备专业的破产审判权人员，实现破产法官独立的考评体系势在必行。

我国破产审判发展历程也有自身特点，当前的改革目标是早日实现专业化。从广义上来说，审判权专业化是职业分工所必需的，职业的专业化与社会分工是与人类社会发展相伴始终的，也是人类社会得以存续和发展的基本前提。审判权专业化表现为审判主体的专业化、审判过程的程序化和审判依据的依法化。[①] 关于破产审判权运行的专业化问题，在西方破产法发展几百年后的今天，随着破产拯救和重生的观念深入人心，破产审判机构的专门化和审判人员的专业化已经与案件审理相匹配，破产管理人专业水平和业务能力、行业自治组织和行政管理机构的运作已经较为成熟，破产审判权运行专业化已经不能成为一项议题，因此对于破产审判权和破产审判专业化的探讨和研究也不会很深入。由此，中国《企业破产法》实施的最初10年间，对破产案件审理质效提升的症结缺少发现，对提升破产审判权运行专业化水平的重要性和紧迫性认识不足。

（三）立法层面

破产法和相关法律是破产审判权运行的法律依据，也是进行破产审判改革的基础。《企业破产法》实施近20年来，中国的破产审判发生了巨大的变化，随着经济发展形势的变化，现有规则难以有效满足破产审判价值目标的实现。目前，中国各地法院针对破产审判中法院的权能正确行使、规范破产管理人行为、协调政府参与而制定的规则和指引具有地域性，部分探索突破了上位法的原则和规则。破产法律规则事关当事人权益和社会公共利益，地方立法权能否对此作出调整，以及如何认识地方法院的程序性规则的效力，都成为日益突出的问题。

1. 立法理念方面

2006年《企业破产法》的制定，是中国加入世界贸易组织前后一系列法律修订的关键一环。虽然篇章结构的安排和基本条文的内容将现

---

① 参见张泽涛：《司法权专业化研究》，法律出版社2009年版，第44～58页。

代破产制度大多囊括了进来，但是当时经济转型时期对破产制度的认识有局限性，立法未能完全实现部分制度背后的破产理念，条文之间的内在联系梳理不够清楚。主要表现在：个人破产制度缺失，重整制度不健全，破产管理人法律地位不明确。

（1）个人破产制度缺失

中国的《企业破产法》采用商人破产主义，且将债务人主体局限于企业法人，导致破产主体范围过于狭窄，因而被称作“半部破产法”。个人破产制度缺失，绝大多数社会生活的参与主体被排除在破产审判权的保护和约束范围之外，导致中国当下的破产审判权内涵是不完整的。其弊端有二：首先，不利于破产理念和破产审判观念的培养。现代破产制度是从调整个人债务清理开始的，而后发展出企业破产的规则，破产审判权运行的很多基本理念和原则从个人破产案件审理中发展演变而来。中国破产审判从企业破产开始，缺少公众文化的认同，不允许个人破产加剧了公众对“破产即逃债”的偏见；破产法官缺少必要的社会经验和知识储备，破产审判专业化水平提升困难。其次，加剧企业破产受理难和审理难。不允许个人破产，抑制了企业主和高管申请企业破产的积极性，导致中国破产审判中债务人提出破产申请比例明显低于债权人申请，而且增加了企业破产案件中处置债务人人格混同问题的难度。

目前，地方个人破产与债务清理的探索中对个人破产的范围构建也存在两种模式：其一，《深圳经济特区个人破产条例》第 4 条将债务人主体限定为自然人；其二，苏州市吴江区人民法院《关于个人债务清理的若干规定》第 2 条规定的债务人主体为自然人与个体工商户。地方性法规与文件有地域性，个人破产规则适用“属地”特征明显：《深圳经济特区个人破产条例》第 2 条以正向方式要求债务人必须符合在深圳经济特区居住，且参加深圳社会保险连续满 3 年的规定；苏州吴江区人民法院《关于个人债务清理的若干规定》第 6 条以反向排除的方式，规定在苏州市吴江区辖区外有作为被执行人、被告或者被申请人的应负或者可能应负金钱给付义务的在执、在诉、仲裁、公证债权案件，除非该债权人自愿参与规定程序，否则不能适用相关规则。为了完善中国破产审判权的内涵、妥善解决立法缺陷冲突的问题，应当尽快修订破产法，奉行一般破产主义，建立全门类统一的破产法律制度，为提高债务人申请破产的积极性、解决企业破产中的财产混同问题提供法律支撑。

（2）破产重整制度不健全

破产重整制度源于衡平法上的财产接管，因此法院的强制批准权被认为是一种衡平权。法官在对企业重整计划草案进行强制批准时，需要依据衡平理念来行使破产审判权，必须按照破产法典规定的精神，尽可能地维护各方参与主体的权利和利益。[①] 衡平的机能一方面是缓和严格法律，另一方面是为个别化地实现个案正义。《企业破产法》引入了破产重整程序，但是没有争取认识重整制度背后的衡平理念，因此对于重整计划的正常批准与强制批准规定过于原则。该法第 86 条对正常批准条件规定相当简单、笼统和程式化，而第 87 条强制批准条件规定相对比较详细，正常批准和强制批准主次关系颠倒的条文规定，迫使法院在正常批准时也必须适用第 87 条强制批准的条件，强制批准成为法院批准重整计划的核心条款。因此，构建完善的破产重整制度需要正确认识和理解普通法国家的衡平理念，从衡平权的角度去规范强制批准权行使。首先，强制批准权必须以公平和正义为原则。破产法官可以在削减某些债权人债权或索取权情况下强制通过重整计划。但是，这种对债权人利益的缩减应当有一定的限度，它最终不能打破利益的平衡，不能以牺牲公平和正义为代价。其次，强制批准权也是一种自由裁量权，需要法官在“良心”和法律规则基础上自由裁量。[②]

① 强制批准权源于美国重整制度，美国破产法院被认为是衡平法院，破产法官的强裁权源于法官的衡平权，即通过衡平法确保当事人都能得到实质“公平公允的待遇”（fair and equitable treatment）而免受损人不利己之徒的钳制。德国继受了美国的重整制度，将法官的强制批准权定义为“妨碍阻却”。因为德国判例将破产计划视为合同，而当事人在投票的过程中承担着诚实的义务。不诚实地阻却计划之通过将有碍于集体福利之实现，所以需要法院强裁。

② 参见张艳丽、杜若薇：《中国法院对重整计划强制批准的问题与解决》，载《北京理工大学学报（社会科学版）》2019 年第 6 期。

（3）破产管理人法律地位不明确

《企业破产法》引入了破产管理人制度，但是在条文和后来最高人民法院《关于审理企业破产案件指定管理人的规定》中，都没有对破产管理人的法律地位进行明确规定。无论是普通法国家的财产受托人，还是成文法国家的财团管理人，明确破产管理人法律地位是在破产审判权中规范破产管理人与其他参与主体关系的基础。

《企业破产法》对破产管理人这种模糊化定位，导致破产审判权运行中破产管理人对自身应有职权认识不清，其他主体对破产管理人的职权和作用也难以形成正确认识。2021 年全国人大的《企业破产法》执法检查报告中对破产管理人制度不健全问题进行了专门研究，各地法院的破产审判报告中也对破产管理人制度与现有破产审判需求之间的差距建言献策，各地政府优化营商环境的文件中都有“认识和理解破产管理人在破产程序中作用，配合破产管理人履职”的内容。而究其根源，是立法过程中没有将破产管理人法律地位这一理念融入现有规则之中。如果不明确破产管理人法律地位，现在破产审判权运行过程中，破产管理人与法院、破产管理人与行政机关彼此职权的规范和协调的问题始终无法得到有效缓解，也无法发挥破产管理人在破产审判中的关键作用。

2. 立法技术待改进

（1）破产实体规则与程序规则失衡

破产审判权运行规则兼具实体法和程序法的特点。破产案件审理机制的特殊性不同于民事案件，其审判理念特殊、审判程序复杂，需要专门的规则予以规范来减少程序迟延的可能性。美国《破产程序规则》的出台，相当于为破产审判单独制定了一部“诉讼法”，破产法院设置、破产法官的地位和职责范围都是通过《破产程序规则》确定的。

第一，参与主体地位与权限不明。中国破产审判权运行质效提升困难的一大原因，就是破产审判中破产审判机构的设置、法官配置和考核、破产管理人的法律地位，以及行政机关参与的角色和权限范围缺少明确的规定。参与主体对自身职权没有正确认识，破产案件审理与处置中无法协调彼此之间的关系，造成破产审判权运行秩序混乱：法院在案件审理过程中对破产管理人职责的“越位”和“缺位”[①]，破产管理人勤勉义务的履行难以保障，行政机关参与限度不明。

第二，缺少程序简化的规定。现行《企业破产法》和相关司法解释中没有关于破产案件审理期限和如何设置简易程序的规定。最初立法时没有规定破产审判的审限，是考虑到破产案件处置复杂，需要的审理时间长；同时，个案特殊性强，难以统一审理期限的标准。但是，随着中国民事诉讼繁简分流试点取得良好的实践效果，破产案件也有繁简难易之分，可以针对不同案件类型设置合理的审限区间。这一方面能够督促法院提高破产案件处置效率，为地方法院规则中的简易程序设置提供支持；另一方面为当事人全力保障提供法律依据。小微企业的破产无疑有别于大中型企业的破产，单一不动产项目公司的破产也明显不同于关联企业极度复杂的合并破产，加之债权人在破产案件中的受偿比例本身可能较低，如果破产程序过于持久，就会加剧债权人的损失程度。[②]

（2）破产法与其他法律协调衔接不畅

中国破产审判权运行所依据的规则除了《企业破产法》，还有《民法典》《公司法》《民事诉讼法》等其他相关法律法规，因此不同法律规则之间的协调与衔接直接影响破产案件审理，也决定了破产审判权运行的法律效果如何评估。但是，因为法律修改和制定的时间不同步，立法价值取向各有取舍，所以出现部分条文规定的冲突难以避免。涉及破产审判权运行的规则冲突主要有：第一，《企业破产法》第 24 条关于破产管理人个人执业与《律师法》禁止个人执业的冲突；第二，《企业破产法》第 21 条关于衍生案件管辖与《民事诉讼法》专属管辖规则的冲突。虽然在破产审判权运行过程中，法院依据“新法优于旧法”“特别法优于普通法”的原则进行法律适用，但是如果在立法过程中对规则之间的协调进行关注，可以节约司法资源，提高破产案件审理效率。

---

① 参见陈义华：《破产法中法院审判职能的理性回归与改革路径探析》，载《行政与法》2012 年第 6 期。

② 参见韩长印：《破产审判的专业化要求与江山法院的针对性探索》，载《人民法院报》2018 年 1 月 11 日，第 5 版。

3. 法律更新不及时

从《企业破产法（试行）》到《企业破产法》实施过了 30 年，其中修法过程近 10 年；而自从《企业破产法》颁布到如今，又过去了近 20 年，中国破产制度面对的国际、国内经济形势发生了巨大变化，破产审判所承担的任务和对社会治理的作用也完全不同于当时。但是《企业破产法》修订直到 2021 年才进入全国人大的法律修订计划之中，破产审判中的很多困惑和混乱情况都是法律修改完善的迟滞造成的。

（1）破产简易程序需要更新

2021 年全国法院民事诉讼"繁简分流"试点工作已经完成，在破产审判并未完全独立于民事审判的当下，破产审判中简易程序的构建与适用一方面是顺应民事审判改革的需要，另一方面也是破产案件审理效率提升的要求。

破产案件的审理具有烦琐复杂、耗时费资的特点。究其原因，一方面在于破产本身对全部债权进行的一次性概括强制执行的属性；另一方面在于破产案件的处理往往会与几乎所有法律部门产生交集。因而，程序经济和程序效率在破产程序中的价值凸显就显得极为重要。简易破产程序指法院解决债务人财产较少、债权债务关系明确、债权人较少的简单破产案件所适用的程序。简易破产程序是一种独立的破产程序，从性质上说是普通破产程序的简化。① 与普通的破产程序相比，简易破产程序在审判组织、审限、程序环节等方面都相对简化，以此来解决普通破产程序烦琐和耗时较长而导致中小企业债务人不愿意进入破产审判的问题。

截至 2021 年年初，我国中小企业总量超过 4000 万家，但普遍存在"量大面广体弱"的特征。② 中小企业虽然个体体量小，但是数量众多，对破产审判权行使简化的要求更为迫切。实践中，浙江省适用简易审理的破产案件占破产案件总量的比例不断提升，针对无产可破和债务人下

① 参见沈贵明主编：《破产法学》，郑州大学出版社 2004 年版，第 93 页。

② 参见马宁宁：《中国中小企业数字化转型比例仅 25%，供应端数字化如何提速》，载腾讯网，https://new.qq.com/omn/20210428/20210428A0FKYD00.html。

落不明，简化债权人会议流程，实行最短公告期限和债权申报期限，加快推进破产案件审理。宁波、温州等地区基本实现简易审理的破产案件在6个月内审结，诸暨法院2020年受理的破产案件中169件适用破产"简易审"，占比高达96%。[①] 近几年，全国范围内执行移送破产审查案件占比持续高位运行，"执转破"案件中无产可破案件占比较高，对于简易审理的需求尤为强烈，但是目前我国破产建议程序缺乏上位法支持，在破产审判权运行中的探索合法性存疑。

（2）预重整制度待更新

中国缺乏对预重整准确的概念界定和相关法律规制，为了破产审判权运行需要，《加快完善市场主体退出制度改革方案》指出：要研究建立预重整制度，实现庭外重组制度、预重整制度与破产重整制度的有效衔接，强化庭外重组的公信力和约束力，明确预重整的法律地位和制度内容；《破产审判会议纪要》第22条规定要探索推行庭外重组与庭内重整制度的衔接；《九民纪要》第115条规定了庭外重组协议在重整程序中的效力延伸，指出继续完善庭外重组与庭内重整的衔接机制，降低制度性成本，提高破产制度效率。截至2022年，中国有21个省市区制定了预重整的指引或相关政策，但是在预重整如何立案、预重整调整对象、预重整管理人指定、预重整能否中止执行、停止计息等问题上，各地法院的规定有所区别。首先，预重整立案方面，立案字号包括"预""引调""破申"字号三种。其次，预重整程序启动有以下几种模式：①法院依职权决定。当事人提出重整申请，法院征得当事人同意，依职权启动预重整，此种做法目前占据主流。②法院依申请启动。当事人自行申请采用预重整，由法院决定是否启动预重整（成都、眉山）。③政府是申请启动预重整的唯一有权主体，法院对此进行监督和指导（温州）。④当事人自行协商，法院不参与预重整（厦门）。⑤当事人申请与法院依职权自动相结合的混合模式（重庆）。最后，预重整期间。温

---

① 参见浙江省高级人民法院：《浙江法院2020年破产审判工作报告暨十大典型案例》，载微信公众号"中国破产法论坛"2021年3月18日，https://mp.weixin.qq.com/s/wJzb5z3H-8TY5dLmOM0XAQ。

州市中院、南京市中院规定为6个月加3个月；重庆市第五中院、深圳市中院、宿迁市中院规定为3个月加1个月；成都市中院规定为3个月加2个月，简称“3+2”。

各地法院预重整制度试点和探索取得了良好的法律效果和社会效果，有助于优化破产重整的高成本问题、解决重整可行性识别难题；但是目前各地的预重整指引操作较混乱，有必要在修订的破产法中新增预重整程序，统一预重整适用的争议。

（3）衍生案件审理规则待更新

破产衍生案件的管辖非常笼统地规定在《企业破产法》第21条中，而破产案件与不同类型的衍生案件管辖权如何分配、审理程序如何衔接没有具体规定。破产衍生案件围绕债权人财产与债务争议进行，主要涉及破产的抵销权、撤销权、别除权、取回权以及无效行为等，但是与民事诉讼存在明显区别，依据民事审判理念和规则审理破产衍生案件无法满足破产案件审理质效提升的需要。首先，破产衍生案件起诉和受理的依据是《企业破产法》，但并不是所有与破产程序相关的争议都可以通过衍生诉讼的起诉方式解决，例如破产财产变价方案和分配方案，只能通过法院作出裁定方式解决，利害关系人不享有提起诉讼的权利。其次，破产审判中法官需要对衍生诉讼的背景进行审查。除了案件本身的诉讼请求、法律关系和争议焦点，法官需要对争议形成的背景进行审查。[①]衍生案件审理属于破产辅助程序，解决的是破产程序与强制清算程序中的实体争议，目的是提高破产案件与强制清算案件的审理质效。但是，实践中很多法院在破产简易程序处理过程中绝对排除衍生案件，即只有不存在衍生案件的破产程序才能适用破产简易程序的规则审理。

小结

破产是法院对不能清偿到期债务的债务人的全部财产进行概括的强

---

① 参见北京市第一中级人民法院课题组：《关于设立破产案件专业审判庭及构建相应审判机制的调研报告》，“新时代破产审判的司法进路”京津冀法院破产审判研讨会会议论文，2018年7月于北京。

制执行而公平分配给全体请求权人的程序。[1] 因此，传统破产审判就是彻底清算债务人的财产，为债权人权益的公平保障而创造了一种不同于民事执行制度的司法执行程序。现代破产立法中，预防企业破产成为关注的重点内容，和解制度和重整制度都将预防和减少企业破产、保障经济社会的稳定和秩序作为立法目的。破产审判也因为防止或者避免破产清算的和解制度而有了更为丰富的内涵，同时，国家对企业破产的干预更为积极，通过立法明确重整规则对各方当事人的约束力，通过法官的审查和强制批准等制度以国家权力参与破产程序，破产清算程序与重整程序、和解程序的衔接和转化条件更加明确。无论破产制度如何变迁，通过法律规定实现其内在的效率逻辑一直没有改变，《破产法立法指南》中促进经济稳定增长、实现资产价值最大化、及时高效处理破产事务的立法目标，[2] 也是破产审判权运行的目标。

破产审判在普通法系中的演变过程比较直观，因为普通法系国家以判例为基础产生新的裁判标准和法律规则，破产审判权运行的每一个进展和选择都有迹可循。有关企业破产的裁决深深植根于本国法律结构中，当出现之前的法律和判例没有遇到的情况时，通过法官给出的裁决，法律结构会相应作出边际改变。[3]

现代西方社会的破产审判发展总体脉络是：第一，以成文破产法明确破产审判的规则。无论是成文法国家还是判例法国家，破产法以成文性立法方式明确下来是一致选择，不论采取民商合一还是民商分立的立法例，大多数国家都以破产法的独立化来应对破产案件与一般民事案件和商事案件的特殊性。第二，破产审判程序多元。破产制度从单一的清算程序向清算程序、和解程序与重整程序协调作用的方向发展。第三，破产审判的理念不断更新。公共利益保障价值已经随着法律实施社会效

---

① 参见陈荣宗：《破产法》，台北，三民书局，1986 年版，第 1 页。

② 参见联合国国际贸易法委员会编著：《破产法立法指南（中文版）》，联合国出版社 2006 年版，第 9 ~ 11 页。

③ 参见［美］诺思：《制度、制度变迁与经济绩效》，杭行译，格致出版社、上海人民出版社 2014 年版，第 114 页。

果的评价进入破产审判权行使范围之中，与破产法的独立化相对应，破产审判机构的特殊化设置和独立化安排也在各国司法体制改革中出现；这个过程中无论是利益集团的推动还是司法体制内部的作用，无论审判机构的隶属还是裁判者法律地位的变化，总体来说破产案件审理人员的专业化得到重视和提升是毋庸置疑的。

通过综合考察对比中国与西方国家的破产审判，破产制度的立法为法院在破产审判场域的主导提供了资本，而相比一般的民商事审判，破产审判的包容性更高、时代性更强，与经济发展的联系更加紧密。破产审判是破产审判权产生及运行的场域，因此破产审判权的由来与发展需要通过国内外破产审判的演进过程来分析和论证。破产法成文化、破产程序多元、破产审判机构和审判人员的改革，都影响了破产审判权的内涵和外延的变化。因此，区别于民事审判权的破产审判权逐渐形成于破产审判这一场域，以法院为主导的多方法律关系共同作用于破产案件，构成破产审判权运行的发展演变。

破产制度在近代被引入中国，经历了曲折发展，仍然无法与传统文化完全契合。1986 年至 2006 年，中国现代破产审判从无到有，历经“经济审判—民事审判—商事审判”三个阶段；但是，无论是经济审判还是后来的商事审判，对破产审判的定位不够清晰。此外，破产案件审理惯用民事审判思维，破产案件中出现的新类型的商业纠纷化解模式无法得到法院和法官的完全认同，影响了破产企业债务清理和企业重生的可能，无法有效发挥审判权在破产案件中以司法力量促进经济健康有序发展的作用。因此，中国破产案件审理既需要关注破产审判权运行的基本规律，解决共性问题，还需要立足实践，分析和解决当下中国破产审判中的问题。

中国破产审判权运行过程中暴露出来的问题，既有法治现代化过程中各国都需要解决的问题，也有中国独有的问题。首先要从实践中发现问题，从表象入手，进而发现中国破产审判权运行不畅背后存在的更深层次的立法层面和理论层面的问题。而要解决破产审判权运行的问题，提升破产案件审理的效率，优化破产案件审理的法律效果和社会效果，需要理论、立法和司法三个层面共同发力。因此，通过分析中国破产审判权运行的问题和原因，本章将破产审判有关的理论、立法和司法三者联系起来，并形成了一个因果关系链。

针对中国破产审判权运行司法实践中的问题，最直接的解决方式是修改法律和相关裁判规则，因为破产立法的完善能够减少破产审判权运行的模糊性和不确定性：当事人能够对自身权益进行审判前评估，审判中法官能够有序行使破产审判各项权能，破产管理人和行政机关能够对自身职权有明确认知，最终各个主体专业化地履行各自职权，推进破产程序，实现破产案件审理效率的提升，削减破产成本。作为成文法国家，中国完善破产立法，制定专门的破产程序规则，需要理论界、司法界和立法者对破产审判权独立性的高度认同。但是法律修改是优化制度的各项方式中成本最高、耗时最长的，且实践效果尚需验证。

破产审判权运行理想的状态是：实体规则与程序规则完善；明确破产法庭（破产法院）的地位和作用；明确破产法官的任职资格和在破产审判机构中的具体配置方案；规范破产法官、破产管理人与行政机关的关系，明确各自的职责范畴；破产审判权各项权能的行使方式和标准有具体规定。而法律法规的制定和修改，需要以破产审判和破产审判权的基本理论为依托。无论是对破产审判权运行独立性价值的挖掘，还是提升破产审判权运行专业化水平，基本理论的构建都是第一位的。

第三章　破产审判权属性和功能

中国要解决破产审判权运行不畅的问题，提升破产案件与衍生案件审理质量，减少债权人和债务人消耗的时间与金钱成本，保障破产审判法律效果与社会效果统一，不仅需要法院转变破产案件审判理念、畅通破产案件受理渠道、推进执行案件移送破产审查工作，而且需要法院优化对破产管理人选任与指导，积极建立常态化的破产审判府院联动机制，推行破产审理程序的繁简分流，加大破产审判信息化工作力度。要实现上述目标，就需要区别破产案件审理与一般民商事案件审理，根据破产审判权运行的法理基础和经济基础，来分析和论证破产审判权在案件审理中形成的特殊属性与特殊功能，为破产审判权的运行独立性和破产审判专业化提供理论支撑。

一、破产审判权的运行基础

为了提升破产案件审理专业化水平，要通过改革实现破产审判权独立运行，专门构建与破产审判权运行相关的规则和制度，而对破产审判权进行明确定位则是其前提条件。破产审判在司法审判中的独立价值，为破产审判权区别于民事审判权的独立价值奠定了法理学基础；而制度成本与效率的关系，以及破产审判权的资源稀缺性，则为破产审判权独立运行提供了经济学基础。

（一）法理基础

在法律现代化进程中，民商合一与民商分立的立法模式界限逐渐淡化模糊。由于当事人职业和身份分化的多元性，案件中可能同时存在民事法律关系与商事法律关系，因此，针对新生具体问题的立法过程中，很多时候需要综合运用民法原则与商法原则。

1. 破产审判与民商事审判

破产审判是商事审判的一种特殊形式。商事审判最初植根于民事审判。随着经济发展和法律部门不断细化，部分国家将商事法律规则进行单独立法。伴随司法分工不断细化和法院内设机构改革，商事案件审理逐渐开始独立于民事案件审理，形成商事审判与民事审判并存的局面。

(1) 商事审判独立于民事审判

按照法学研究的一般逻辑，对破产审判权进行研究，先要对破产审判权进行定位，因此，需要将破产审判权独立于一般商事审判权进行分析。而从我国司法改革进程来看，第一步是将商事审判独立于民事审判。上述“独立”不是司法相较于立法和行政的独立，而是司法系统内部针对不同案件的法律关系性质和主体特征进行且方便法院内部机构分工合作的区分。首先，商事法律关系存在独立性。商事主体从事营业活动是为了获取利润，具有集中交易、集团交易、批量交易和系列交易的特点，交易环节或链条较长，而民事主体从事民事活动，通常仅是为了满足消费，具有简单性和偶发性的特点。因此，商事法律以市场交易为中心，责任和救济均可以货币方式折抵和量化，不同于民事案件财产关系需要以维持和维护人的生存、发展和尊严为基础。其次，商事法律的价值追求具有独立性，追求交易效率、交易安全和交易公平。最后，商事审判的理念体现意思自治和资本增值，而民事审判追求的核心是以人为本。因为破产审判属于商事审判，所以商事审判独立于民事审判，是形成破产审判独立价值的基础。

(2) 破产审判独立于商事审判

破产审判之所以能够从商事审判中逐渐分离独立，是因为：第一，破产程序要解决的法律问题明确单一。破产案件是对债权债务的概括处理，与一般商事案件审理相比，企业破产案件的债务人主要是企业法人。第二，破产案件中没有对立当事人，无须当庭辩论和质证，债权人和债务人有共同目标——实现破产财产最大化。第三，破产审判范围超出商事法律关系。因此，破产审判不仅限于破产程序，衍生案件类型多样，既有民事纠纷也有商事纠纷，既涉及法律程序，还有部分管理性事务。所以，对破产审判中的争讼和事务进行区别，是要针对具体问题适用不同的法律程序。

破产审判的裁判主体有其特殊性。法国商事法院的“法官”是商人，美国破产法官行使的是“准司法权”。因此，从宪法角度出发，为了保障当事人的合法权益和程序正义，破产法官审理案件的类型和给出裁断的形式都受到法律明确限制。比如，美国将破产审判中法官的工作内容分为事务和争讼，前者所指的管理性事务（administrative matter）原则上不涉及任何争讼，但又是破产程序完成所必不可少的，比如破产管理人指定等。争讼则以“核心争讼”和“非核心争讼”来区分，核心争讼是仅因为破产案件才发生的破产核心争议，非核心争讼是案件当事人恰好是债务人或者案件结果可能影响到债权人或破产案件之外与破产案件并不存在任何关联性的争议。① 美国《联邦破产法典》规定的破产案件类型主要有：第 7 章破产清算程序，第 11 章破产重整程序，第 13 章有固定收入的个人债务人的债务调整程序，第 12 章有固定收入的家庭农场主的债务调整程序，以及包括证券经纪商破产清算、商品经纪商破产清算、结算银行破产清算、市政机构的债务调整、铁路公司破产重整和跨国破产及辅助程序在内，共 6 类特殊类型的破产案件。

破产案件具有非讼性。在破产案件的审理程序中没有原告、被告和裁判者的三角形结构：首先，破产审判中不存在对立的控辩双方，债权人与债务人不是诉讼对抗关系，也不存在诉讼请求与抗辩；其次，法官裁断的依据并非来自债权人和债务人直接提交的证据和请求，而是对管理人提交的报告、债权人委员会表决通过的方案进行审查和裁断；再次，虽然管理人团队的成员主要是律师，但是与当事人雇佣代理人参与审理程序不同，管理人中立履职，不代表债务人和债权人的利益，管理人以自己的名义做出意思表示、处置破产财产并参与诉讼；最后，破产

---

① 参见［美］大卫·G. 爱泼斯坦等：《美国破产法》，韩长印等译，中国政法大学出版社 2003 年版，第 358 页。

法官主导破产程序进行，与破产管理人合作的过程中，对程序进行审查并作出裁决，不涉及实体利益争议，为当事人权益而保障程序公正。

但是，中国破产案件和衍生案件的审理、破产程序与管理性事务都被纳入破产审判，属于破产审判权的行使对象。破产审判中存在多方法律关系，破产法官要对破产案件的实体问题与程序问题依法进行审查、确认和裁量，对破产案件最终给出裁定或决定，也要对衍生案件作出判决、裁定或决定。因此，中国将破产案件与其他商事案件相区别，将破产审判独立于商事审判，主要是基于破产审判对经济发展调整的效率价值。

第一，破产审判直接关系产业升级。法院的核心工作为审判，随着法院受理破产案件数量增多，通过案件审理为全局性、宏观性的改革提供司法保障，是加强司法供给质量和效率的主要方式和主要途径。因而，在中国与供给侧结构性改革具有正相关联系的相关案件类型的受案数量之变化，成为考核供给侧结构性改革司法保障的一个关键性指标。①

第二，破产审判直接关系营商环境的评估。优化营商环境，提高中国经营和投资的国际竞争力是当前国际经济形势变局之下的重要任务。世界银行 2023 年发布了新的营商环境评价指标——B-READY，其中第 10 项是“商事破产”，而破产程序规制的质量、破产过程中制度性以及实践中的破产程序效率这三大支柱的分数高低决定了各经济体商事破产处置质效的排名情况。在二级目录中，无论是线上司法、破产程序的电子化服务与信息发布，还是破产法院（法官）的专门化，包括管理人资格要求等，都与破产审判直接相关。世界银行的环境评估从一个侧面反映我国营商环境的质量和水平，也为我国优化提升营商环境，尤其是债务清偿中运用实施破产制度，提供了完善优化的具体路径。②

---

① 参见邓晓蕾、林振明、路纳：《供给侧改革的司法保障研究——以民商事审判为视角》，载《法制与社会》2021 年第 4 期。

② 参见郑伟华、王玲芳：《关于“回收率”指标的法律分析及提升路径构建——基于我国当前破产审判的实证研究》，载《法律适用》2020 年第 19 期。

2. 破产审判权与民事审判权

（1）破产审判权与审判权的关系

在西方社会，审判权与司法权是同义概念，与立法权和行政权并列。审判权是由法官行使的案件审理和裁判的权力，法院是司法机关也是审判机关。司法是判断纠纷和处理纠纷，司法权是审判机关在具体案件处理过程中适用法律的权力。司法权是一种特殊的权力，是介于国家权力和社会权力之间的权力。①

司法权最早可追溯到亚里士多德的权力分立观念，其后波里比阿不仅指出了权力分立的思想，还提出了权力制衡的概念。近代，孟德斯鸠从价值分析角度阐述了司法权思想，而汉密尔顿从实证分析角度来解释司法权理论，卡多佐则从法官审理案件过程的角度来阐述司法权思想。②美国《布莱克法律词典》对“司法权”（judicial authority）的解释是：“法官职务所应行使的权力和履行的职责是裁判权，即审理和解决争议问题的官方权力。”③ 中国《法学词典》中界定的司法权是“国家行使的审判和监督法律实施的权力”④。中国理论界，对司法权内涵的界定主要分为三种：一是广义说，认为司法权即适用或执行法律的权力，凡是能适用或执行法律的国家机关都可统称为司法机关；二是中义说，司法是指国家司法机关依据法定职权和法定程序，具体应用法律处理案件的专门活动，即司法权包括法院的审判权和检察院的检察权；⑤ 三是狭义说，司法是与审判有着内在联系的活动，司法权往往被直接称为司法审判权。⑥

本书所讨论的破产审判权，在西方语境中是司法权（审判权）的下位概念，而在中国语境中的概念层次需要特殊说明，所以为了统一文

---

① 参见黄竹胜：《司法权新探》，广西师范大学出版社2003年版，第4页。

② 参见胡夏冰：《司法权：性质与构成的分析》，人民法院出版社2003年版，第28页。

③ Henry Campbell Black M. A., *Black's Law Dictionary*, West Publishing Co., 1990, p. 847.

④ 《法学词典》编辑委员会编：《法学词典》（第3版），上海辞书出版社1989年版，第260页。

⑤ 参见张文显主编：《法理学》（第2版），高等教育出版社2003年版，第276页。

⑥ 参见孙万胜：《司法权的法理之维》，法律出版社2002年版，第8页；陈瑞华：《司法权的性质——以刑事司法为范例的分析》，载《法学研究》2000年第5期。

中在讨论国内和国外破产审判权过程中涉及的司法相关制度和规则，本书对司法权的探讨集中在中国司法权的狭义层面，司法权就是法院行使的审判权。无论在西方还是在中国，审判权都经历了从领主、教会、家族分散行使向国家集中行使的转变过程。审判权最初是一种社会性权能，国家权力介入后，最初由君主等专制者独占审判权，其后由国家按照分权原则行使审判权。因此，审判权的国家功能是后来逐步发展而来的，伴随审判介入私人领域纠纷，审判权的国家功能也日益加强。如今，作为国家权力而被人们了解和接受的审判权，已经将国家功能和社会功能都纳入了审判权的国家功能范畴，又因为不同功能所对应的价值理念和案件处理方式不同，进而将审判分为刑事审判、民事审判和行政审判。无论破产案件审理采用何种模式，破产法官的法律地位有何差别，裁断都由法院统一做出。

（2）破产审判权与民事审判权的关系

破产审判权产生于破产审判的场域。国外破产审判的发展历程表明，破产审判脱胎于民事审判，因此破产审判权是从民事审判权中分化而来的。在民刑不分、破产有罪的发展阶段，私人之间的债务执行与一定程度的刑事惩罚联系在一起；而随着自由贸易的商品经济的发展，破产风险被普遍接受后，私人借贷和交易受到私法调整，民事审判作为唯一的私法裁判形式与行政审判、刑事审判并列。社会化分工导致司法分工更加细致，由民商分立的立法模式引出商事审判独立于民事审判的思考。但是，即便将商事审判独立，商事审判权与民事审判权在形式上并列，实际的运行方式区别也不大，因此对破产审判权归纳主要从与民事审判权对比的角度进行。

破产审判权的内涵和外延较之一般民事审判权的“定分止争”的范围更宽泛。《破产审判会议纪要》中提及“破产审判”时，赋予破产审判权的内涵丰富。法院和破产法官不仅需要审理当事人和破产管理人呈送的各项报告、方案和决议，还需要发挥司法能动性进行裁量和批准，以及完成一系列协调性工作，比如创新破产管理人选任模式、积极搭建“府院联动”机制。

破产审判权的运行是破产案件类型化后，在案件处置与审理过程中各个主体主动参与到破产审判中形成的整体状态。在民事审判权的基础上，破产审判权分化出了特有的运行逻辑和模式，体现在：第一，破产理念对效率价值给予了更多关注；第二，破产审判权的运行规则兼具实体法和程序法的特征；第三，破产审判权行使对象包括破产案件与衍生案件；第四，破产审判权运行在清算程序、重整程序、和解程序中各有侧重。因此，要理解破产审判权，既要分析其与民事审判权的共性，也要分析因为其审理程序特殊性而呈现出的特点，在理论上界定其特殊属性和在经济运行中的特殊功能。在此基础上，为提升破产审判权运行质效，针对破产案件类型化有针对性地进行制度设计，需要全面的破产审判权运行规则、专门的破产审判机构、专业的破产审判人员和配套的保障机制。

破产案件的特殊性，决定了破产审判权对应着特殊的属性，并因此具有独特的社会治理功能。研究破产审判权及运行并不是要将破产审判权与民事审判权完全割裂，而是要将对破产审判权的研究建立在民事审判权研究的基础之上，肯定破产审判权独立价值，并以此为前提，按照从一般到特殊的演绎推理逻辑，形成破产审判权自身的基本内涵、特殊属性和特殊功能的理论构建。要用完善的理论指导立法和司法实践，并在破产审判专业化改革过程中，贯通理论、立法和司法实践，全面而准确地把握破产审判权运行的特殊逻辑。

（二）经济基础

提升破产审判权运行质效的基本经济学理念是：提高制度运行效率、降低制度运行成本。破产审判权运行如果依据科斯定理来定义，则是依据法律规定，尊重当事人的意志和决定，保证破产财产在债权人之间公平公正、高效有序地清偿，保障有经营可能性的企业得到救助，明确而有效地界定与企业破产相关的财产权属，并以此来合理配置社会资源，最终实现降低交易成本的目的。① 因此，破产审判权运行的经济理

---

① See Ronald H. Coase, *The Problem of Social Cost*, The Journal of Law and Economics, Vol. 3, October, p. 16 (1960).

论首先建立在破产审判权自身的经济学理论之上，同时又要协调其他规则和制度，实现案件审理法律效果与社会效果优化的双重保证。

1. 破产审判权的资源性

根据科斯的论点，破产审判权，通过提升实施法律的效率来及时完成财产权属界定，实现资源合理配置，降低经济发展中的制度成本和交易费用。然而，破产审判权本身作为一种国家权力，其本身就是一种资源。[①] 因为“能够支配资源是权力的终极价值所在。正是因为能够支配资源，权力本身也就成为一种稀缺资源”[②]。

破产审判权是一种稀缺的社会资源。因为破产审判机构专门化不彻底，专业化的破产法官队伍还在建设中，破产审判“案多人少”的问题更加严重，破产审判权比民事审判权司法资源稀缺程度更高。因为破产审判权运行过程中，不仅需要法院和法官综合运用审判权降低破产审判中的各项成本，优化破产案件审理的法律效果和社会效果，还需要通过全方位的改革措施合理调配审判资源，发挥现有审判力量的作用，适应破产案件审判实践需要，提高破产案件审理效率。

2. 破产审判权的租值

审判权是一种稀缺资源，具有价值和财富效应。审判权运行能够带来财富收入，因此具有租值。破产审判权的稀缺性较之一般民事审判权更甚。资源稀缺程度与总量无关，而由供需关系决定。中国当下的破产审判权运行过程中，理论、规则、审判主体供给难以满足企业法治化退市的实际需要，因此面对降低破产制度运行的交易费用、提高破产制度绩效的经济发展要求，需要优化破产审判权提供界权服务的质量，以此来提升破产审判权运行的收益。因为审判权是生产司法产品所必需的要素，在这个意义上，其租值就是“生产要素的回报”。[③]

---

① 参见苏力：《法律社会学调查中的权力资源——一个社会学调查过程的反思》，载《社会学研究》1998 年第 6 期。

② 焦建国：《公共权力运行的经济分析》，载《中国行政管理》2006 年第 1 期。

③ 参见李俊慧：《经济学讲义：颠覆传统经济学 26 讲》（上），中信出版社 2012 年版，第 211 ~215 页。

破产审判权具有租值，意味着若要实现破产审判机构专门化，提升破产审判专业化水平的前期投入巨大。培养高素质破产法官的成本高昂，具体来说，从一个普通法学院的学生到进入法院工作，成为一名具备法学素养的法官，既需要法官个人付出努力和时间，也需要国家教育资源和司法资源的投入。而要成为破产法官，还需要具备经济、金融、管理等方面的知识，积累一定的审理经验，能够完成破产审判中的多方主体协调沟通，这也需要个人与国家对破产审判权运行进行双向投入。在这个过程中，法官需要得到符合自身工作强度与难度的回报，国家得到破产案件审理质量和效率提升作用于经济发展的反馈，才能形成破产审判权有序运行的良性循环。

从经济学角度来说，租值具有消散性。① 但是，破产审判权并非进入市场交易的商品，其作为国家权力是全民所有的公共财产。继续建设破产法院和破产审判庭，增加破产法官的数量，形成专业化破产的审判思维，属于国家公共支出，最终的收益体现为产业升级提速、营商环境改善。而这种收益的评估则需要通过破产审判权运行的质量和效率等指标来反映。

3. 破产审判权运行质效

“质效”简单来说是质量和效率。当前审判实践中提出的“提升破产审判权运行质效”目标是将审判质效评价与破产案件审理相结合，通过对破产审判的各个环节进行科学评估，来有针对性地解决破产案件从申请、受理、审理到企业注销与重整计划执行各个阶段存在的问题，提高破产案件审理的质量和效率。

为了改善中国破产审判权运行现状，需将破产审判权运行中的各项制度从案件审理质效提升的角度进行解构。破产审判权运行质效，包括审判权运行质量和审判权运行效率两个主要方向，其价值基础是司法公正和司法效率。从法律经济学视角来说，公正价值侧重于行使破产审判权，在案件处理中以利益平衡来实现公平正义，而效率强调破产审判权

---

① 租值消散：随时间发展，进入市场的主体增多，竞争加剧，成本增加，价格降低，所以收益减少。

运行中成本与收益比例的最优化。

二、破产审判权与相关概念

若想找到破产审判与民商事审判以及破产审判与民事审判权的区别，要从宏观上对破产审判权运行进行基础定位。破产审判的场域中存在多方权力(利)主体,各自的权力与权利交错。因此，在理论上，有必要对破产审判场域中的破产审判权与破产管理权、破产监督权、破产自治权等几个有关联的概念进行辨析，以期对破产审判权从案件审理的微观层面作出更加清晰的界定。

（一）破产审判权与破产自治权

破产法本身具有“谦抑性”，与民事审判不同，破产案件审理中不涉及当事人的实体争议，当事人对自身权益的调整高度自治，债权人与债务人的谈判和协商贯穿案件审理始终，尤其是重整程序中形成并接受重整计划草案的过程。尊重债权人和债务人在破产案件审理中的自治权，既是对破产审判权的限制和分割，也是弥补破产审判权有限性的有效方式。由于全国性的破产管理人协会尚未建立，地域性的破产管理人协会运转效果各异，因此在中国破产审判中，法院需要协助管理和监督破产管理人。这与破产管理人这一社会中介机构本身的行业自治权有所冲突，只是一种暂时划分给法院的权力。

1. 破产自治权

破产自治权属于私权范畴，但不仅是当事人的个体权利，也包括社会中介机构自我管理的社会权力。破产审判中债权人、债务人和破产管理人都具有独立的意志和意思表示的能力。破产申请被法院受理或宣告之后，债务人管理、处分破产财产的权利和企业经营管理权利受限，不能够作为诉讼主体起诉或应诉，破产管理人代替债务人，以自己的名义参与诉讼；债权人对自身到期或未到期债权的个别求偿权转变为集体清偿的债权求偿权，同时以自己的意志通过债权人会议行使自治权。破产审判中破产管理人独立行使职权，而在破产管理人的日常监管中，管理人协会对破产管理人有行业自治权。

2. 破产审判权与破产自治权制衡

从权力制衡的角度来看，破产自治权与破产审判权之间互相制约，不同国家的破产法对各自权限的划分不同。

（1）破产审判权与债权人自治权

破产审判权行使与债权人自治权的制衡主要体现在破产管理人选任主导权上，部分国家破产管理人是由法院任命的。市场经济较为发达的地区，市场参与主体足够成熟，能够较好地实现当事人意思自治，那么可由债权人通过市场竞争机制和商业判断的经验选任自己信任的破产管理人进行破产财产的管理，法院在程序方面进行监督和确认，以此来平衡破产审判权与当事人自治权。

中国破产管理人报酬的决定权在法院，而普通法国家管理人的报酬由债权人会议与破产管理人进行协商确定，这是市场博弈的结果，能够较好地平衡债权人与破产管理人的利益，提高破产管理人的积极性；但是债权人成为管理人报酬的确定主体，在一定程度上会影响管理人的独立性和中立性。因此，《英国破产法》虽然规定债权人会议确定管理人报酬，但是为了避免出现过高报酬损害当事人利益，要求确定的酬金水平可以请求英国商业与工业部进行确认，如果有关机构认为破产管理人的酬金水平过高，可以责令债权人会议重新确定酬金数额。[①]《企业破产法》第 61 条和第 63 条规定了债权人会议和债权人委员会的职权，债权人会议的部分决议需要经过法院认可才能生效，而对于债权人会议能够协商决定的事项，破产法官不应干涉。

（2）破产审判权与债务人自治权

债务人的自治权主要体现在重整程序中，在很多国家，债务人被允许在重整程序中继续控制自己的营业与财产，即“债务人自行管理”（debtor-in-possession）模式。重整程序是建立在谈判和合意基础上，以重整计划为核心去实施的一种债务清理方案，法院对破产重整案件的审

① 参见姚彬、孟伟：《破产程序中管理人制度实证研究》，中国法制出版社 2013 年版，第 137 页。

理主要体现在对债权人决议内容合法与程序合法的裁定。在谈判和协商机制之下，债务人自治的理论依据主要有二：其一，重整程序的妥协性。破产重整程序通过一种“双赢”的方案使债权人能够获得不低于清算程序的清偿数额，同时挽救债务人企业，以时间利益换取财产收益，债务人与债权人具有相同的利益目标，允许债务人自行经营侵害债权人利益的可能性比清算程序低得多。其二，经营管理所需的专业性。赋予债务人自行管理的权利，是因为破产重整程序中对困境企业的拯救需要将债权人的决议具体落实，而企业的经营和管理需要专业的人才和技能，以律师、会计师和金融分析师为主要成员的破产管理人难以在短时间内掌控一家困境企业。如果一国破产重整的申请只允许债务人提出，那么允许债务人保持对自己财产与营业的控制，可以激励债务人管理层及时求助于破产重整程序解决债务问题。①

（3）破产审判权与管理人自治权

行业协会（trade association）是发达市场经济国家普遍存在的一种社会中介组织和自律性行业管理组织，它具有行业服务、行业管理、行业监督、行业协调等职能。② 破产管理人终究只是一个提供高精尖破产服务的中介机构，而非包括政府、法院在内的国家权力机关的衍生组织。既然是社会中介机构，首要问题便是自治。③ 比如中国现有的律师协会不仅能够实现律师的自我管理，同时也为各地的律师提供必要的服务。在破产制度成熟的国家和地区，管理人协会承担了管理和监督破产管理人的主要职责。法院本身作为审判机关，其职责不是管理破产管理人，而是对破产案件进行程序上的把控，其应当从司法层面保证破产案件依法进行，制定管理人工作规范超出了其工作范围，实属无奈之举；而管理人对于此规范的出台并没有话语权，此时需要行业协会代表管理

---

① 参见［美］杰伊·劳伦斯·韦斯特布鲁克等：《商事破产：全球视野下的比较分析》，王之洲译，中国政法大学出版社 2018 年版，第 62 页。

② 参见刘国华：《对破产管理人协会构建的探析》，载《学会》2010 年第 12 期。

③ 参见陈夏红：《成立全国破产管理人协会刻不容缓》，载《法制日报》2016 年 8 月 17 日，第 12 版。

人的利益对规范内容提出意见和建议。

破产管理人行业协会的缺失一方面使得管理人队伍群龙无首，增加了法院工作量；另一方面不利于破产审判的公正性和破产程序的顺利推进。建立破产管理人行业自治组织之后，该协会作为管理人的代表，与法院共同制定本地破产管理人工作和职责规范，对破产管理人的管理权限进行划分，实现对破产管理人工作的科学考核和双重监督，并对管理人援助基金的管理权限和审批方式进行确定。在这个不属于司法活动而单纯对管理人进行管理的过程中，法院和行业协会是一种工作互助的关系，双方对彼此给予的协助都是为了规范管理人队伍、提高管理人的执业素质和履职能力，推进破产程序的进行，促进破产法的良性发展。在合作管理破产管理人的过程中，法院为行业协会的管理工作提供了多年来积累的经验和权威性支持，行业协会从市场经济主体的角度出发能够修正法院作为公权力主体在管理破产管理人方面的局限性，为其提供新的思路和方式，也能够提高破产管理人对于规范的认同性，提高管理人工作效率。

（二）破产审判权与破产管理权

破产审判中行使管理权的主体有法院、破产管理人和参与破产企业和财产处置的行政机关。其中行政机关的管理权属于行政权的范畴，此处不论。提升破产审判权运行质效的关键，是对法院与破产管理人的职责进行精确划分，因此需要明确和协调好破产审判权与破产管理权的关系。

1. 破产管理权

破产管理权，一般应被认为是破产执业者在破产程序中对案件所涉及的日常管理性事务所行使的权力。广义的破产管理权包含所有破产程序参与主体对破产案件事务的管理权限，狭义的破产管理权指的是法院让渡给破产管理人行使的部分破产管理权限。

2. 破产审判权让渡

破产审判中很多待处理事项不涉及司法程序，因此，在破产审判权行使过程中这一部分行政管理性质事项如果由法官自行完成，一方面不符合审判权中立性、被动性的特征，另一方面会造成有限司法资源的浪费。破产审判中，有一定行政管理性质的行为需要由法官自行完成或将其让渡给破产管理人来具体操作，法官将其中一部分不涉及司法裁决的事务的管理权交由管理人行使，这一部分管理权一般被看作破产程序中审判权的让渡。

这种让渡并不是简单的“一刀切”，而是需要根据破产审判时间不断调整的动态变化过程。这种让渡也不是将破产管理性事务完全剔除，法官行使破产审判权的过程中依然保留了部分管理性权能，只是范围限缩了，主要是对债务人企业的接管、调查、监督，以及与债权人的对接、协调和沟通。与中国审判权让渡的发展过程不同，美国的破产法官是从“破产官员”逐渐演变而来的，“破产仲裁人”转为破产法官之后，他们行使的权力成为司法权，司法权的有限性需要明确哪些权能仍然应当由行政机构行使。法院保留的管理权能主要针对破产程序中管理人的选任、管理、监督、确酬等，而让渡给管理人的权力不再属于司法权的范围，管理人在接受权力让渡的过程中实际充当了法院与债权人和债务人的桥梁，在破产案件特殊的审理结构中，搭建起了一个公权与私权借由管理人这个社会中介机构来进行沟通协作的模型。法院保留的破产管理权，虽然与一般意义上审判权的性质和行使方式不同，通常情况下不具有司法裁断性，但是因为法院作为国家司法机关的机构性质，而依旧属于司法权的一部分。

3. 破产审判权与破产管理权的关系

中国破产审判权的内涵随着市场经济的出现和发展而不断变化。从最初的行政性破产到完全法院主导的破产，再到市场化破产的“管理人中心主义”改革，破产审判中的管理权也逐渐分化，其中主要对债务人接管、调查和监督的权力都让渡给破产管理人行使，与债权人的对接、协调和沟通的工作也都交由破产管理人进行。通常意义上的管理权具有扩张性，但中国破产管理人的管理权本身来自司法权让渡，因此，破产管理人参与破产程序时，与一般诉讼案件中受雇于一方当事人的中介机构性质和权责不同。破产程序中的管理人具有独立性、中立性和专业性的特点，中国企业破产中管理人由法院依法选任，债权人在法定条件满足的情况下可以提请法院更换管理人。①

破产审判权与破产管理权分离又合作的状态，是司法实践中困扰法官与破产管理人的难题，破产管理人职责与法官职能边界的划分对提升破产案件审理效率十分关键。破产案件中的事务性工作单靠法官是无法完成的，破产案件的审理时间长、事务繁杂、专业性强，法官借助破产法的规定，遵循程序允许破产管理人协助完成破产程序中的部分工作。破产管理人地位得到进一步强化，实际上也是法院司法权让渡的过程，在市场化破产的改革进程中，法院需要更多地借助破产管理人的力量来实现对破产审判中事务的处理，并严格遵守司法裁判的规则，以此实现破产审判的有序进行。

（三）破产审判权与破产监督权

1. 破产程序中的监督权

破产程序监督权是在破产程序中，各参与主体行使的与破产审判权运行有关的监督权的统称，是一种广义的监督权，其中既包括在一般民事诉讼程序中法院与当事人之间的监督，也包括破产审判中的特殊的监督。本书针对破产审判权及其运行，讨论后者居多。破产审判权运行中各参与主体，包括破产法院（破产法官）、破产管理人、行政机关、债权人和债务人，既是行使监督权的主体，也是被监督的对象。各个主体之间相互监督的过程，也是国家权力、社会权利和个人权利彼此联系和制约的过程。破产法官在审理破产案件的过程中，监督其他参与主体这一工作内容的是破产审判权中的监督权能，属于破产审判权的范畴。而破产审判权的监督权能具有特殊性主要有以下两个原因：其一，破产管理人这一参与主体的存在，使得破产审判权运行状态与一般的民事审判权和商事审判权不同，法官需要监督破产管理人的日常工作。其二，破产清算程序的财产分配方案或重整计划被批准后，方案或计划的执行需要法官监督。所以，破产审判权与广义的破产监督权在法官权能部分存

① 参见《企业破产法》第22条。

在交集。

2. 破产监督权

从破产制度设计和破产法的规则要求来说，破产监督权主要指的是债权人的监督。破产审判中债权人的监督具有重要地位，破产程序中的监督机构是债权人会议和债权人委员会。债权人行使监督权的对象主要是破产管理人，破产管理人是否能够真正依法公正地执行职务，不但关系人民法院能否公平清理债权债务，更直接关系债权人的切身利益。[①]债权人作为管理人行为后果的直接承受者，为维护其自身利益，有权对管理人的行为进行监督。[②] 债权人会议对破产管理人的一般监督权，主要表现为知情权与异议权，包括监督破产案件受理后破产管理人对债务人财产的管理、处分、清算、分配等活动，监督企业重整程序的进行，监督和解协议的执行。破产管理人除应按照破产法规定参加债权人会议，接受债权人会议的询问，以及接受债权人委员会的日常监督之外，管理人继续经营债务人营业、实施财产的管理和处分行为，都应经债权人会议决议通过方可实施。[③]

因为破产管理人这一重要参与主体在破产审判中具有特殊作用，负责具体执行破产程序中的各项事务，制定财产分配方案和重整计划，债权人对破产管理人是否忠诚严谨地履行自身职权的监督对保证破产程序进行至关重要。债权人会议不能以会议决议的形式主动授权或命令破产管理人做出某项行为，只能在破产法规定的职权范围内，通过债权人会议以及债权人委员会的形式，对破产管理人履行法定职责的行为进行监督。破产管理人列席债权人会议，接受债权人会议的监督，包括向债权人会议报告职务执行情况的义务；在债权人会议上，如果债权人对其执行职务的情况提出质询，破产管理人有义务予以回答。债权人会议的一

---

① 参见李国光主编：《新企业破产法理解与适用》，人民法院出版社2006年版，第175～176页。

② 参见许胜锋编著：《企业破产法注释书》，中国民主法制出版社2020年版，第168页。

③ 参见郁琳：《破产程序中管理人职责履行的强化与监督完善——以管理人的法律地位和制度架构为视角》，载《法律适用》2017年第15期。

项重要职责就是可以提请法院更换破产管理人，比如《日本破产法》规定法院可以根据债权人决议、监察委员的申请或依职权解任破产管理人。《德国破产法》第59条规定破产法院可以因重大理由免除破产管理人的职务，免职可以依职权或经破产管理人、债权人委员会或债权人会议的申请作出。

债权人委员会遵循债权人的共同意志，代表债权人会议在职权范围内对管理人的活动以及破产程序的合法、公正进行日常监督。债权人委员会应当在破产财产分配过程中，监督破产管理人是否切实按照破产财产分配方案进行分配，并是否按照破产法的要求进行必要的公告和提存。[①] 德国破产法中规定了债权人委员会没有指令权，但是有权了解破产管理人的行为，为其提出建议，在紧急情况下可以请求法院介入；破产管理人采取特别重要措施时需要征得债权人委员会的同意。[②]

三、破产审判权的特殊属性

破产审判权本身超出了一般意义上审判权的范畴，既有破产案件审理机制带有的非讼性，又包括衍生案件审理机制的诉讼性。虽然破产审判发展过程中，参与各方主体的权利（力）存在一定程度的交错后，法院的审判权进行了一定程度的让渡和分割，受到了一定制约，但是破产审判权内部依然既有裁断性权能，又有管理性和监督性权能。这种复杂性和特殊性，也造成了破产审判权具有特殊属性和特殊功能。

（一）概述

破产审判权作为审判权在破产案件审理中的表现形式，具有审判权的共有属性即独立性、中立性、被动性，来保证破产审判的程序公正与实体公正。破产审判权的内涵区别于民事审判权，因此其本质属性具有自身特点。破产案件审理评价除了公正这一质量标准之外，还要对效率

---

① 参见王卫国：《破产法精义》（第2版），法律出版社2020年版，第222页。

② 参见［德］莱因哈德·波克：《德国破产法导论》（第6版），王艳柯译，北京大学出版社2014年版，第38页。

的价值目标实现予以重视，需要最大程度发挥破产审判权运行的实际效果，利用有限的司法资源增加破产财产与企业经营的收益，降低破产成本，缩减审理时间。因此，审判权固有的三个属性在破产审判权运行过程中受到了不同程度的影响。

1. 破产审判权独立性的干预

破产审判中待处理事项特殊，裁判结果影响广泛，破产审判权独立行使过程中，可能受到多方主体和利益的影响。破产审判权独立性的干预来自审判机构外部和内部。

外部干预包括行政主体干预和市场主体干预。首先是行政权干预，行政权力一直在中国破产审判权的运行过程中发挥着重要作用。但即便在外国破产审判中，也需要一定程度上借助行政权力，比如，日本金融监管部门享有银行、证券公司等更生程序的申请权，美国联邦托管人也可能启动破产程序。中国破产法制中审判权与行政权关系的表现可以总结为：某些行政权前置于司法权；某些行政权配合司法权行使。① 中国破产审判专业化进程中，法院对行政权力经历了依赖—排斥—“府院联动”的转变，对行政权力在破产审判中发挥作用的认识发生了变化，政府与市场的替代、互补、排斥关系在不同历史阶段和破产程序中具体问题中交融。② 其次，在涉及商业判断时，法官可能需要借助市场化的专业力量，比如破产管理人和其他辅助人员。最后，相比一般的民商事案件审理，破产法官更需要关注案件终结后的社会效果，因此破产法官受到的影响和干扰也随之增加。

破产审判权独立行使的内部干预主要来自审判管理权的影响。审判管理权是指各地法院中领导人员以及相关责任人员所拥有的一项在案件审判过程中的监督管理权力，是一项专门性的权力。破产法官的日常工作监督、考核和升迁都与审判管理权相关。审判管理是为了提高办案质

---

① 参见王欣新、李江鸿：《破产法制中司法权与行政权关系探析》，载《政治与法律》2008 年第 9 期。

② 参见王欣新、王斐民：《政府与市场之间的经济法——以政府保障破产法实施为例》，载王欣新：《破产法前沿问题思辨》，法律出版社 2017 年版。

量和效率，以及对审判管理权进行约束和制约，努力避免过度干预。但是实践中，中国法院“在审判管理上形成了以集中权力、强化监管为共同逻辑的两大制度范式”，① 审判管理权处于逐渐扩张的态势，破产审判权的行使必然受到审判管理权制约。

2. 破产审判权中立性的调整

首先，为破产案件受理不同于普通民商事案件的立案登记制，债权人或债务人提交的破产申请要经过破产法官的实质审查，在一定程度上导致法官具有先入为主的态度；受理后的案件应当进入清算程序还是重整程序也要经过破产法官的审查和判断，法官的决定直接影响案件参与主体的利益，在一定程度上冲击了审判权中立属性。其次，破产事务管理之中，中国破产管理人由法院选任和考核，报酬也要经过法院审查确认，在一定程度上会形成破产管理人对法院的依赖性，破产审判权的中立性就受到挑战。

3. 破产审判权被动性的突破

司法能动主义观点一直在审判实践中不断被讨论和适用，“在不完善的法律之外，在宪法框架内，寻找制定法之外的法源，并将社会的正义、公平的观念和价值导入司法程序之中”②。破产审判中，法官处于主导地位，组织、管理、监督、推进破产程序进行，在一定程度上突破了法官接受当事人提交的诉讼请求和证据来裁判的原则，破产案件中的法官需要依职权行使审查权，“通过对案件管辖、申请人资格、债权人破产能力、破产原因等逐一依法审查，决定破产程序是否启动”；③ 依据法律规定和实际需要，破产法官需要召集债权人会议，对债权人会议表决的结果进行审查；因此，破产审判权的能动属性主要体现为法院对于破产程序的适当性介入。破产法官对重整计划草案的审查和批准是破

---

① 吴烨：《审判管理“尺蠖效应”：表现、成因与治理》，载《尊重司法规律与刑事法律适用研究（上）》，全国法院第 27 届学术讨论会获奖论文集。

② 张玫瑰：《司法裁判中论证有效性的法哲学研究》，法律出版社 2016 年版，第 186 页。

③ 郑伟华：《破产审判中法院的角色定位——基于典型案例的思考》，载《法律适用（司法案例）》2017 年第 22 期。

产审判权能动性的集中体现，法官可以因为重整计划草案不符合公平正义原则或法律规定而裁定否决，也可以因为社会公共利益而强制批准，此时法官行使强制批准权的焦点主要集中在公权与私权的界限上，可能出现破产审判权与当事人意思自治的冲突。

破产审判权运行中，法院行使各项权能推进破产程序，需要当事人积极参与，需要破产管理人的配合，需要行政机关的参与。虽然审判权行使独立性、中立性和被动性受到影响，但是也形成了国家权力、社会权力与个人权利的制约和平衡的局面，体现出了破产审判权运行的社会属性，丰富了民事审判权所不具备的商业属性，弥补了民事审判权在行政性事务的有限性；同时，破产审判权行使有限性提升了当事人参与度。

（二）破产审判权的社会属性

破产审判权的社会属性是在破产制度的内涵不断丰富、立法价值不断更新和主体之间利益平衡的过程中逐渐演化出来的。“法律的终极原因是社会的福利，未达到其目标的规则不可能永久地证明其存在是合理的。”① 破产法立法功能，是保护债权人的利益，解决在债务人丧失清偿能力时对全体债权人的公平清偿问题。破产法的实施需要达到法律效果与政治效果、社会效果的有机统一。破产法制定是为了实现特定的社会目标，政治效果和社会效果也是法律效果的组成部分，当审判权运行过程中在逻辑上出现与法律效果的冲突时，应当以前二者为优先选择，以实现立法目的。②

1. 破产审判权社会属性来源于权力制约

现代社会国家权力、社会权力和个人权利制约与平衡的权力结构之下形成了特定的社会系统，这个社会系统内的其他主体对于破产审判权具有的属性需求是破产审判权社会属性的来源。破产审判服务于市场经济的平稳有序发展，而这种发展模式需要每一个市场主体的积极参与，

① ［美］本杰明·卡多佐：《司法过程的性质》，苏力译，商务印书馆1998年版，第43页。
② 参见孔祥俊：《法官如何裁判》，中国法制出版社2017年版，第80页。

以经济规律为基础，辅之以必要的国家宏观调控，通过公平、自由的竞争，达到资源合理配置的结果。从参与竞争主体的角度看，经营会面临风险；从市场经济运行角度看，优胜劣汰是经济发展客观规律。企业破产从微观上来说，是一家企业的经营状态失衡，进而影响到上下游企业的经营活动，所以产生了一定社会关系的失衡；从宏观上来说，有新的主体入市，落后的产业被淘汰，是以对失衡的不断调整达到经济运行的平衡。虽然破产案件不存在传统意义的争讼，但也是一种社会关系的失衡，是一种广义的纠纷。“纠纷是失衡的社会关系表面化或公开化的表现形式。在纠纷出现之前，社会关系保持着相对平衡的状态，这个平衡状态包括个体相互之间的先存关系和通过契约设定的预期关系。”① 这种企业经营状态的失衡，需要以国家意志来处理与解决，因此依赖于破产审判权这一高效率的法治手段。

2. 破产审判权社会属性体现为利益平衡

随着社会的发展与进步，破产法的立法宗旨经历了从债权人本位，到债权人与债务人的利益平衡本位，再到社会利益本位的变化过程。②因此，当代破产审判权运行的价值和目标不仅是解决债务人企业破产这个孤立事件，公平地保障与债务人有直接利害关系的债权人的权益，还要尽可能妥善处理社会中其他群体的利益因为企业破产及破产结果而遭受的不利后果。重整程序引入破产制度，是破产法平衡债权人、债务人和社会公共利益的关键进步。有存续价值的企业通过拯救程序可以继续提供工作岗位，通过清偿债权为其债权人和股东带来收益，维持地区经济秩序的稳定。在破产法确立重整程序之后，重整制度的价值需要通过破产审判权运行来实现，因为破产审判权行使过程中需要将债务清偿与企业拯救这两个目标进行整合，一要维持和提高企业的营运价值，推动企业继续经营来偿还债务，使债权人获得比破产清算更多的清偿；二要关注企业职工的利益，对企业职工的意见给予充分重视，帮助企业、债

---

① 范愉：《纠纷解决的理论与实践》，清华大学出版社 2007 年版，第 72 ~ 73 页。

② 参见王欣新：《破产法》（第 4 版），中国人民大学出版社 2019 年版，第 9 页。

权人等利益相关者共同受益；三要避免社会震荡，维护社会秩序和社会公平，实现社会整体利益等。[①]

3. 破产审判权社会属性形成与社会整合

通过审判权运行，将国家政策以及国家支持的价值观念适用于纠纷解决，并以反映国家价值观和利益的解纷方式代替调解中反映传统价值观念的讨价还价，将国家政策贯彻到纠纷当事人，并通过周围群众的参与而贯彻到当事人之外的社会成员。通过对审判权行使对象——社会成员的教育，国家的政策以及意识形态得以内在化，从而实现了意识形态上的社会整合。作为审判机关，法院的本位功能是规范功能，而法院的社会功能则需要社会对法院权威和司法文化的信仰和固守，是法院的软实力。[②] 因此，破产审判权的行使需要在案件审理过程中不断更新社会破产文化和理念，通过司法裁判的发布和破产案件优质化审理，高质量、高效率地清理“僵尸企业”，化解产能过剩，优化产业结构，形成社会对破产制度和破产审判的关注和认同。破产审判权对债务人企业发挥的拯救功能，其影响不仅局限于债务人企业本身，通过对债务人的司法拯救措施，与债务人相关的众多群体的个人利益和社会利益也相应获得了保护。[③]

破产审判权运行过程中，法院与行政机关通过沟通和协作，能够使地方政府正确认识破产制度的价值，转变过去“害怕破产，阻止破产”的发展理念，改变行政权过度介入企业破产程序，对破产审判行使进行不当干预的现象。同时，破产审判权运行中的“府院联动”机制具有商业风险预防和经济保障的作用，最高人民法院《关于进一步加强金融审判工作的若干意见》指出，通过破产审判可以依法审慎处理可能引发

① 参见张艳丽、李蒙娜：《企业重整的价值目标及其实现——从重整制度构成的角度》，载《北京理工大学学报（社会科学版）》2008年第6期；付翠英：《关于建构中国企业破产重整制度的思考》，载《北京航空航天大学学报（社会科学版）》2003年第2期。

② 参见李彬：《法院功能研究：以经济审判为视角》，中国检察出版社2016年版，第21页。

③ 参见刘洋：《论司法权的社会功能——以民事审判权为例》，吉林大学2012年博士学位论文，第39页。

金融风险、影响社会稳定的破产案件，特别是涉及相互、连环担保以及民间融资、非法集资的企业破产案件，避免引发区域性风险和群体性事件。破产审判的这种公益性特征，以其社会属性将破产程序与非讼程序相联结。疫情期间，为了维持经济秩序稳定，发挥司法为民的功能价值，破产审判权行使“以人民为中心”，需要保护抗疫民生。由于疫情期间人民群众生活和收入都受到较大影响，破产审判中法官需要着重保护受到企业破产影响的低收入群体和弱势群体的利益。例如，依照有关法律规定，参照人社部《关于妥善处理新型冠状病毒感染的肺炎疫情防控期间劳动关系问题的通知》，妥善应对破产企业职工和留守人员的安置和保障问题，避免造成群众生活困难；及时兑现破产企业职工债权；破产企业员工向地方政府申请失业保障救济及工资垫付的，人民法院和管理人应当及时提供支持。①

（三）破产审判权的商业属性

破产审判是特殊的商事审判。中国司法制度发展和改革过程中对民事审判和商事审判的一般性区别，是因为商事审判与经济发展密切相关。包括破产审判在内的商事审判对象具有明显的经济属性，是平等主体因为经营谋利行为而产生的纠纷，比一般的民事纠纷（比如家事案件）与经济发展联系更直接。

1. 破产审判权商业属性是商事审判的本质特征

商事审判的基本形式、内容和特点是由相关的不同阶段经济发展内容、形式与特点所决定的。破产审判作为商事审判的一种形式，其案件数量和类型的变化取决于各个时期经济的发展变化，是经济发展的特点、内容和矛盾的集中体现。每一次司法审判机构的改革、每一份司法审判政策抑或商事司法解释的颁布，都应服务于当时的经济发展需要。经济的发展与商业的繁荣直接挂钩。破产法的制定和修改，破产审判从无到有，再到破产审判专业化改革，都是因为包括破产案件在内的商事

① 参见岳燕妮、景晓晶：《疫中与预后：破产审判的应对之策》，载《人民司法》2020年第10期。

纠纷增多，为了提高审判效率、促进经济高质量发展而进行的改革。①

2. 破产审判权商业属性表现为破产制度的价值追求

民法的基本原则和民事审判权行使原则是公平优先、兼顾效率，而破产法从制定到实施都将效率价值放在很高的位置上。破产审判除了实现社会公平之外，还需要保证破产案件及时审理，保证破产财产得到及时处置，保证破产企业得到及时救助，这些都要求不断提高破产审判权的运行效率。当代破产法和破产制度对公共利益的保护是一种社会文明进步在法律制度层面的体现，而司法效率也是一种公共利益，任何社会资源都是有限的，包括司法裁判在内的决策都需要考虑社会资源的合理有效利用。破产审判权行使以确保最大限度地提高破产案件处理的效率为目标，对无法生存和效率低下的企业进行清算，而对效率高、有可能生存下去的企业加以拯救。同时破产法官要独立、中立地进行专业裁断，不偏不倚，实现破产法对债权人公平对待和保障社会公共利益的目标。因此，实现效率价值是破产审判权商业属性的表现，但是对公平正义目标的实现是破产审判权作为审判权的基本价值追求。

3. 破产审判权商业属性作用于权力运行的内容

破产审判权运行过程中涉及大量的商业判断，从案件审理程序的阶段分析如下：破产申请的受理阶段，法官需要对债务人的资产和经营状况进行审查，需要判断是否存在支付不能、无法清偿到期债务等情形，这属于商业判断；对于案件能否进入重整程序，法官需要对债务人企业的行业基本情况进行调研，对发展前景和技术条件进行比对，这属于商业判断；债权申报阶段，破产管理人对债权人申报的每一项债权的真伪性的审查判断属于商业判断，破产管理人制定财产分配方案或重整计划草案需要进行商业判断；债权人会议召开后，对债务人财产分配方案或重整计划草案，以及每一项事关债务人企业经营的决策都属于商业判断；债务人自行管理模式下的债务人需要继续经营企业，其核心仍然是商业主体为经营所进行的商业判断。从法官行使破产审判权角度来分析，对

① 参见陈胜蓝：《商事审判与中国经济发展》，北京大学出版社2014年版，第44页。

企业破产案件行使破产审判权在一定程度上要淡化法律关系的性质，同时参考商业交易的习惯，比如在破产管理人行业自治建设程度较高的地区，破产法官对管理人的监督和管理首先应当尊重管理人协会的业务规则。面对《企业破产法》规则不完善的现实情况，破产法官在进行裁断时不仅要认定事实、适用法律，还需要考虑和尊重商业交易的习惯和企业经营管理的一般规律，这是对破产法官的考验。“司法机关的活动，远非科学活动，它们永远只是一种技术，并且是一种复杂的技术。”①

4. 破产审判权商业属性受到审判人员性质影响

破产审判人员的组成和性质是破产审判权区别于民事审判权的特征之一，美国破产法官是从具有行政官员性质的裁判人员演变而来的，不具有美国《联邦宪法》第 3 条的法官地位。而法国的破产案件由商事法院管辖，包括破产审判权在内的商事审判权由商事法院内专门选任的商事法官行使。但是，法国商事法院内商事法官本身是从事商业经营的商人，并且通过商人选举产生，任期固定。法国法律明确规定：所有的职业法官不能参与审理在商事法院提起的诉讼纠纷案件。法国之所以对包括破产审判在内的商事裁判保留其独特性，是因为商事审判的本质要求裁决商事纠纷的裁判官应当具有高度的专业性，不仅要掌握法律知识，还需要精通商事贸易惯例；因为破产案件的审理涉及企业之间的交易和商业往来，很多行为虽然没有被规定在破产法和其他法律条文中，但是受到商业习惯的约束。

（四）破产审判权的有限属性

破产审判权有限性，是从权力制约和审判权有限性的角度，讨论破产法官与一般法官地位和权限的区别，对破产管理人和当事人参与破产审判时以破产管理权和自治权对破产审判权的制约进行分析。

1. 破产审判权有限属性是审判权有限性的体现

审判权与当事人权利发生制度性关系时，其作用强度不是无限的，

---

① ［美］杰罗姆·弗兰克：《初审法院——美国司法中的神话与现实》，赵承寿译，中国政法大学出版社 2007 年版，第 241 页。

必须限定在与当事人权利保持结构关系并处于平衡状态，避免法官恣意裁断。即使在法官主导破产程序的模式下，破产法官也要避免审判权不当进入当事人意思自治的领域，干预当事人对实体权利和诉讼权利的处分。破产审判权行使过程中，法官要进行很多自由裁量，但是权力的行使需要边界和监督，所以破产审判有限性应当成为法官心中一直存在的“警戒线”。例如，在重整程序中由债权人放弃或者自愿成为劣后债权，如果不影响其他债权人的合法权益，经债权人会议通过，破产法官就无须干涉；又如，《企业破产法》第61条对债权人会议职权的留白，就是将破产审判中能够由债权人自己协商决定的事项交由他们自己决定，以体现当事人意思自治，其中可能包括但不限于民间借贷的利息的利率、起算时间等。

2. 破产审判权有限属性源于法律功能的有限性

破产法可以为债务人企业盘点和整理事务提供时间，但是法律功能本身是有限的，破产法不能解决所有的社会问题。如果企业的收入无法与运营成本平衡，破产法无法解决这一问题，自然破产审判权作用也难以应用于企业债务问题的处理。破产法对企业破产的处理不是万能的，作为一种经济现象，企业破产的处理方式必然与经济层面相关联，因此破产企业的处置会受一国当下的经济状况和企业经营状况的影响。① 再完善的破产重整制度和破产审判权力运行体系，也无法拯救没有继续营利可能的公司，对此，破产法官、破产管理人、债务人和债权人都要有清晰认识。破产不仅是一个法律问题，同时也是一个经济问题和社会问题。由于司法功能的有限性，单靠法院无法有效解决破产中涉及的职工安置、税收优惠、费用保障、信用修复等一系列问题。②虽然通过行使破产审判权，能够实现破产法对公平和效率价值的追求，但是在维持公众信心、防范系统性风险、维护金融稳定等政策目标实现

① 参见［日］谷口安平主编：《日本倒产法概述》，佐藤孝弘、田言等译，中国政法大学出版社2017年版，第8页。

② 参见贺小荣：《建设适应现代化经济体系的破产法治》，载《人民法院报》2017年11月15日，第7版。

上存在天然缺陷。[①] 因此，破产审判中需要引进破产管理人行使破产管理权，配合破产法官推进破产程序；需要构建“府院联动”机制，鼓励政府以案件辅助者和程序保障者的角色参与破产程序，以解决破产衍生社会事项。

3. 破产审判权有限属性受到破产法官地位影响

审判权是一种由宪法规定的国家权力，与立法权和行政权并列，法官作为审判权的行使主体，其地位是由宪法赋予的。然而在破产审判发展过程中，破产法官的地位和权限一直是不完全的。法国破产审判中的法官不是经过考核的属于国家公职人员的法官序列的人员，而是由商人选任出来的具有商业经验的商业从业者，可能是公司股东或职员。根据德国 1969 年《司法辅助官法》的规定，司法辅助官[②]与法官各司其职、相互配合，主要负责督促程序、强制执行程序、破产和非讼审判。[③] 这种法官资格的“先天缺陷”势必造成破产审判中法官权限的不完整，破产审判权的权限范围不能与民事审判权权限范围相同。在美国破产审判中，破产法官不是从《联邦宪法》第 3 条的法官中选任出来专门审理破产案件的，而最初从具有行政性质的“裁判官”演化而来，有任期限制，不具备法官终身制的资格。《联邦破产法典》赋予破产法官的是一种“准司法权”，破产法官不能组织陪审团，不能以普通民事诉讼程序审理“非核心争讼”。1984 年美国国会对 Northern Pipeline Construction Co. v. Marathon Pipe Line Co. 案件的裁决作出回应，认为：破产法官作为联邦地区法院的附属人员，不是独立自主地行事，也不是在行使司法权。破产法官只能“听审和判决”联邦地区法院移交的破产案件及争议事项，破产法官不享有广泛管辖权，否则违宪。2011 年联邦最高法

① 参见季立刚、解正山：《欧盟银行破产法的一体化及其意义》，中国银行法学研究会 2015 年年会论文。

② 司法辅助官可以被视为德国《基本法》第 92 条意义上的法官，是除法官之外也享有裁判权的人员。参见［德］奥特马·尧厄尼希：《民事诉讼法》（第 27 版），周翠译，法律出版社 2003 年版，第 28 页。

③ 参见汤维建主编：《外国民事诉讼法学研究》，中国人民大学出版社 2007 年版，第 57 页。

院在 Stern v. Marshall 案[①]对破产法官的权限进行了进一步限定，即使是“核心争讼”也并非全部都能由破产法官裁决。美国 2014 年的 Arikson 案，最高法院认为如果当事人双方达成合意，该争讼可以由破产法院管辖，否则交由联邦地区法院审理。虽然近些年破产法官审理“非核心争讼”的案例增多，破产审判中也允许法官组织陪审团参与，但是破产法官的“完全审判者”地位没有得到宪法的承认，在任何案件中都有可能出现当事人质疑破产法官是否有权审理该争讼以及是否违宪的情形。

4. 破产审判权受到个人权利制约

破产审判权的裁决权受到当事人自治权的限制，无论是财产分配方案还是重整计划草案，都需要经由债权人会议表决通过，法官的审查和批准只是为了社会维护公平正义而进行的司法裁断。破产法官的程序控制权在破产审判中也存在不同程度的限制，尤其是在市场经济较为成熟的国家和地区，破产自治权高度发达，破产案件立案进行形式审查，破产管理人由债权人选任，法院只进行批准和裁定。中国市场化破产转型尚未完成，法院在破产程序启动时对破产原因的审查和受理，破产管理人选任，以及第一次债权人会议召开等程序性事项上都居于主导地位。从破产审判权行使与一国司法制度的适配性来看，中国法院审查债务人企业的破产原因，是为了确保进入破产程序的企业的债务状况真实，防止破产制度和破产权利被滥用，防止债权人和债务人恶意串通而损害其他债权人的利益和社会公共利益，防止司法资源被浪费；选任破产管理人是因为行政性的官方管理人机构尚未建立，市场的管理人行业自治组织刚刚起步，缺乏对管理人行业的有效管理和权威监督。

5. 破产审判权受到社会权力制约

市场经济环境中的破产程序是由权力运行结构转向权力保障体系，由单一“国家建构”转向国家权力与社会公权力和个体私权利共同参与的“共享共建”。破产审判是为了在主体庞杂、利益多元、规则丰

---

① See Stern v. Marshall. 10 – 179 9th Cir，Scotusblog，http://www.scotusblog.com/case-files/cases/stern-v-marshall/。

富、情况多变的市场环境里处置企业破产，因此作为国家权力的破产审判权的行使也有自己的边界。[①] 管理人作为一种社会中介机构，参与了社会中介性权力的发展与演变，是市场体系中不可分割的组成部分。在破产审判中，破产管理人是提供无形产品的市场主体，通过其自身的专业性、社会性和中介性，承接了部分破产管理职能，也借由社会中介权力在国家权力和个人权利之间搭建了共同参与破产程序的桥梁。因此，破产审判中的破产管理权由破产管理人行使。破产管理人行使的破产管理权，在平衡“国家—社会—个人”利益的过程中，对当事人自治权和破产法官破产审判权行使范围进行了一定程度的限缩；正是因为挤压了当事人和破产法官的权限，才能在债权人债务人和破产法官之间形成一个缓冲地带。

（五）破产审判权的扩展属性

破产审判权的有限属性和扩展属性，看似是一对矛盾的概念，但是因为对其分析的理论维度和体现属性的审判权能并非处在同一等级序列，只是语义上的对应。一般来说，制度的功能扩展在很大程度上取决于它相比相关制度更能满足利用者的某种需求。破产审判权的扩展性，一方面是破产案件的特殊性要求，虽然破产管理人承接了破产管理权，但是破产审判中法官还需要承担对破产管理人的选任等行政管理类事务；破产程序中包含清算、重整与和解程序，法官在不同程序中的介入程度和具体权能有所区别，除了根据法律规定进行司法裁判，还需要进行一定程度的商业判断，因此，在超出传统民事审判法官中立裁判的范畴时，需要根据破产案件的实际审理需求不断丰富和扩展破产审判权的内涵。另一方面是因为破产审判中包含衍生案件审理，虽然不同国家对破产衍生案件审理权限有不同安排，但是，破产审判权在行使过程中，需要在破产程序与民事诉讼程序之间进行切换和平衡。

破产审判权在范围和效力扩展、建立审判权行使职权主义基础上，其法理依据是非讼程序法理的应用。正确理解非讼法理在破产审判权行

---

① 参见陆晓燕：《“市场化破产”的法治内蕴》，法律出版社2020年版，第150页。

使中的应用，首先要明确非讼程序的性质和特征。日本民事诉讼法学家兼子一教授认为，非讼程序本质上不是民事司法而是民事行政。[①] 诉讼程序可以解释为司法机关和案件当事人在其他诉讼参与人的配合之下为解决案件而分阶段又相连贯地顺次进行的全部活动以及由此产生的诉讼关系的总和。它一方面是程序活动的阶段和过程，另一方面是一种关系安排，体现了程序主体之间的关系结构。[②] 诉讼案件需要法院在查明事实的基础上，适用法律对案件的是非作出裁判。与诉讼程序相对照，非讼案件不存在法院对案件是非进行裁判的问题。非讼案件要求法院介入私人生活领域和私法关系，对某一事实予以确认、宣告，对私人生活作出安排。

破产法学界认为，破产程序是结合了诉讼程序、非讼程序和执行程序的一种特殊程序。[③] 破产程序的非讼属性体现在破产案件审理过程中没有原告、被告，没有实体权利对立的诉辩双方，没有诉讼请求与抗辩理由的对峙争议，所以破产案件的受理、审查等重要事项可以采取听证或类似于听证的方式进行；法官裁断并非依据债权人和债务人直接提交的证据和请求，而是对破产管理人提交的报告和债权人会议表决通过的方案进行审查和裁断。破产案件中债权人、债务人有实现破产财产最大化的共同目标，而非对抗的法律关系；破产法官对债权人会议表决结果和破产管理人各项工作报告的终局性裁决，是运用多元知识结构行使审查权。随着破产立法价值取向从“债权人保护——债务人保护”向“社会公益保护”变化，破产审判权维护社会公益的作用越发突出。各项报告的审查和裁决结果的作出，是破产法官适用法律的过程；但是面对破产案件每一个案件的特殊性，法律无法穷尽待裁决事项的裁量标准，需要破产法官充分行使自由裁量权。明确破产案件非讼属性，破产

① 参见王亚新：《社会变革中的民事诉讼》，中国法制出版社 2001 年版，第 245 页。

② 参见章武生等：《司法现代化与民事诉讼制度的建构》，法律出版社 2000 年版，第 7 页。

③ 参见齐树洁主编：《破产法》，厦门大学出版社 2007 年版，第 7 页；李永军等：《破产法》（第 2 版），中国政法大学出版社 2017 年版，第 3 ~ 4 页。

清算、破产重整、破产和解程序中破产法官“应为”、“可为”和“能为”的范围会更加明晰。而无论是非讼程序还是诉讼程序，对于破产审判权行使来说，有一个要求是没有区别的，即“二者都不能违背应有司法程序终局裁判私权存否之原则要求”①。

1. 范围扩展性

（1）破产审判权行使及于衍生案件

破产法官有权审理破产衍生案件，是破产审判权行使范围的扩展。破产程序是管理人履行法定职责、债权人（破产重整程序包括出资人）依法定程序表决、由人民法院对程序进展的各环节进行审查并作出相应决定和裁定的程序总和。破产案件审理程序与诉讼案件中庭审程序的要求不同，是依据《企业破产法》及相关司法解释的规定审理特殊事项而适用的非讼程序。② 破产衍生案件是人民法院受理破产申请后产生的，有关债务人的民事案件。破产程序与一般民事诉讼程序从程序性质、当事人主体的关系到审理方式都有所区别。美国将破产审判中的核心争讼与非核心争讼进行了明确区分，交由不同的法院审理，是基于宪法赋予的法官地位的规定。

破产审判权行使及于衍生案件是一种趋势，即由破产法官来审理与破产案件相关的民事诉讼案件。因为美国破产法官地位的特殊性，破产审判中对“核心争讼”和“非核心争讼”的判断直接关系到破产法院对某一具体事项是否具有管辖权。Marathon 案之后，美国国会将破产案件的管辖权赋予联邦地区法院，而后地区法院将核心争讼的审理“委托”给破产法院。美国法院在 In re Arnold Print Works 案③中，对破产管理人或债务人自行管理模式下债务人所提起的关于破产程序开始后对破产财产处置合同的诉讼属于核心争讼，而后法院通过判例 In re Kids

① “民事诉讼法”研究基金会：《“民事诉讼法”之研讨（二）》，台北，三民书局 1996 年版，第 454 页。

② 参见郑伟华：《破产审判中法院的角色定位——基于典型案例的思考》，载《法律适用（司法案例）》2017 年第 22 期。

③ 815 F. 2d 165（1st Cir. 1987）.

World of Am. , Inc. [①] 将破产程序开始前的此类合同争议也纳入破产核心争讼范围。对破产管理人或债务人提起的针对法院任命的专业人士有异议的诉讼，被认为属于破产的核心争讼：In re Southmark Corp. [②], Billing v. Ravin, Greenberg & Zackin, P. A. [③]。关于普通的民商事诉讼是否被看作与破产审判“相关”，美国法院在 Pacor Inc. v. Higgins 案[④]中确立的标准是，该诉讼的裁判的结果是否会影响到对破产财产的处置。目前，美国通过《司法机关与司法程序》第 157（b）（2）条列举核心争讼之一立法来明确核心争讼的范围只是扩大破产法官案件管辖权的方式之一，《司法机关与司法程序》第 158（c）（2）条允许在当事人同意的情况下将争讼转交给破产法官审理，以当事人同意来对破产法官“司法权”进行弥补。虽然在法理上，案件的事项管辖后果超出当事人各方自身利益范围，当事人不能通过同意来创设事项管辖权，但是在司法实践中，美国破产法官在地区法院的支持下，其做出的命令可以看作地区法院的判决，扩展了破产审判权的范围。

对比美国对于破产“核心争讼”的定义和审判权运行模式，中国《企业破产法》规制的破产案件中债权人和债务人不存在对抗关系，破产法官以书面审理和听证方式认定案件事实，通过对破产管理人的选任、审查和监督来进行程序控制，此时的破产程序属于非讼程序，破产审判权行使显示出非讼审判的特征。但是，中国破产法官需要审理破产衍生诉讼（破产衍生诉讼一般是因为破产案件而引发的债权人或债务人之间，或者他们与第三人之间的实体权利纠纷），此时需要按照一般民商事审判的程序规则进行。因为中国审理破产案件的法官身份没有特殊性，拥有完全的司法地位和司法职能，大多数情况下，为了保证破产案件的审理效率，“衍生诉讼中的商事案件”也交由破产法官处理，这种对抗诉讼关系丰富了破产审判权的内涵和行使边界；但是两类案件处理

---

① 349 B. R. 152, 163.
② 163 F. 3d 925 (5th cir. 1999).
③ 22 F. 3d 1242 (3th cir. 1994).
④ 743 F. 2d 984 (3th cir. 1984).

结果的评价标准和对法官的考核要求不同，造成破产法官的困惑，也导致法院内部考核机制运行困难。破产审判权行使范围包括破产案件和破产衍生案件，案件合并审理是必要且必然的选择，因为衍生案件的处理结果可能直接导致破产案件中债权人和债务人利益的变化。虽然两类案件审理程序有所区别，但是衍生案件是因为破产案件出现的，衍生案件的审理势必在一定程度上适用破产审判的思维模式，也需要考虑破产案件的具体情况，这样就会出现非讼法理在诉讼程序中适用的现象。德国破产程序中就将《民事诉讼法》与《破产法》结合适用，其《破产法》第 4 条对破产审判准用《民事诉讼法》首先是因为破产程序属于《共同执行法》，破产审判权可以归入争讼裁判权；其次，因为债务人的申请足以启动破产程序，可以允许债务人自行管理，所以破产程序与非讼程序相似。①

（2）破产审判权行使及于管理性事务

破产审判中，虽然法官与破产管理人的关系存在诸多模式，但破产审判权的高效有序运行离不开破产管理权的配合。破产审判权行使过程中还包括对破产管理人的任命权、管理权和报酬的决定权，中国破产审判中还涉及管理人援助基金的管理。中国法院在破产审判权行使过程中对破产管理人履职行为表现出管理权特征，有以下三个方面的原因：第一，中国的破产审判还处在行政性破产向市场化破产转型的阶段，破产管理人自身在履职和执业能力上还存在一些不足，需要法院进行指导，管理人队伍建设尚需时日。第二，全国范围内的破产管理人行业自治格局尚未形成，已有的行业协会地位没有得到上位法的确认，机构执行力和强制力无法对破产管理人形成有效制约，因此也无法对破产管理人的选任和履职情况进行全面而科学的管理和监督。第三，现有制度要求破产审判权发挥管理作用。目前的管理人名册和分级制度是地方法院在破产审判中逐渐探索形成的一种提高破产管理人选任效率的方案，虽然运

① 参见［德］乌尔里希·福尔斯特：《德国破产法》（第 7 版），张宇晖译，中国法制出版社 2020 年版，第 27 页。

行中存在一些不便，但是在司法资源和社会资源都有限的情况下，法院管理因其权威性和中立性而成为最可行的选择。

法院选任破产管理人模式的法理基础在于破产程序是国家公平清理债权债务，保护债权人和债务人合法权益的一套司法程序，具有强制变动财产属性的效力。① 由法院选任管理人，能够保证选任及时性和权威性，提高破产程序的效率，避免各方利益矛盾造成程序停滞而难以产生管理人；法院选任管理人，保证管理人与债权人和债务人都没有利益关系，有利于保证破产管理人中立地履行职务。但是职权主义选任模式存在一定弊端：第一，法院选任管理人难以体现当事人意志，可能忽视债权人的权利。破产程序的进行与管理人履行职务的行为，与破产财产和债权人的利益息息相关，应当给予债权人表达意见的机会。第二，法院作为司法审判机关，过多地干预了私权关系。法院选任管理人实际上担任了一定的管理职能，这与法院本来应当承担的职能不相符，有损法院公正、中立、独立行使司法权的法律地位，而且缺少制约的权力行使容易滋生腐败。

对破产管理人的管理权是以任命权为基础的，在破产审判中制定管理人名册也是一种国际通行的做法。德国破产程序中的管理人预选名册制度与中国的破产管理人名册类似，通过管理人预选名册来为法官在具体程序中选任破产管理人提供必要信息。德国破产管理人预选名册常常由各个破产法院，甚至破产法院中的各个破产法官，基于专业判断和职能单独制定，并不会在全国范围内形成统一的名册。② 这一管理权分散行使的做法虽然从权力外观上看与中国一样，但是权力本身的来源和影响因素并不相同。德国是联邦制国家，联邦政府与各州分权，因此德国破产审判中由各地法院形成自己的管理人名册是以各州管理权对抗联邦

① 参见周东瑞、张敦臣：《管理人从“指定”到“选任”的改革路径探析》，中国破产法论坛“管理人制度的实践与创新”专题研讨会会议论文，2017 年 4 月于绍兴。

② 以什魏林（Schwerin）破产法院 2018 年的管理人预选名册纳入标准为例，其总共罗列教育、理论知识、实践经验、地域邻近、独立性、第三人财产损害责任险等 9 项标准，同时还规定了退出标准。参见葛平亮：《德国破产管理人行业自治探析》，载陈夏红、闻芳谊主编：《破产执业者及行业自治》，法律出版社 2018 年版。

政府管理权，德国联邦宪法法院的判决要求破产法院有制定管理人预选名册的义务，因此，这是一种经过精细设计的权力制衡方式。中国地方法院对破产管理人的管理和名册指定，是在《企业破产法》的空白与破产审判实践需求的矛盾中的一种尝试，尚未得到法律确认；加之中国不同地域经济和司法发展不平衡，各地破产案件的实际审判情况和破产管理人队伍发展情况也有差别，无法在形成全国统一管理人名册规则的情况下，还能兼顾各项细化标准的可操作性。而且，与中国破产管理人只能从名册中产生不同，德国破产法院仍然可以从管理人预选名册之外，选任更适任的破产管理人进入特定的破产案件审理程序。

2. 效力扩展性

（1）破产法官程序的主导性增强

破产程序具有独立的制度追求、基本原则和保证手段的特殊法律程序，破产程序只有在法院受理破产申请的前提下才能够启动，也只有在法院作出破产宣告的裁定之后，债务人企业才能被称为破产人，程序组织的主体只能是法院。在破产案件审理过程中，法官的职权主义体现在裁判程序的各个环节；在破产申请的受理阶段，破产法官可以突破债权人或债务人提交的破产申请，有权根据债务人企业的实际经营状况和债权债务关系，对企业最终进入哪一种破产程序中进行裁决。美国破产审判中，债务人可以将债权人申请的第 7 章案件转为第 11 章重整，法院享有广泛的权力，可以将根据某章申请的案件转为另一章的案件。在衍生案件审理过程中，法官对证据的收集和处理的主导性要强于一般的民事审判，可以说破产程序主导权从由一般民事案件的当事人享有转由当事人与破产法官共享。于是，破产审判中，法官的任务不再局限于传统的查清案件事实适用法律等领域，它向事实确定、法律发现等领域拓展，比如衍生诉讼中法官在取证方面适度介入，合议庭在协助调查取证方面不仅强化了对处于弱势地位的破产企业的救济，也将程序保障由当事人对程序的主导转由法官和当事人共同来完成。

（2）破产法官裁决的终局性增强

美国破产审判中，对破产案件上诉时破产法院与地区法院的裁判最终性认识存在分歧，但是对破产判决的上诉审查所需要的时间与破产审判中事项裁决的时效性相冲突，所以实质上是不可审查的，比如在重整程序中，如果重整计划得到法院批准，反对计划的债权人实际上可能无法享有上诉审查权。所以，在实际的破产案件审理过程中，破产法院裁决的终局性增强，从法律实施的效果上赋予了破产审判权行使效力的扩展性。中国破产审判中，根据《企业破产法》第 12 条规定，人民法院裁定不受理破产申请，申请人对裁定不服的，可以自裁定送达之日起 10 日内向上一级人民法院提起上诉；人民法院受理破产申请后至破产宣告前，经审查发现债务人不符合破产情形的，可以裁定驳回申请；申请人对裁定不服的，可以自裁定送达之日起 10 日内向上一级人民法院提起上诉。关于破产管理人、确定审计评估机构、清算转重整、合并重整、遴选重组方、延长重整计划草案提交期间、修改重整计划草案等程序性事项，必要时法院可以组织听证，法院一经作出裁定或决定即发生效力，不得上诉。

（3）破产审判权运行影响规则形成

从宪法权力制约的角度和成文法国家司法制度特点来说，中国不允许“法官造法”。但是，现代经济社会发展日渐复杂、社会生活趋于多样化，成文法滞后的问题与社会发展变化不断加快的矛盾不断加剧，一方面立法和修法的社会成本和时间成本太高，另一方面立法中出现了不确定的概念、一般性条款设置空白规范。这种矛盾体现在破产审判当中，就是破产审理规则不够健全、具体，破产案件审理任务却迫在眉睫；于是，一方面立法者要求法官在授权范围内运用自由裁量权进行妥善的裁判，另一方面将破产审判中积累的经验和程序规范逐步吸收成为法律规则，破产法官充当了破产政策的制定者，权限进一步扩展。中国的破产审判中，允许地方法院制定并施行与破产有关的审查规则、工作流程、管理办法等，而最高人民法院则通过制定司法解释来填补法律条文的空白，通过形成会议纪要来直接指导和回应全国法院在破产审判中亟待解决的重点和难点问题，以国家最高司法机关的权威对地方实践探索给予肯定和纠正，以司法能动性弥补立法滞后性。审判权除了定分止争的一般性功能，在公共政策领域还有一定程度的延伸，法院有权通过审理案件的方式影响和参与国家、社会宏观事务的决策，它既可表现为通过宣布一项法律法令或某一行为无效的消极否定方式来干预公共政策，也可表现为通过对宪法或制定法的解释及创设新判例等积极方式来肯定某项社会政策。①

在日本，一般情况下法律制度和审判规则都以成文法的形式由立法机关制定并颁布实施，过去的破产程序也是如此。但是，日本《民事再生法》是最高法院在破产领域先行制定的民事再生规则，这种立法模式其后被接受并延续，所以破产法的实施过程中，法院在规则制定方面的权力可以看作审判权在破产审判领域的有限扩张。法律规则的滞后性无法满足破产司法实践需要，影响破产审判权行使，而成文法国家立法和修法成本太高，由法院来制定有针对性的规则并及时颁布实施，能够最大限度地实现破产审判的效率目标，当然需要后续的制度安排来协调法律和法院所制定规则的效力问题。

目前中国各地法院制定的破产案件审理章程和审理规则，都是由身处破产审判一线的法官们针对实际破产案件审理中的问题来拟定的。法官除了完成与案件直接相关的裁判工作、管理工作，还需要将自身工作经验与法律规定相结合形成一般性规则，在各自法院的管辖范围内施行。这些规则针对的主体有破产法官，例如，如何审查破产申请、审查管理人提交的报告、选任管理人等；有针对执行法院或执行局的，比如“执转破”移送与审查的衔接规则等；有针对破产管理人的，比如破产管理人考核办法和管理人名册编制办法等；还有针对债权人和债务人的破产立案流程、材料提交清单等。

会议纪要是司法指导性文件②，最高人民法院的审判指导权与审判权、审判监督权、审判管理权的关系是：法院直接审理具体个案是行使审判权；法院对具体生效案件进行监督是行使审判监督权；法院在微观

---

① 参见王福华：《民事诉讼基本结构：诉权与审判权的对峙与调和》，中国检察出版社 2002 年版，第 54 页。

② 除司法解释以及司法行政管理、人事管理类文件以外的涉及法律适用问题的司法文件。

上对个案进行流程管理、在宏观上对全院案件进行总体管理是行使审判管理权。[①] 对于法院如何进行审判、审判监督、审判管理加以规定，首先是法律的权力。在遵守法律法规的前提下，最高人民法院制定相关规则例如纪要就是在行使审判指导权。[②] 破产审判领域的会议纪要主要有《破产审判会议纪要》、“九民纪要”、《关于审理公司强制清算案件工作座谈会纪要》等。其中，《破产审判会议纪要》既包括现行的国家政策导向和原则性的司法政策，也包括回应现实司法实践问题的具体规则；其不仅对《企业破产法》部分条文进行了细化，还开创了一些新的制度以回应社会发展需求，与相关法律共同结成了“无缝之网”，有利于法院更好地处理应对破产案件。[③]

虽然从传统审判权理论来说，制定规则和文件不属于审判权的范畴，但是当代破产审判权本身就是一个较为广义的审判权概念，同时中国法院“四五改革纲要”也根据司法实践需要和法治环境的变化丰富了审判的内涵，针对破产案件的审判指导权也是破产审判权的一种扩展和延伸。

破产审判中法官权力扩张是一个得到学术界和司法实务界共同承认的事实，尤其是在中国破产管理人执业水平还没有达到最理想状态的情况下，虽然会造成破产程序中当事人诉讼权利的减损，尤其是在破产衍生诉讼案件中，但是破产法官针对每个破产案件制定有针对性的个性化解决方案，同时对其中出现的多样化衍生案件审理具体问题具体分析，也是另一种程序保障，只是不同于传统民商事诉讼的保障方式。虽然破产审判的主要方式是当事人、破产管理人和破产法官开会，以不开庭、书面审为原则，但是针对复杂事项和有争议的事项，破产法官会依据实体法和程序法的要求召开听证会，充分听取当事人意见，由此在不公开

① 参见顾培东：《人民法院内部审判运行机制的构建》，载《法学研究》2011 年第 4 期。

② 参见侯猛：《纪要如何影响审判——以人民法院纪要的性质为切入点》，载《吉林大学社会科学学报》2020 年第 6 期。

③ 参见贺小荣、王富博、杜军：《破产管理人与重整制度的探索与完善——〈全国法院破产审判工作会议纪要〉的理解与适用（上）》，载《人民司法（应用）》2018 年第 13 期。

审理、书面审理和当事人程序权利保障之间搭建一个过渡的桥梁。邱联恭先生所倡导的“新程序保障论”就是针对民事案件之个性、特征，依案件类型需求之不同，分别采取与其相适应的程序保障内容，循此承认多样化之程序保障方式。[①]

破产审判权的扩张性势必导致破产案件的程序保障弱于一般的民商事案件审理程序，但这也与非讼程序的要求相符：第一，非讼事件的程序保障只是在职权主义、职权探知主义下，保障人的尊严、排除秘密审判，促进裁判形成的合理化；第二，非讼事件的审判程序必须简易、迅速和经济。[②] 正因为破产审判中，法官职权探知主义的适用，当事人提出的申请和陈述可能没有效用，债权人和债务人权利可能会被挤压，要求破产法官在审查和作出裁定的过程中负有斟酌义务[③]，对当事人的主张和提交的材料进行充分的思考、参考后，给出慎重答复。

四、破产审判权的特殊功能

破产审判权的特殊属性对应着破产审判权运行特殊功能的实现。无论是审理衍生案件、选任破产管理人，还是进行一定程度的商业判断、形成司法规则，无论权力是制衡、限缩还是扩张，都是为了发挥破产审判权运行对经济的调节作用。提高破产审判权运行质效，也是为了优化社会治理，清理债权债务关系，公平保障参与主体的利益，实现经济高质量稳定发展。

（一）概述

1. 功能学角度

从功能学角度解释审判权的功能，包括基本功能和辅助功能。基本功能是直接满足一定主要目标所具有的功能，即排除法律运行中的障碍，以维护法律的价值。辅助功能是为了实现司法权的基本功能所需要

---

① 参见孙永军：《非讼法理在诉讼程序中的适用》，东南大学出版社 2018 年版，第 49 页。

② 参见郝振江：《非讼程序研究》，法律出版社 2017 年版，第 27 页。

③ 法院裁判时必须斟酌、考虑申请人和其他关系人的陈述。

的功能，即解决权利冲突与纠纷，实现权利的制度性配置。[①] 破产审判权的基本功能是社会整合功能，即实现破产法的价值，维护破产法的价值和现实权威地位，使其逐步内化为经济社会运行的一部分，获得社会更广泛的认同。破产审判权的辅助功能表现的是其外部特征，而通过破产审判权运行来清理债权债务关系，与其他的债务重组和债务清理方式相区别，是破产审判权的基本功能所发挥的作用。

2. 司法权角度

从司法角度解释审判权的功能，审判权的核心功能是分辨是非，基本功能就是定分止争，惩恶扬善，守护社会的公平和正义。我国《宪法》和《人民法院组织法》对审判机关的任务和作用作了规定，虽然这种职权性的规定无法穷尽审判机关所拥有的权力的功能，但是破产审判权功能需要通过国家审判机关——法院这一特殊的组织机构的运转来实现，因此法院在破产案件审理中所承担的作用与破产审判权功能具有一致性。一般来说，作为行使审判权的国家权力机关，法院具备以下五种功能：第一，纠纷解决功能。法院作为司法裁判的主体，功能内含解决纠纷，即以公力救济的方式解决社会权益的争端，维护法律秩序。第二，公共政策功能。考察各国的司法审判情况，我们发现很多国家的法院不仅对独立争议进行解决，还对政府所面临的政治和社会问题有深远的影响力。第三，立法功能，法院尤其是最高法院通过纠纷裁判能够在一定程度上弥补成文法缺陷。第四，政治功能。法院作为国家政治权力架构中的重要一环，以及法治得以实现的基本机关，必然会与政治发生关系，从而在权力分立的政治架构中，通过个案审理与相关政治行为的判定，制约其他国家权力。第五，符号功能。法院是国家法律秩序的象征，是社会正义的化身。[②]

---

① 参见孙万胜：《司法权的法理之维》，法律出版社2002年版，第8页；陈瑞华：《司法权的性质——以刑事司法为范例的分析》，载《法学研究》2000年第5期。

② 参见李彬：《法院功能研究：以经济审判为视角》，中国检察出版社2016年版，第13～14页；章洁：《域外法院公共政策形成功能之探析》，载《内蒙古农业大学学报（社会科学版）》2009年第4期；王保民、刘静：《论我国最高人民法院的立法功能——从司法解释的角度》，载《黑龙江省政法管理干部学院学报》2007年第5期。

3. 经济学角度

破产审判权特殊功能的认识建立在审判权基本功能的基础上，同时要超越对民事审判权一般功能的认识，正视中国经济发展面对的国际和国内环境，挖掘破产审判权与经济发展的内在联系。

破产审判权的各项特殊功能背后都有经济学原理，破产制度的设计理念就是更经济、更高效地处置破产财产、清理债权债务关系，破产审判权运行的成本与收益可以从公平和效率两个视角来看。从公平角度评价，破产程序给债权人带来的财富增加（收益）大于破产程序的执行成本，此时成本对权利的重新配置才是正当的；从效率的角度讲，通过破产审判权运行应实现资源的优化配置。哈特认为通过破产程序应当实现：第一，事后有效率的结果，也就是使现有债权人收入最大化的结果，即给予债权人利益充分保障。第二，给经营者适度惩罚，保留债务的事前约束功能，但同时又不能严厉到让债务人不惜一切代价避免破产，即给予债务人一定程度的保护。[①] 破产审判权运行过程中需要贯彻破产法和破产制度设计的效率价值，通过破产案件审理将风险实现合理分担并且给利益相关人有效激励；无论是对债权人的保护还是对债务人的挽救，抑或社会公共利益的维护，其实都是通过破产审判权实现相对公平的风险分担；无论基于债权人本位、债务人本位抑或某个利益主体本位，都需要通过提升破产审判专业化水平提升债权债务清理质效，即通过破产审判来降低破产程序的成本，提高破产程序的收益，最大化破产财产，优化社会资源的配置，兼顾效率和公平。

（二）市场经济调整功能

破产是对经济问题的治疗，但是其本身不是问题。[②] 破产是市场经

---

① 参见陈夏红：《【扎记】诺奖得主论破产》，载微信公众号“破产法快讯”2016 年 12 月 7 日，https://mp.weixin.qq.com/s/wvAnRfzzdX2m763H3KW5Yg。

② 参见［美］娜塔莉·马丁：《历史与文化在破产和破产制度发展中的作用：法律移植的危险》，谢琳、陈夏红译，载陈夏红主编：《中国破产法·中国破产法的现代化：从〈大清破产律〉到〈企业破产法〉（1906—2006）》，中国大百科全书出版社 2018 年版。

济发展过程中必然出现的社会现象。李曙光教授指出：破产法是市场经济的“宪法”，以破产制度为核心的市场退出机制是市场经济改革的核心。[①] 破产法作为市场经济法律体系的重要组成部分，一方面担负着将经济资源从低效经营者转向高效经营者手中，从而对市场自发配置资源过程进行事后矫正的任务；另一方面则对投资者提供行为预期，促使其在投资之前充分考虑商业风险，审慎作出投资决策。破产法对市场经济具有引导和净化的双重功能。[②] 西方国家破产制度的发展过程中一条重要规律，就是每一次经济危机都会对破产法进行调整，因为任何一国的破产法和相关的债务清理制度对企业的拯救都需要来自经济环境的支持。[③] 破产法要通过破产审判权来实施，立法目标中的社会关系调整和利益平衡也只能通过破产审判权运行来实现。

审判权通过纠纷解决、产权界定和执行政策来实现对经济发展的影响。破产审判权行使，是基于破产法对统一市场发挥的作用、对债权人利益的保护，来保障市场经济快速健康发展。

纵观美国破产法发展历史，虽然立宪时破产制度的重要性与当今社会不可同日而语，但是美国立宪者已经认识到，为了适应当时的政治和经济发展，只有从联邦层面制定统一的破产法，才能充分发挥破产制度在市场经济中基本铁律的作用，通过行使审判权，以国家权力机关实现破产法的宪法性价值。而当经济危机来临时，美国国会通过破产法来缓解经济萧条。

破产法的修订与经济萧条出现频次的重合度，成为破产制度发展的客观规律之一。破产审判权要实现破产法的立法目标，就要充分发挥司法对经济的调节作用。一方面，要通过破产审判解决困境企业退市、清理债权债务关系，通过一定程度的免责和公平的破产财产分配来化解社

---

① 参见李曙光：《破产法的宪法性及市场经济价值》，载《北京大学学报（哲学社会科学版）》2019 年第 1 期。

② 参见贺小荣：《建设适应现代化经济体系的破产法治》，载《人民法院报》2017 年 11 月 15 日，第 7 版。

③ See Reinout. D. Vriesendorp & Martin A. Gramatikov, *Funding Corporate Rescue: the Impact of the Financial Crisis*, Int. Insolv. Rev, Vol. 19, p. 209 – 237 (2010).

会纠纷；另一方面，通过界定破产程序中破产财产的产权，优化财产处分的方式。美国法院在处置铁路企业破产时没有可以遵循的制度、规则和先例，于是重整执业人和法院依据普通法原理在司法实践中糅合除了衡平法的破产财产接管制度，发展出了破产重整程序来挽救困境企业、实现资源配置效率的提升。

破产审判权受制于一国经济发展的大环境和发展水平，同时又反作用于经济建设。通过破产审判权运行的数据分析，能够直观感受到一个国家或地区的经济运行态势和特征，但是前提是这一国家或地区为破产企业有序出清和财产处置设计了畅通的司法渠道。例如，纵观中国 2017 年全国破产案件审理情况，可以发现：虽然法院审理的企业破产案件数量逐年上升，但是案件受理地区差异较大，沿海发达省份案件与内陆省份的对比明显（江苏省新收破产案件 1200 多件，河北省新收破产案件 200 多件）；随着企业重整制度得到重视，对待破产的态度和理念转变，申请立案的破产企业债权数额和债权人数量明显增大，法律关系日趋复杂，这也是纠正了地方行政对破产审判干预后，市场化破产的必然结果；同时，国有企业、集体企业破产案件数量呈下降趋势，民营企业尤其是房地产企业破产案件占比增加，这也是中国经济改革持续深入的结果。国企数量减少，民营企业数量和占比迅速增加，反映在破产领域自然也会出现一样的特点。①

中国的破产审判权专业化改革，建立在审判权对经济发展政策的执行上，既要脱离过去的“政策性破产”，以专门的破产审判机构和专业的审判人员来完善法治化和市场化的破产制度，又要为在市场经济优胜劣汰的自由竞争过程中没能取得竞争优势而陷于债务困境的主体，畅通其退出市场或转型重生的通道，完善破产框架、提高回收率，优化营商环境，推动产业升级、提高资源配置效率。

---

① 参见聂晶、方资：《供给侧改革背景下破产审判存在的问题及对策研究》，载《河北法学》2018 年第 2 期。

1. 优化营商环境

营商环境，是指企业等市场主体在市场经济活动中所涉及的体制机制性因素和条件。[①] 其是一个国家、一个地区、一个社会吸引投资、吸引商业、吸引投资者的软环境，也是一个市场主体，特别是企业主体经营的软环境；同时，是一家企业、一个企业群经营商业的条件和境况。[②] 世界银行的营商环境指标本身就是一个经济学标准，以法律和金融理论为基础，通过指标来衡量法律对经济增长的贡献，并把差距通过排名展现出来，反作用于各国破产法的修订。因此破产审判权在优化营商环境方面的经济调解功能也需要从法律和经济交叉学科的视角分析。

（1）优化破产法框架

根据世界银行最新的营商环境评价指标（B－READY），优化破产法框架、提高破产审判的有效性是提升营商环境的重要途径。破产法框架涉及国家立法和司法制度的问题，由于普通法国家的法官也有“立法权”，通过判例造法来优化破产法框架的时效性优于成文法国家，所以这一指标对成文法国家营商环境的评估也存在一定的不公平性。但是普通法国家的法官在破产案件审理中行使破产审判权与立法权具有统一性，所以破产审判权对破产法框架的优化作用更明显。世界银行营商环境评价指标包含三个基本要素：以法律渊源为标准选择指标的评估对象、采用高度简化的指标化衡量工具来快速评估不同国家的法律制度以及基于最佳实践规则提出改革建议。其目的在于通过数据收集和分析，反映法律与经济发展之间的关系，并指导法律改革。[③] 虽然对这一指标的评判和反思不绝于耳，对标指标进行的破产法修订会因为忽视制度语境而产生破产审判权运行的新问题，但是当前基于这一评价标准推动中国破产法立法不断完善和破产审判专业化提升还是收益大于成本的

---

① 参见国务院《优化营商环境条例》第2条。

② 参见李曙光：《破产法庭设立的意义及其使命》，载微信公众号“破产法快讯”2020年8月20日，https://mp.weixin.qq.com/s/oG9rM27hmEDzRSeygMoJ_A。

③ 参见高丝敏：《破产法的指标化进路及其检讨——以世界银行“办理破产”指标为例》，载《法学研究》2021年第2期。

选择。

（2）提高“回收率”指标得分

从世界银行的标准来看，要提高中国“办理破产”项目的得分，破产审判专业化在提升“回收率”上有重要作用。回收率的计算公式是：回收率 = ［100 × GC + 70 ×（1 − GC） − cost − a × 20% × time］/［（1 + lending rate）^ time］。其中，GC（持续经营，Going Concern）值的确定方法是，如果一个公司可以继续经营则为 1，否则为 0；cost 指回收债务所需的成本，以占债务人不动产价值的百分比表示；a × 20% × time 中 a 是指固定资产占资产总额的比重，20% 是年折旧率，time 是回收债务所需时间（从债务人违约到最终实现继续经营或拆分处理，也可以理解为从债务人违约到债权人受偿为止）；lending rate 是指贷款利率（国际货币基金组织《国际财务统计数据》公布的贷款利率，以各国央行和《经济学人》信息部的数据为补充）。[①] 这一指标是对有担保的债务在破产程序中的清偿率的评价标准，具体要考察破产审判时间、成本和效果等要素。目前，中国办理破产的成本在债务人财产总价值中的占比约为 22%，是韩国的 7 倍[②]。总成本包括法庭费用（0.5%）、律师费（5% ~10%）、通知和公告费用（1%）、破产代理费（5% ~10%）、会计师、评估师和其他专业人员费用（7%）、拍卖师费用（1% ~5%）、服务提供者费用和/或政府收费（5%）。成本越高，就意味着有更大比例可用于债权人分配的财产被破产程序所占用，从而影响债务清偿率。

中国目前办理破产的时间平均为 1 年 7 个月，是爱尔兰的 4 倍；而破产案件办理后，资产的回收率为每 100 元回收 36.9 元，只有日本的 1/3[③]。改变这一现状不仅需要破产审判权发挥作用，还需要行政机构配合和其他配套机制的健全。专门的破产审判机构建立，有利于破产案

---

① 参见容红、高春乾、邹玉玲：《“办理破产”之国际比较——解析世行营商环境评估报告》，载《中国经济报告》2018 年第 9 期。

② 参见郑伟华、王玲芳：《关于“回收率”指标的法律分析及提升路径构建——基于我国当前破产审判的实证研究》，载《法律适用》2020 年第 19 期。

③ 参见郑伟华、王玲芳：《关于“回收率”指标的法律分析及提升路径构建——基于我国当前破产审判的实证研究》，载《法律适用》2020 年第 19 期。

件实行集中管辖之后专业化的破产审判权行使，能够极大节约当事人的时间成本和资金支出。回收债权的时间包括商事案件审理＋执行＋破产，在破产审判过程中，如果能够充分利用和解、重整的方式去清偿债务，可以提升此分值；通过破产审判“繁简分流”的运行，提升快审机制在清算程序中的适用比例，也可以大幅节约审判程序花费的时间。破产程序的资金支出包括破产审判机构的费用、破产管理人费用，以及拍卖师、会计师费用等。对比来看，中国回收债权成本较高的项目是管理人接管的费用和会计师、评估和拍卖的费用。在中国破产审判中，拍卖机关一般由法院委托，而非完全的市场化竞争；破产管理人的费用采取了“法定＋酌定”方式，由破产法官予以确定，个别地区“破产案件仅为少数几个破产团队所垄断，而法院更倾向于在规定的比例中顶格确定破产管理人报酬”[①]。这就要求破产法官既要充分考虑案件实际情况，充分调动破产管理人履职积极性，也要合理安排各项费用支出，实现破产财产最大化清偿。

英国近代破产法庭建立后的实际效果已经表明，通过专门化的破产审判机构来实现破产审判权行使专业化，能够降低破产成本，扩大债权人的回收资金，保护商人的利益，保障商人间的信用交易。1842 年林德赫斯特法官（Lord Lyndhurst）指出，破产法庭建立后，财产的收集数额从之前的 38% 扩大到 70%，增加的回收资金有利于实现债权人的债权利益。破产法庭建立让破产审判权行使更加专业，有效维护了债权人的利益，保障了正常的商业信贷活动，有利于营造稳定、公平、良好的经商环境。[②] 破产审判机构建设有助于营商环境指标中企业开办、合同履行、保护中小投资者、破产办理等指标的完善，而不仅限于破产办理这一项指标的完善。[③]

---

① 李帅：《论我国破产司法能力的优化——以中日营商环境破产指标的对比为视角》，载《中国应用法学》2018 年第 5 期。

② 参见袁跃华：《近代英国专业破产法庭的建立》，载《历史教学（下半月刊）》2020 年第 11 期。

③ 参见李曙光：《破产法庭设立的意义及其使命》，载微信公众号“破产法快讯”2020 年 8 月 20 日，https://mp.weixin.qq.com/s/oG9rM27hmEDzRSeygMoJ_A。

2. 推动产业升级

波斯纳对科斯定理的其中一个推论是：在即使尽了最大努力而市场交易成本仍旧很高的领域，法律应当将产权配置给对它来说价值最大的使用者，来模拟市场对于资源的支配。[①] 破产法可构建一种对企业债务清理的司法框架，来及时处理在经济运行中“生锈的零件”，直接清除没有存续价值的低效资源，而对能够继续为资源配置提供能量的企业予以挽救。破产审判权运行过程中，破产法官与破产管理人、债权人、债务人、行政机关配合，实现国家权力与社会权力、个人权利的制约和协同，实现破产法对生产资源的最优配置效果。

通过加强破产审判，推动健全便利、高效、有序的市场主体退出制度，已经成为深化供给侧结构性改革的关键举措。[②] 中国的市场化破产改革，是国民经济在供给侧存在结构性问题的背景下提出的，其主要目标是清理“僵尸企业”[③]，因此破产审判工作的目标是把产能落后的“僵尸企业”挤占浪费的资源盘活和高效利用，为新旧动能转换做好甄别过滤和优胜劣汰工作。[④] 供给侧结构性改革的要义是淘汰过剩产能，发展更高层次上的平衡，从而使经济进入更高质量、更有效率的境界。[⑤]“僵尸企业”长期占用着大量的人力、资金、原材料和土地等优势资源，导致生产要素配置扭曲；在已经不能产生经济效益的情况下，企业长期处于僵持、待定和中和状态，无法实现社会资源流转和增值；依靠地方政府和金融机构的贷款持续消耗社会财富，加重地方政府债务负担，造成产能过剩、资源浪费，影响市场经济赖以生存的公平竞争基石，很多优秀企业因此无法得到应有的市场份额和发展空间。法官通过

---

① 参见［美］理查德·A. 波斯纳：《法律理论的前沿》，武欣、凌斌译，中国政法大学出版社 2003 年版，第 6 页。

② 参见 2021 年《最高人民法院工作报告》。

③ “僵尸企业”是指连年亏损、资不抵债，主要靠政府补贴和银行续贷维持经营的企业。

④ 参见孙永一、李毅斌：《新旧动能转换背景下破产审判工作的改进路径》，载《山东法官培训学院学报》2019 年第 3 期。

⑤ 参见聂晶、方资：《供给侧改革背景下破产审判存在的问题及对策研究》，载《河北法学》2018 年第 2 期。

破产清算程序，依法对破产财产进行处置和分配，清理完毕“僵尸企业”的债务之后，企业退出市场，直接实现去产能的目标。北京市第一中级人民法院 2007 ~ 2016 年 10 年间受理的破产案件从行业类型来看，主要集中在服务业、批发与零售业、制造业，分别占比 32%、26% 和 14%；在经济转型过程中，传统行业无法及时调整自身发展战略，处于产业链低端；技术落后的企业在经济高速发展过程中被淘汰，因为缺乏新技术和新的经营模式，逐渐丧失竞争力。① 通过破产程序处置此类企业，该清算的清算、该破产的破产、该退出的退出，不仅是健全优胜劣汰的市场机制，能有效防控社会风险，净化其他市场主体的营商环境，还可以在很大程度上推动供给侧结构性改革的落实。②

新旧动能转换与破产审判权运行具有内在关联性。新旧动能转换要求提高资源利用效率，优化市场要素配置。破产审判权行使能够积极响应新旧动能转换的上述要求，发挥完善优胜劣汰的竞争机制、调整经济产业结构、优化社会资源配置使用等作用，有助于新旧动能转换顺利进行。③ 例如，破产重整程序在维护债权人利益、稳定就业、保护投资者利益、降低各方协商成本等方面均具有相对优势。新旧动能转换过程中，非金融企业杠杆率较高，存在诸多金融风险，包括商业银行不良贷款、影子银行风险严峻、地方政府债务危机、民企融资困难等问题，破产法官需要加强多方沟通，鼓励金融机构与债务人协商减息优化重整方案，或者以债转股手段实现去杠杆目标。

破产审判权行使能通过法治化手段清理债务人财产、挽救债务人，实现社会整体利益的制度价值。司法资源作为一种公共资源，其有限性是资源配置的必然结果，也是审判权作为国家权力的特点之一。中国针对破产审判权运行状况，创新构建了“执转破”机制；没有财产

---

① 参见郑伟华：《从破产审判实践看人民法院如何更好服务首都供给侧结构性改革》，“新时代破产审判的司法进路”京津冀法院破产审判研讨会会议论文，2018 年 7 月于北京。

② 参见倪寿明：《用好破产审判中的“司法康复”政策》，载《人民司法》2020 年第 22 期。

③ 参见王欣新：《论破产法在市场资源配置中的重要作用》，载《中共杭州市委党校学报》2014 年第 6 期。

可供执行的企业通过执行程序与破产程序的衔接机制进入破产程序后，法院能够将有限的司法资源集中到有可供执行财产的案件上。在这一过程中，破产法官要加强不同法院之间、同一个法院不同部门之间的沟通和协作；法院执行部门发现企业存在破产原因后，破产法官要运用“识别机制”明确是否可以由执行程序转入破产程序；进入破产程序后，大胆适用“繁简分流”机制，对债权债务关系简单和“三无企业”简化审理，提高破产审判效率，加速“僵尸企业”出清。法官积极行使破产审判权，探索符合中国国情的审判权运行机制，依法促进市场主体再生或有序退出，优化社会资源配置、完善优胜劣汰机制的独特功能，是人民法院保障供给侧结构性改革、化解过剩产能的重要途径。[①] 在山东省莱州庚辰球墨铸铁有限公司的破产重整案中，地方法院发挥司法职能，助推新旧动能转换，对当地唯一的大型铸铁企业完成了转型升级，拯救了企业主体资格，重整后的庚辰球墨公司生产线转型升级、项目能耗大幅降低、产品竞争力增强，社会资源得到优化配置。

（三）社会公益维护功能

破产法兼具对私权本位理念与社会整体利益的平衡，其立法宗旨经历了债权人本位——债权人与债务人的利益平衡本位——社会利益本位的变化过程，[②] 而现代民商事审判除了解决纠纷之外，还兼有保护公共利益、形成社会公共政策的任务，[③] 这一特点在中国破产审判权的功能发挥中也没有例外。破产审判中的债权债务关系清理只是整个债务重组体系中的一部分，在市场经济更为成熟的国家和地区，司法语境下的破产案件在社会整体债务重组案件中占比很小。法庭外债务重组完全是通过债权人与债务人的协商和谈判，以时间换利益，来实现双方各自可接受的最大化利益实现，其中包含着双方的利益博弈与妥协。在中国破产

---

① 参见程鹏举、兰天飞：《探索破产案件办理的困难与路径》，载《法制与社会》2020年第34期。

② 参见王欣新主编：《破产法学》（第2版），中国人民大学出版社2008年版，第12页。

③ 参见孙永军：《非讼法理在诉讼程序中的适用》，东南大学出版社2018年版，第38页。

审判中，破产案件的开始采取“当事人申请主义”，排除国家干预，即使是“执转破”机制也需要征得当事人的同意和配合，并非只要符合法定条件法院即可依职权启动。破产审判权作为国家公权力介入本可以通过市场经济规律和各方当事人行使意思自治权解决的债务清理，就是为了实现各方利益平衡，保证社会公共利益的最大化。

破产审判权行使是为了实现破产法的价值，执行破产政策。破产制度从罗马法时期以惩罚债务人、保护债权人为目的，到后来保护“诚实而不幸”的债务人，需要处理的利益类型更加多元。破产程序的利益涉众性，产生了破产法的私法公法化特征，例如，在审理房地产企业破产案件时，破产法官不仅要考虑银行等金融机构债权人的权益保障，破产审判权力还要向职工债权人、购房人等特殊群体的权益保护倾斜，这样才能真正化解矛盾纠纷，稳定社会秩序。破产审判权行使在保障债权人公平受偿之外，还要将债务人企业经营和存续的可能与价值衡量加入审判行使过程中，既要考虑经济绿色高效的可持续发展，又要维持社会秩序稳定，社会公共利益维护功能的实现成为当代破产审判权行使的任务之一。放眼经济全球化背景下的破产案件审理情况，跨境破产案件的处理也是考验破产法官的重要指标，此时破产法官需要具有更高的站位、更加长远的眼光来行使破产审判权，而不能仅局限于本国的、短期的利益得失。这是一种“理性利己主义”① 思维在破产审判权行使过程的应用，而“狭隘利己主义”② 会增加每个成员为了保护自身利益而付出的成本，又会因相互冲突而都遭受损失，降低了效率。③

通过行使审判权维护公共利益更直接。破产重整制度产生于美国的破产法官和破产执业者，债权人尤其是有担保权的债权人对于企业继续

---

① 理性利己主义强调各方共同合作，互利共赢，追求长期利益的最大化，从长远来看共同合作对每个参与者都是有利的。

② 狭隘利己主义（narrow minded egoism）追求短期利益，时刻紧抓能使自身利益最大化的机会，但从长远来看，会因树敌过多而遭受更大的损失。

③ 参见魏铭声、邱腾：《“一带一路”语境下中国应采纳〈跨境破产示范法〉之理由与风险应对》，载微信公众号“中国破产法论坛”2021 年 3 月 16 日，https://mp.weixin.qq.com/s/XptzVDoImIZMLOTyguzlOQ。

经营的风险的担忧，促使破产法官在审理铁路企业破产时，借鉴改良了衡平法的接管程序。从司法制度上来说，能够实现破产重整这种脱离立法的制度创新，一方面是因为作为普通法系国家的美国赋予了法官造法权，另一方面是在缺乏必要规则指引的情况下，对于与破产企业利益有关的各方当事人来说，破产审判权行使相比立法更具制度优势。[①] 破产法官基于社会公共利益的考虑，在违背部分债权人意愿的情况下，强制性地批准认可重整计划，从而强制性地开始重整程序。[②] 为了使强制性批准具有正当性，法官在强制批准时需要遵循公平补偿原则。破产法官对于没有获得债权人会议二次表决通过，但是符合法定标准和具备经营可能性的破产重整计划草案，行使强制批准权，不仅是发挥司法能动性，也是为了将利益存在矛盾的债权人“钳制”作用降到最低，以此保障破产程序的效率价值，保护各方当事人的利益和社会公益。

（四）债权债务清理功能

破产法的核心是概括的债务整理机制（collective creditors' remedy），能够促进效率及分配正义。债务清偿是经济流转和市场信用的保障，破产审判权的行使是破产企业最重要的退出市场机制之一，可以消除无力支付状态下的企业债务的恶性膨胀，[③] 促使债权债务关系及时处理，维护社会经济秩序的稳定。[④]

破产制度的宗旨是保证债权人公平清偿和保障债权债务人的正当法律权利，要解决的主要矛盾是多数债权人之间因债务人财产有限性而产生的主体间的利益冲突。[⑤] 破产审判的第一步工作，是破产法官审核破产管理人提交的债务人资产状况评估报告，了解债务人企业的资产状

---

① 参见［美］小戴维·A. 斯基尔：《债务的世界：美国破产法史》，赵炳昊译，中国法制出版社2010年版，第74页。

② 参见刘文宇：《破产重整制度中各方主体的角色定位》，载《行政与法》2005年第12期。

③ 参见陈胜蓝：《商事审判与中国经济发展》，北京大学出版社2014年版，第108页。

④ 参见安建、吴高盛主编：《企业破产法实用教程》，中国法制出版社2006年版，第2～4页。

⑤ 参见沈志先主编：《破产案件审理实务》，法律出版社2013年版，导论第3页。

况；而后破产法官需要审核债权人会议通过的债权表，充分了解债务人财产的实际担保情况。这都是之后进行债权分配的基础性工作，体现了发挥审判权在法治化债权债务清理中的作用。

破产程序的启动是对债权债务关系的彻底清理。如果大量资不抵债的企业无法被清理，债权债务关系无法得到妥善解决，会加剧社会矛盾，影响市场经济的平稳高效运行。利用破产清算程序，对资产已经明显不足以清偿债务或者明显失去清偿能力的企业，进行负债全面清理，公平地补偿债权人和职工，使已经被市场淘汰的企业尽快退市，避免损失扩大和新债务增加，从而实现资源高效运转。重整程序或和解程序结束后，企业重新入市运营，债权人以企业持续经营的获利来实现不同程度的清偿，免除部分债务。深圳市中级人民法院的数据显示，2007 年至 2016 年审结的破产案件中，清理破产债务 20, 849 笔 977. 6 亿元，清偿破产债权 266. 6 亿元，其中职工债权 1. 85 亿元，税款债权 4. 19 亿元，金融债权 54. 3 亿元。① 美国《1898 年破产法》颁布后，在债权债务清理上发挥了重要作用：1900 年美国全国法院接收了 2 万件破产案件，结案 19, 540 件，清理了 2. 65 亿美元的债务和价值 3300 万美元的资产，而同年民事案件只有 10, 628 件，涉及的财产金额为 1. 66 亿美元；而俄亥俄州北区法院，1900 年共接收 428 件破产案件，审结 486 件，处理债务 613 万美元、资产 65. 3 万美元，同年该区新收民事案件 195 件，涉及财产金额为 15. 9 万美元。1910 年，全美地区法院和巡回法院的破产案件数量与民事案件数量分别为 18, 053 件和 10, 618 件，其中当年审结破产案件 15, 645 件，清理债务 2. 25 亿美元、资产 3800 万美元，而民事案件的财产金额为 9100 万美元；俄亥俄州北区法院，新收破产案件和民事案件数分别为 511 件和 294 件，其中当年审结破产案件 561 件，清理债务 830 万美元、资产 102. 5 万美元，民事案件财产金额为 190 万美元。②

---

① 参见龙光伟主编：《深圳破产审判年刊 2017》，人民法院出版社 2017 年版，第 5 页。

② See M. Susan Murnane, *Bankruptcy in An Industry Society A history of the Bankruptcy Court for the Northern District of Ohio*, University of Akron Press, 2015, p. 62 - 64.

（五）对债权人保护功能

从罗马法的债务执行到现代破产审判权运行，保障债权人的权益都是破产法的首要目标。破产法为债权人提供了一个有法定清偿顺序的司法程序，来固定、清算、分配债务人财产。通过破产法适用保护债权人的利益，实现债权人公平受偿，这一目标追求在全球破产法的发展过程中是一致的。债权人是破产审判的主要参与者，破产审判权运行的核心是破产债权集体清偿和破产财产公平分配，本质上是为了实现债权人利益的最大化。

1. 债权人保护的公平理念

破产审判对债权债务的公平清理与民事审判中公平保护双方当事人的理念在外观上具有一致性，但是实际内涵有所区别：在清理债权债务的过程中，破产审判强调的是对债权人整体权利的保护，当然这种保护需要通过对每一个债权人个体的保护来实现；破产审判中对不同性质的债权进行分类和排序，从而实现对同一顺位的债权人的平等保护。破产和解在执行过程中更为常见，中止执行转入破产程序，进而对企业开展救治并促使其康复，为陷入破产困境的企业创造一个先活下来的机会。在和解程序中，主要靠债权人让步，比如减免债务数额及延缓债务履行期限，使债务人摆脱经济困难、避免破产，从而维护正常交易秩序，兼顾债权人与债务人双方利益。① 随着破产法从清算性破产制度转为再生性破产制度，破产和解和破产重整程序广泛应用，实际上是牺牲一部分债权人的受偿的利益，为企业再生赢得空间。

2. 债权人保护中的利益平衡

破产审判权需要保障重整程序中债权人和债务人的利益平衡。重整被看作“亲债务人”的制度，从经济学角度讲，重整制度天然具有外部性②特点，外部性有正有负，在债务人企业获得拯救机会，社会得到

---

① 参见倪寿明：《用好破产审判中的“司法康复”政策》，载《人民司法》2020 年第 22 期。

② 外部性可以简单定义为一人的行为对其他人造成的影响。参见熊秉元：《正义的成本：当法律遇上经济学》，东方出版社 2014 年版，第 157 页。

企业营运价值的同时，是将不能得到清偿和企业经营失败的风险向债权人转嫁。但是，风险背后也意味着利益，企业通过持续经营，可能有能力给债权人带来更多好处，甚至可以超越时间限制，将其未来的利润分配给债权人，而不只是清算财产，从清算程序中向债权人进行支付。[①]能够上升到需要依靠法律来处理的问题，往往是外部性较大的问题，因此在企业破产重整程序的审理过程中，破产法官要明确债权人以让步和牺牲为代价所要实现的破产财产最大化的目标，以及获得最大化清偿的要求。[②] 所以，要通过破产审判权行使实现债权人与债务人、债权人与出资人（股东）以及债权人与重组方（新投资人）之间利益平衡。

美国破产审判中的“充分保护”（adequate protection）针对担保债权人，债务人均应为担保债权人在财产上的权益提供充分保护。《联邦破产法典》第 361 条中对“充分保护”没有进行明确界定，法院一般会将其解释为经管债务人由于其在第 11 章案件中对担保财产的适用所导致的担保债权人之权益价值的贬值或减损，而向担保债权人提供的补偿。而这种保护的范围则取决于法院对担保债权人在债务人财产利益上的权益“价值”之判断。[③]

为保护担保债权人在债务人财产上的权益，充分保护其所要求的数额，应当根据其担保财产的“担保拍卖价”予以判断。这是因为如果按照清算价值进行估值，则有利于对债务人财产的处置和利用，但是债权人获得清偿的数额会降低；而如果按照运营价值估值，可以为债权人提供更多保护，但是会减少债务人的融资和重整选择。在法院允许债务人通过证明财产上存在足量的剩余权益缓冲（equity cushion）来提供充

① 参见［美］娜塔莉·马丁：《历史与文化在破产和破产制度发展中的作用：法律移植的危险》，谢琳、陈夏红译，载陈夏红主编：《中国破产法·中国破产法的现代化：从〈大清破产律〉到〈企业破产法〉（1906—2006）》，中国大百科全书出版社 2018 年版，第 377 页。

② 《山东法院通报 2020 年受理破产案件情况并发布 10 起典型案例》指出：全省法院严格按照破产法规定，通过优化破产财产处置方式，降低破产财产处置成本，确保破产财产回收率稳步提高，不断提高债权人债权回收的获得感、满意感。参见 http：//ytzy. sdcourt. gov. cn/ytlzfy/390100/390078/6831623/index. html。

③ 参见美国破产法协会：《美国破产重整制度改革调研报告》，何欢、韩长印译，中国政法大学出版社 2016 年版，第 79 页。

分保护时，担保债权人还可以获得额外保障，所以法院在充分保护的裁定中规定，如果经管债务人重整失败，或法院之后发现支持解除对担保财产的自动冻结的事由，则经管债务人或破产管理人必须根据第 363 条对担保财产实施出售，除非担保债权人有其他选择。当然，法院可以对担保债权人为恶意激活这种保障而进行的阻碍重整进程的行为进行监督。

债权人获得清偿的利益与债务人利益保护的矛盾，实际上以破产法社会公益维护和破产审判权行使具有公益性为基础，通过行使破产审判权，以法治化的调整手段实现经社会利益最大化。这也要求在破产审判的其他环节注重程序正义，充分尊重债权人意思自治，不能虚置债权人会议，破产法官应当认真履行监督职责，调动债权人参与破产案件审理的积极性，保证债权人会议召开和事项表决程序合法。

3. 保障债权人意思自治

破产审判权需要保障债权人的意思自治。破产程序中的许多重大问题应当由债权人会议以法定形式决定，法院只充当权益争议的裁判者角色。债权的核查、和解协议、重整计划的通过、债务人财产的管理方案的通过、破产财产的分配方案的通过等，均应由债权人会议决定。管理人在清理债务人债权债务中涉及债权人利益事项的处理，应当首先征得债权人会议的同意，而不是先请示法院。在破产重整程序中，法院行使审判权，管理人行使清理债权债务的权利，而债权人会议则行使监督权，监督管理人依法履行职责。只有法院、管理人、债权人会议各司其职、各负其责，才能在破产重整程序中真正实现私法自治。

4. 保障债权人公平受偿

破产审判中债权人的公平受偿，既要求每一个债权人都能依法获得最大化清偿，又要求通过行使破产审判权保障全体债权人的利益。法院在执行程序与破产程序的衔接中，可能存在时间差而导致债务人在进入破产程序后，执行法院依然通过执行程序对个别债权人进行清偿；因为法院在裁定受理债务人破产之前，债务人的其他诉讼或者执行案件还在进行，而执行法院并不知晓债务人已进入破产程序，于是出现对债务人银行账户、名下房产等财产进行执行的现象。根据《企业破产法》第19条和相关司法解释规定，对于债务人的执行程序应当中止，经执行程序清偿债权人的行为，应当由采取执行措施的相关单位依法予以纠正。而对于在破产前已经划入法院执行账户的执行款，最高人民法院（2017）最高法民他72号答复函[①]规定：人民法院裁定受理破产申请时已经扣划到执行法院账户但尚未支付给申请人执行的款项，仍属于债务人财产；人民法院裁定受理破产申请后，执行法院应当中止对该财产的执行。执行分配行为均发生于受理破产后，因此，管理人可依据《民事诉讼法》第236条[②]向执行法院提起执行异议，要求撤销原执行分配行为。上述批复是因为在破产审判中，法官依据当时的法律和实践情况进行体系化解释和分析后认为：个别债权人和全体债权人利益冲突的衡量，应该向全体债权人倾斜，以有利于矛盾纠纷的化解。[③] 债务人企业的破产申请一经受理，裁定书即日生效，只要债务人企业进入了破产程序，破产审判权对所有的债权人均有效力，不需要以送达或者公告为生效要件。而破产管理人从选任、接管、核查债务人财产到提起执行异议需要很长时间，破产管理人提出执行异议时已经很难中止执行法院的分配行为，难以保证全体债权人对破产财产的利益最大化。

破产审判权是法官依照破产法和其他相关法律的要求，主导对破产财产的概括清偿程序，这一程序以全体债权人创造公平受偿的条件和机

---

① 最高人民法院《关于对重庆高院〈关于破产申请受理前已经划扣到执行法院账户尚未支付给申请执行人的款项是否属于债务人财产及执行法院收到破产管理人中止执行告知函后应否中止执行问题的请示〉的答复函》规定："人民法院裁定受理破产申请时已经扣划到执行法院账户但尚未支付给申请人执行的款项，仍属于债务人财产，人民法院裁定受理破产申请后，执行法院应当中止对该财产的执行。"

② 《民事诉讼法》第236条规定："当事人、利害关系人认为执行行为违反法律规定的，可以向负责执行的人民法院提出书面异议。当事人、利害关系人提出书面异议的，人民法院应当自收到书面异议之日起十五日内审查，理由成立的，裁定撤销或者改正；理由不成立的，裁定驳回。当事人、利害关系人对裁定不服的，可以自裁定送达之日起十日内向上一级人民法院申请复议。"

③ 参见余翔宇：《浅析破产程序中优先保护全体债权人利益的原则——以三起执行异议案件为例》，载微信公众号"破产法实务"2021年4月8日，https://mp.weixin.qq.com/s/wyuYmKWgvEOBQYddMB5mlg。

会为价值目标，于是在执行程序与破产程序出现冲突时，应当以破产程序优先为原则。企业一旦进入破产审判，在破产案件受理前的诉讼程序、执行程序与债务人的清偿行为一样，都属于个别清偿，需要考虑的司法稳定性。而破产法采用客观标准，绝对摒弃个别清偿行为，是为了维护全体债权人的利益；如果在破产程序开始后仍旧允许个别清偿的进行，必然影响其他债权人的受偿，与债权公平受偿的基本理念相违背。[①] 由于破产法的立法理念和原则有自身特殊性，所以一旦破产管理人行使破产撤销权对之前的诉讼和执行行为提起诉讼，其他案件的审判权中止行使，案件所涉及的标的统一归于破产审判权行使内容之下，在最大程度上优先维护了全体债权人的利益。

（六）对债务人拯救功能

有的国家将企业破产法称为“企业更生法”，就是强调制度设计的本意，因此在破产和解和破产重整程序中，破产审判权行使不是为企业“破产”，而是为企业“重生”。[②]

1. 拯救源于风险社会化

在发达现代性理论中，财富的社会化生产与风险的社会化生产系统相伴，社会财富分配逻辑开始向发达现代性风险分配逻辑转变。[③] 我们面对着的是一个风险无处不在的社会环境，企业经营的每一个环节每天都在面对风险。风险虽然不是现代化的发明，但是过去的“风险”背后有勇气和探险精神的意味，而现代社会的“风险”往往意味着失败和终结。“风险可以被定义为以系统的方式应对由现代化自身引发的危险与不安。”[④] 企业生产经营的任何一个环节遭遇风险，无论是内部风

---

① 参见余翔宇：《浅析破产程序中优先保护全体债权人利益的原则——以三起执行异议案件为例》，载微信公众号“破产法实务”2021 年 4 月 8 日，https://mp. weixin. qq. com/s/wyuYrnKWgvEOBQYddMB5mlg。

② 参见倪寿明：《用好破产审判中的“司法康复”政策》，载《人民司法》2020 年第 22 期。

③ 参见［德］乌尔里希·贝克：《风险社会：新的现代性之路》，张文杰、何博闻译，译林出版社 2018 年版，第 3 页。

④ ［德］乌尔里希·贝克：《风险社会：新的现代性之路》，张文杰、何博闻译，译林出版社 2018 年版，第 7 页。

险还是外部风险，都有可能导致整个企业系统的内部功能紊乱，无法正常经营，从而陷入财务困难。风险导致的损害结果是不可逆的，一般也不可见。对于没有抵抗住风险袭扰的企业来说，由于驱动企业的核心环节失灵，市场竞争力会下降，供应链条接续困难，最终会表现为资不抵债，对所负债务丧失清偿能力等，由此破产原因出现。因为风险分配伴随着社会财富和资源的配备，市场经济环境中，商主体的逐利性势必造成风险环绕的局面，因此企业出现破产原因是一种自然现象。

早期的破产法带有鲜明的惩戒性。破产法的惩罚性模式是一方面因为过去的"风险"与现代性风险有较大的区别；另一方面，过去商主体体量小，债务数额较小，破产所波及的范围不大。然而，随着经济全球化的发展，跨国企业遍地开花，各国为了提升自身国力和综合竞争力，也都鼓励本国大型集团和龙头企业的发展。因此，企业破产立法开始注重公司的拯救而非简单的清算退出，企业拯救文化开始在各个国家兴起。

2. 重整制度

从经济学观点来看，当企业具备偿债能力并且重组后的价值大于清算价值时，企业应当继续经营。破产重整就是对已经处于破产边缘，但仍然存在维持的价值和再生希望的企业，给予其重新开始的机会的制度。因为复杂的经济环境和风险因素，部分企业遇到一次性或周期性冲击时会陷入困境，而当形势扭转之后，这些企业仍能恢复活力。经由各方利害关系人的申请，破产法官行使破产审判权主持重整程序，进行业务上的重组和债务调整，以帮助债务人摆脱财务困境、恢复营业能力。

重整制度最早在英国确立。英国《1986 年破产法》（Insolvency Act 1986）修改时吸收了科克构建一个全新的公司破产机制——管理程序（administration）的意见，其重要目标为拯救陷入财务困境的公司。法院任命专业的破产从业人员取代企业的管理层负责公司的运营，以拯救公司的营运价值。[①] 对世界影响最大的是美国《联邦破产法典》第 11

① 参见徐阳光、武诗敏：《企业拯救文化与破产法律制度的发展——基于英国破产制度最新变革的分析》，载《山西大学学报（哲学社会科学版）》2021 年第 1 期。

章构建的重整制度，该制度起源于衡平法的财产接管。最初美国铁路公司面临财务困难，避免清算需要将公司出售给债权人，而铁路公司的可变现财产是铁轨和枕木，当时衡平法的管理人制度无法帮助企业脱离困境，所以由国会颁布法令规定铁路公司重整。而后，美国 1938 年通过“钱德勒法案”正式确立了企业重整制度。重整制度将债务清偿与企业拯救两个目标统一起来，可以通过债务关系调整消除破产原因，避免企业破产，同时将债权人的权利实现建立在债务人企业复兴的基础上；虽然使企业以经营所得偿债的目标是使债权人得到更多清偿，但是这样至少保留了企业营运价值。

3. 债务人利益保护

破产审判中对债务人利益的保护是私法上私权平等的要求，在保护债权人的同时，必然要对债务人利益予以保护。[①] 破产法官在清算程序中的重点是为债权人的利益清算资产，并将债务人资产变现所得在债权人之间公平分配。因此，在清算程序中破产审判权要实现的目标在于“分配”而非实现资产价值。但是，对于一些优质但限于经营困难的公司来说，其营运价值大大超出将其零散变现所能获得的价值，比如美国重整制度的开端，对铁路公司的衡平接管就是因为铁轨、枕木的实际价值不值一提，铁路建成后营运通行才能发挥其最大价值。通过破产审判去保障债务人企业的营运价值，是借助司法手段实现破产法对可为“经济作出有益贡献的具有存续可能的企业”的保护，因为单纯的清算程序会使内在于债务人资产中的组合成本和无形资产价值消失殆尽。通过重整程序，对有挽救价值的企业进行资本注入，扩大企业有价值的部分，产生新的收益；而对其失去存在价值的部分予以清理，使企业焕发生机。

破产案件审理机制的特殊性，决定了破产审判权运行具有自身特点。经济发展情势变化，司法制度存在差异，使得不同时期、不同法域的破产审判权的内涵和外延各有不同。为了挖掘破产审判权特殊性，构

---

① 参见邹海林、周泽新：《破产法学的新发展》，中国社会科学出版社 2013 年版，第 22 页。

建破产审判权运行的基本理论，需要将各国破产审判权的差异进行归纳，形成破产审判权区别于民事审判权的特殊属性，明确破产审判权运行对经济调整的特殊作用，从而在规范破产审判权运行各个主体地位和关系的过程中，尽可能明晰职权划分，实现利益平衡。

小结

破产案件特殊的审理机制构成了破产审判场域的特殊性，因此在商事审判独立于民事审判的基础上，破产审判进一步从商事审判中分离。而破产审判权伴随破产法的发展从形成到不断革新演进，其运行中法律基础与经济基础二者缺一不可。这种形成并运行于破产审判场域的破产审判权，也因此具有自身特殊的内涵和外延。破产审判权是法院审查受理破产案件，对实体问题与程序问题依法进行确认控制和裁量，最终给出裁定或决定，以及对破产衍生案件进行裁判的综合性权力。

通过与相近概念的辨析和总结归纳，可以将破产审判权概括如下：首先，破产审判权作为审判权在破产案件中的表现形式，具有审判权的一般特征，是一种认定事实、适用法律、进行程序控制的司法权；其次，破产审判权是与破产案件审理相关的一系列由法院和法官行使的司法权的统称，既针对破产案件，也包括破产衍生案件；最后，破产审判权是一种兼具包容性和能动性的司法权，根据经济发展需要其权力内容不断调整和丰富。

破产审判权基本内涵和外延的特殊性决定了其属性的特殊性。除司法权的一般属性外，对破产审判权的理解要建立在其社会属性与商业属性上。法官与其他参与主体在破产审判这一场域中各自职权的动态变化，体现出了破产审判权的谦抑性。在破产审判权运行过程中，司法谦抑论和能动论兼而有之，前者强调破产审判权本体论意义的属性，而后者则强调其实际在司法实践中体现出的方法论意义上的属性。[①] 因此，

① 参见江国华：《走向能动的司法——审判权本质再审视》，载《当代法学》2012 年第 3 期。

要很好地理解和处理破产审判权有限属性与扩展属性的辩证关系，从而优化破产审判权运行状态，提升社会资源再配置的效率，促进经济稳定高效发展。

经济发展赋予了破产审判权新的功能，而破产程序良性运行又能反哺经济高质量发展。要充分理解破产审判权在经济社会治理中发挥的特殊作用与功能，无论是经济调整还是拯救债务人、维护社会公共利益，都是伴随经济发展与社会观念的转变赋予破产制度和破产审判权的新任务，与此同时，债权人保护始终是破产审判权运行需要实现的关键目标。因此，破产审判权具有实施法律这一功能学和司法权定分止争的法理学功能，其背后的经济学功能决定了其功能的特殊性。

破产审判权本身是一种稀缺资源，破产审判权运行所带来的巨大社会收益使其具有租值。这一经济理论对破产审判权的解读既说明了破产审判权运行与经济发展之间的紧密联系，也为改善中国破产审判权运行现状提供了思路：为了提高破产案件审理的效率，优化破产案件审理的法律效果和社会效果，从破产审判权运行的角度着手，需要从破产审判权的主体、权能和保障措施等方面进行改革。

第四章　破产审判权运行的参与主体

从经济学视角来看，权力是重要的法律资源，能够给人带来实际利益，合理的权力安排会降低交易费用，提高效率。[①] 因此，为了提升破产审判权运行质效，需要明确破产审判权的归属，即所有者、使用者、受益者等。与民事审判权一致，破产审判权由宪法和法律赋予人民法院，是针对破产案件和破产衍生案件审理的一种具有综合性的国家审判权力。

法律制度会对法律主体产生不同激励，从而影响法律主体的行为方式和法律主体之间的相互作用，并最终影响社会成本和社会总产品或社会福利。[②] 因此，需要通过制度设计来实现对破产审判权运行中各参与主体的激励与保护，使外部性内部化。权力体现在社会主体之间的相互关系上，这种关系需要以权力主体对其他资源有所掌控为基础进行构建。破产审判权是一种稀缺的司法资源，这是因为破产审判权具有资源掌控力。“能够支配资源是权力的终极价值所在。正是因为能够支配资源，权力本身也就成为一种稀缺资源。”[③] 而破产审判的特殊之处在于，在制度演化过程中，出现了权力让渡和分割。因此，单靠法院无法实现破产审判权高效有序运行的目标，需要国家权力、社会权力和个人权利平衡制约，同时又要发挥各个主体的积极作用，使其互相支撑配合。

民事诉讼的主体包括审判机关、诉讼当事人和诉讼参与人。而破产审判权运行，除了审判机关、包括债权人和债务人在内的当事人，还需要专业的破产执业群体参与破产审判运行。本章从提升破产案件审理质

---

① 参见张文显：《权利与人权》，法律出版社 2011 年版，第 95 页。

② 参见李曙光、王佐发：《中国破产法实施的法律经济分析》，载《政法论坛》2007 年第 1 期。

③ 焦建国：《公共权力运行的经济分析》，载《中国行政管理》2006 年第 1 期。

效的角度，对各方参与主体进行分析，其中法院是破产审判权的行使主体，法官代表法院行使审判权；破产管理人是破产管理权的行使主体，协助和制衡破产审判权运行；当事人行使自治权，制衡和参与破产审判权运行；行政机关行使行政权，配合破产审判权运行。

一、破产法院（法官）

法院既是审判机构，也是审判管理机构，还是从事司法活动的场所或地点。[①] 从经济学视角来看，专业分工和产权界定，是提高生产效率、增加社会财富的制度基础。因为专业化的分工能够在极大程度上提高生产效率，从而降低交易费用与社会财富的比值；而产权的清晰界定则能够在极大程度上避免、消除人与人之间的纷争互耗，从而大大降低制度运行的交易费用。[②] 破产审判权的权属界定，直接影响破产审判权运行质效。基于这种制度选择的理论，首先明确在破产审判中，法院是破产审判权的行使主体。而针对破产案件审理建立专门审判机构，是以机构专门化来实现破产审判专业化。

审判专业化是职业分工决定的。一般来说，制度运行的交易费用与制度绩效之间的比值越小，则该制度被应用于社会实践的可能性越大。所以破产审判机构专门化和法官专业化分工，是为了降低破产审判权运行的制度费用。审判专业化表现为审判主体的专业化、审判过程的程序化和审判依据的依法化。[③] 因此，实现破产审判专业化最直接的方式，就是建立独立、专门的机构，并配备专门从事破产案件相关工作的人员，以破产审判机构专门化提升审判人员专业水平，以此提升破产案件审理质效。当前，中国破产审判专业化改革争论的焦点在于，是否有必要建立专门的破产法院。专门法院是依照法律规定对某类案件进行专门管辖的法院。一般来说，除了为案件审理设置特别的程序和机制之外，

---

① 参见张卫平：《民事诉讼法》（第4版），法律出版社2016年版，第71页。

② 参见黄永锋：《审判权的制度经济学分析》，吉林大学2020年博士学位论文，第20页。

③ 参见张泽涛：《司法权专业化研究》，法律出版社2009年版，第44~58页。

设置专门法院是保证审判效率的重点。世界范围内的破产审判机构设置模式多样，而且不断变化，以适应破产审判权运行在提升资源配置效率、当事人权益公平保障方面的要求。因此，要改善中国破产审判运行不畅的现状，需要从审判组织、人员到案件审理各个环节综合发力，首先构建独立、专门的破产审判机构。

（一）破产审判机构专门化

公共事务越多越复杂，社会财富规模越大，专业化分工的制度组织才能发挥其长处，不断提高制度绩效，从而使得制度绩效的提升幅度远超制度运行费用的增长幅度，最终降低交易费用与制度绩效的比值。① 中国破产审判从无到有的过程，是经济高速发展了几十年，积累了一定社会财富后，转而进入高质量发展阶段；伴随经济转型和司法制度改革，近5年破产案件大幅增加，司法实践对破产领域专业化分工的需求更加迫切。

破产审判机构的专门化与破产法官专业化审理关系密切。建立破产法院与法律专业化和职业化的变化是互相影响的：不断增加的城市要求成立新型的法院，特别是那些精通商业法律的法院，新型的争议以及律师如法官般的介入，导致不同类型法院的出现；② 而如破产法院、知识产权法院的出现和设立，也要求更加专业的破产法官和更有针对性的司法管理体制改革。如果不对破产审判组织和人员进行必要区分，对破产案件采用与普通民商事案件相同的态度审理，就会阻碍顺利公正地进行破产程序，如日本法官一般会优先诉讼案件而造成破产案件审理迟延或交由破产管理人处理。③ 因此，为了优化法官考核以提升破产法官职业认同感和工作积极性，形成破产审判思维以提高破产法官专业能力，中

---

① 参见黄永锋：《审判权的制度经济学分析》，吉林大学2020年博士学位论文，第59页。

② 参见《法院与社区合作机制指南》，载怀效锋主编：《法院与法官》，法律出版社2006年版。

③ 参见［日］山本和彦：《日本倒产处理法入门》，金春等译，法律出版社2016年版，第54页。

国已经在全国形成了“破产法庭+清算与破产审判庭”的破产审判机构设置模式。

中国目前“清算与破产法庭”的设立植根于一直以来的法院分庭传统。从经济审判庭到民二庭，中国破产审判伴随《人民法院组织法》几次修订从无到有。1983年《人民法院组织法》规定基层法院可以设经济庭，中级人民法院根据需要可以设其他审判庭。经济庭在后来的分庭中改为“民事第二审判庭”，也是很多目前设立了清算与破产法庭的法院建立破产审判庭的基础。1990年最高人民法院进行大民事审判格局构造，取消了经济庭的设置。2000年，中国开始实行大民事审判格局，将民庭、经济庭和知识产权庭的名称、职能进行调整整合，破产等商事案件统一由民二庭审理。从1986年的《企业破产法（试行）》到2006年《企业破产法》施行，直至各地成立清算与破产审判庭，中国的破产案件审理机构经历了从经济审判庭到民事第二审判庭的变化，经济发达地区在上述审判庭的基础上设立了破产专业合议庭。

1. 清算与破产审判庭

2016年，最高人民法院要求每个城市在中院级别必须要设置至少一个破产审判的专门庭室，中国进入了破产审判机构专门化改革新阶段。对于清算与破产审判庭①的职责，概括规定为：审理公司强制清算与企业破产案件；负责公司强制清算与企业破产案件审判工作的调研工作；对下级法院公司强制清算与企业破产案件审判工作进行业务指导；负责相关法院之间公司强制清算与企业破产案件的协调工作以及负责破产管理人的管理、培训等相关工作；等等。

中国设立清算与破产审判庭，是在普通法院（中级人民法院或基层法院）内部划分出专门人员，形成破产审判团队。这种模式与日本和德国破产案件由地方法院审理类似，都是为了以相对集中化、专门化、固定化的审判资源配置，提高破产审判权运行的专业化。但在破产案件管

① 清算与破产审判庭，是指在法院内部为审理公司强制清算和企业破产案件而设立的专门审判组织，其职能范围包括：依法受理和审理破产清算、重整及和解案件；加强对破产审判业务的调研和指导，并积极开展破产案件内部协调等工作；依法审理破产衍生诉讼。

辖规则上又有所区别，主要在于中国的清算与破产审判庭没有对破产案件的管辖权进一步区别。德国普通司法管辖区中的初审法院被分为两级，最底层的初审法院是地方法院（Amtsgericht），地方法院除了审理轻度刑事案以及诉讼额相对较低的民事案件外，还有权审理破产案件。[①] 根据德国《支付不能法》第 2 条第 1 款，德国破产案件的管辖权在地方法院，破产法院是地方法院（根据德国《法院组织法》第 22 条，由独任法官负责）的一个法庭，按照职责分配方案，负责破产程序。[②] 这是一种专属管辖，不允许当事人协议决定，但是德国对于破产管理人参与的诉讼，则按一般诉讼案件的审理规则确定管辖权。由于破产案件的非讼属性，一般情况下破产法院进行书面审理，必要时进行听证，破产法院只作决定或裁定，而不作出判决，此类决定或裁定只能通过抗告的方式上诉，对于抗告州法院具有管辖权。[③] 而日本则根据破产案件的类型划分管辖权，将破产案件的审理权限授予相应的地方法院，地方法院采用与普通诉讼并行的方式去审理破产案件，或者至多设立一个集中处理破产案件的部门，只有较大的法院才设有处理破产案件的专业部门，如东京和大阪。日本为债权人人数较多的案件设立了集中管辖，债权人人数在 1000 人以上，统一由东京地方法院或大阪地方法院管辖，并在这两个法院内建立专门的大规模破产案件处理体制。若法院作出破产程序开始决定以后，破产债权人人数达 500 人，则破产申请可以由以下法院受理：对该破产事件享有管辖权的法院所在地所属的高等法院所在地所属的地方法院。[④] 法国的破产案件因其商事属性落入商业

① 参见最高人民法院中国应用法学研究所编、韩苏琳编译：《美英德法四国司法制度概况》，人民法院出版社 2008 年版，第 326 页。

② 参见［德］莱因哈德·波克：《德国破产法导论》（第 6 版），王艳柯译，北京大学出版社 2014 年版，第 20 页。

③ 参见鲁雅清：《设置破产法院的必要性研究》，“新时代破产审判的司法进路”京津冀法院破产审判研讨会会议论文，2018 年 7 月于北京。

④ 参见陈国奇：《日本破产法最新修改》，载《厦门大学法律评论》2005 年第 2 期。（双重修饰：对该破产事件享有管辖权的法院所在地所属，是“高等法院”的定语，“高等法院所在地所属的”是“地方法院”的定语。破产案件在级别上专属地方法院管辖，集中管辖并未改变这一点。）

法庭的管辖范围之内，但是大多数商业法庭只能管辖企业职工少于 50 人且营业额少于 2000 万法郎的破产案件，而其他重要案件则交由少数几个商业法庭审理。

截至 2022 年年初，全国已成立清算与破产审判庭 100 余家，通过在全国范围内设立清算与破产审判庭，中国破产案件受理数量和结案效率有了大幅提升。但是这一改革并不彻底，对破产审判权运行质效提升的效果并不明显，在案件受理、审理和财产处置方面存在诸多问题，并没有在控制制度运行费用增长的同时大幅提升破产审判权运行绩效。

2. 破产法庭

2019 年，中国破产审判机构专门化进一步发展，共有 8 家破产法庭挂牌；截至 2024 年年初，全国已成立 17 家破产法庭，专门审理其管辖权范围内的破产案件。中国的破产法庭隶属于当地的中级人民法院，最高人民法院根据各地实际情况批复的破产法庭管辖模式有两种：第一，以北京和深圳为代表，在全市设立一个统一的破产法庭，对破产案件进行相对的集中管辖；第二，以上海为代表的多机构集中管辖破产案件。上海金融法院和上海铁路运输法院也具有部分破产案件的管辖权，在市级层面拥有 3 个专门的破产审判机构。与国外设立专门审判机构审理破产案件的国家相比，中国的破产法庭在法律地位、权力行使独立性、人员构成专业性上都需要提升。

（1）法律地位有待明晰

法国的商业法庭是根据国家行政法院颁布的法令成立的。该法令将商业法庭的地域管辖限定于一个区域，如果没有设定商业法庭的地区，商务纠纷则由该地区的高级初审法院根据商业诉讼程序法规进行处理。[①] 韩国为了设立专门的破产法院——首尔重整法院，先后修改了《法院组织法》、《关于设立各级法院极其管辖区域的法律》和《债务人重整与破产法》。同时，明确了大法院可以指定特定的重整法院（首尔

---

① 参见最高人民法院中国应用法学研究所编、韩苏琳编译：《美英德法四国司法制度概况》，人民法院出版社 2008 年版，第 409 页。

重整法院以及其他管辖破产案件的一些地方法院）审理破产案件；有权在其内部设置由律师、注册会计师以及银行界人士等具有专业知识的3人以上、15人以内组成的管理委员会，以辅助法官行使对破产管理人等的选任、履职评估、重整计划草案的审查、债权人委员会的构成以及撤销权行使等诸多权限（第15～17条）。中国破产法庭的设立的依据是，在政策指引上，虽然最高人民法院仅对破产法庭的管辖范围进行了批复，但无论是破产法还是与法院组织相关的法律，都还没有针对破产法庭进行专门规制。因此，我国破产法庭与所属法院的关系不够明晰，破产法庭与当地其他法院已经设立的清算与破产审判庭关系也应当理顺，由此来提升破产法庭行使权力的独立性。

（2）独立性有待提升

美国设立的破产法院属于联邦破产法院系统，独立审理破产案件，是联邦权力与州权力制衡、国家权力与个人权利制衡的结果。首先，破产审判要杜绝地方保护。从逻辑上讲，美国的州法院可以作为破产案件中产生的纯粹州法问题的管辖法院，如债权是否有效或财产豁免；但是如果要处理联邦破产法的问题，州法院管辖就会产生宪法层面的争议，存在不公正的隐患。其次，破产审判以专业化来实现破产法中债务处置的效率价值。美国破产法院从设立之初就明确了以审判专业化来发展并发挥利用审判权处理破产核心问题，提升破产财产处置的效率，因为专门的破产法院可以全力专注于繁重的破产案件。美国的破产法院是联邦地区法院的一个组成部分，但又独立于联邦地区法院；设立破产法院是因为一般管辖权法院的案件处理进度太慢，无法有效处理破产这一类具有行政性质的案件。州地区法院对于由破产案件引发或与之有关的案件有原始但是不排他的管辖权。① 最后，破产案件处置的“准司法性”使得破产审判权类似于行政管理权，其运行的主要问题是法院的审判权与当事人权利的分割。根据《1898年破产法》，破产审判权只是地区法院的一项附属职权，基本上以完全行政管理模式处理破产案件。

① 参见《美国法典》第28编第1334节（b）。

中国破产审判庭与美国破产法院，都与地方法院存在一定联系，但是权力行使独立性程度不同。美国 94 个联邦地区法院都设立了破产法院，破产法院是地区法院（district court）的机构，联邦破产法院的原始管辖权被分担到各个州的地区法院。[①] 美国破产法院实现了独立运作，破产法官单独任命、单独考核，破产案件单独审理。美国破产法院从地区法院分立，是因为地区法院的法官受到背后政治和利益集团的影响，任命破产裁判官时存在寻租风险；同时，破产审判机构自身的发展加速了审判权整体合理化运行的进程，破产法院的内在结构实现了转型，从单独的、非正式的、由私人支付费用的机构逐渐转变为现在正式的、国家经费支持的、与国家司法组织紧密结合的机构。美国的破产审判机构改革受到政治因素的影响，与联邦权力和州权力的制衡有关，总体趋势是联邦权力增强。

中国试点建立破产法庭，是为了改善地方法院内部未能将破产案件与一般民商事案件审理权责相区别的问题，以此帮助形成法官群体的专业破产审判思维和优化破产法官激励机制。但是事实上，中国破产法庭与中级人民法院行政上的隶属关系，导致破产法官的选任、考核、轮岗，都要在整个法院内部进行统筹考虑；法院领导办案、审委会讨论、专业法官会议等制度，在一定程度上能督促法官审慎行使破产审判权，但可能会造成非破产审判思维干扰破产案件审理。

（3）人员专业性不强

法国破产审判机构专门化较为特殊，没有设立专门的破产审判机构，但是将破产案件归入商事审判范畴，破产案件由商业法庭管辖。商业法庭是专门法院，有权处理所有商人之间的纠纷以及所有私人之间有关商业交易的纠纷。商业法庭除了受理破产案件，还审理其他商业纠纷，看似与中国民二庭审理包括破产案件在内的商事案件类似；但是，商业法庭的“法官”都是从事商业经营、有着丰富经验的商人。法国通过设立专门的商事法庭，实现了审判人员的高度专业化，这些被选任

① 参见《美国法典》第 28 编第 1334 节（a）。

的法官商业经验丰富，熟悉企业管理、对外融资和商业惯例，弥补了普通法官难以进行准确商业判断而影响破产审判权运行的缺陷。与之相比，中国部分法院专门的破产审判人数少、人员变动较为频繁；法官在破产案件中还需要不断积累经验，深入理解破产制度背后的理念；同时，对于缺少商业管理方面的知识储备的法官来说，在对重整价值、重整计划可行性进行判断时存在一定困难。

正因如此，在中国的司法语境之下，建立独立的破产法院需求更为迫切。建立专门的破产审判机构能够快速推进破产审判人员专业水平的提升。首先，破产审判权地位提升会影响到破产法官在司法系统中的地位，便于在司法改革中实现对破产法官的统一培训、管理和考核的特殊设计，有利于激励破产法官专注于破产案件审理。其次，破产审判权由专门机构行使，能够提升破产法官的职业认同感，进一步明确自身职权，减少机构和部门之间的推诿造成的程序拖延，形成制度对主体的激励，提高破产案件审理效率。

在法院系统之中设立独立的破产法院，其积极影响在于专门的破产法院系统能够满足破产事项特殊性的需要，增强专业性与可预见性。专门的破产法院，能够培养具备专业素养的法官，完善专业化的法院组织，从而提高案件处理结果的预见性，增强当事人利用司法资源的方便性。此外，破产法官能够在处理破产案件时积累足够的经验，在法院系统内部建立一个独立的咨询和联系渠道来共享信息。而建立破产法院最突出的优势是使破产法院能够独立于地方政府来防止行政干预。

同时，与已经成立的专门法院相比，设立破产法院对现有司法制度影响更大，需要配合调整的规则和制度也更多。例如，一个知识产权案件往往只牵涉几个当事人，而大型企业的破产或重组会影响当地的社会稳定。又如，知识产权案件的民事纠纷属性明确，当事人与法院在诉讼中的地位和结构都与一般民事诉讼相同；而破产审判中，不存在对立诉求的当事人，法院与当事人、破产管理人的新型审理关系需要制定专门的审理程序予以规制。因此，如果设立独立的破产法院，除了破产法修订外，还需要在调整《人民法院组织法》《民法典》《民事诉讼法》等方面进行科学论证，协调法院对破产案件的管辖权行使。

（二）破产法官配置与考核

从国家权力划分角度看，破产审判权的行使主体是法院，归结到每一个破产案件中对事实和证据的审查、依法裁量、作出裁断的具体实施人则是破产法官。破产审判机构专门化是为破产审判专业化提供司法场所和环境，破产法官作为法院的代表，对破产案件和衍生案件具体行使破产审判权。

破产制度发展过程中的职业化趋势，导致破产审判的形式化和非大众化，需要专业的法官进行程序控制。中国的破产审判权运行规则尚不够完善，经济社会中的问题复杂多样，破产审判权的裁量性使破产案件的审理结果不仅是对破产法的适用的体现，也是法官个人业务能力和审判技术的体现。而程序性权力的组织方式对法律程序有着某种影响，虽然有时这种特征不够显著，但是“即便是像诉讼程序中的个人角色或者对待官方文件和期限的不同态度，也可能受到权力结构的某种特性影响，比如法官的职业化程度”①。法律是技术理性，法院是技术理性的拥有者，法律是一个职业等级的领地。基于此，法律的技术理性会关注程序的内在价值，这是根据专门的专业思维而构筑的职业逻辑，与道德、经济和政治等观念形成的自然理性的大众逻辑是有区别的。② 在中国司法语境之下，无论设立破产法院、破产审判庭还是合议庭，目的都是以专门的破产审判机构聚集优秀的审判人员，综合每个人的文化背景、知识结构、专业能力、理念观点，形成最大限度的破产审判思维统一。

审判权的运行会产生成本和收益。而破产审判权的价值必须通过权力运行来实现。法官行使破产审判权，对社会资源进行再分配的过程具

---

① ［美］米尔伊安·R. 达玛什卡：《司法和国家权力的多种面孔：比较视野中的法律程序》（修订版），郑戈译，中国政法大学出版社 2015 年版，第 13 页。

② 参见孙笑侠：《司法的特性》，法律出版社 2016 年版，第 274 页。

有很大的外部性。“行使审判权所产生的效果，无论是积极正面的还是消极负面的，绝大多数都不属于审判权使用者的个人收益和成本，而是他人或社会的收益和成本。”① 因此，为了缩减这一社会成本，在破产法官难以实现高度专业化的情况下，提高审判质效更为关键的决定因素是如何科学配置破产审判团队，法官对自身的地位是否有明确认识、其职责范围是否清晰，以及如何进行科学激励。

1. 破产法官配置

中国目前在破产审判人员配置上面对的问题是破产法官人数不足、专业水平还有上升空间，破产审判团队的人员构成需要调整，这就在一定程度上造成了破产审判权运行的制度成本增加。要对破产审判的法官进行科学合理配置，需要正确认识破产法官与普通法官的区别，改善破产法官的法律地位，进行合理的破产案件匹配，规定具体适当的任职资格、职权和责任。

（1）破产法官与普通法官的地位区别

现代意义上的法官地位源自洛克和孟德斯鸠关于权力分立的思想。法国1791年宪法规定：国王和议会不得行使司法权。“法官是司法权的主体，由于价值判断体系的位阶结构和法官的社会角色义务以及司法领域对法官价值判断活动个性化倾向的必要抑制，从而保证了法官的价值判断活动能够成为一种负载司法机关社会职能的公共性评价活动。”② 从广义上讲，司法也是政治职能的实现途径之一，而相对来说，法官就是掌握了法律技能的精英，在现代社会中发挥着必不可少的作用。现实主义法学代表弗兰克认为法律就是法官的行为。美国著名法学家德沃金对司法权力的定位是：“法院是法律帝国的首都，法官是帝国的王侯。”③

为专门的破产审判机构配备审判人员，在中国司法语境下，在法院外部关系人员编制限额，在内部关系员额法官业务分配。究竟是基于破

---

① 黄永锋：《审判权的制度经济学分析》，吉林大学2020年博士学位论文，第64页。
② 孙万胜：《司法权的法理之维》，法律出版社2002年版，第9页。
③ 王文华：《论审判权运行机制改革》，载《东方法学》2014年第6期。

产审判专业化需要直接增加法官人数，还是寻求其他方式化解审判资源有限性问题，各国采取的模式各不相同；但是基于国外形成的破产审判人员配置模式，可以看出区分破产法官与普通法官是较为常见的做法。这与最初破产审判的准司法性和法官的负担转移有关。随着经济社会与破产制度的联系越来越紧密，破产审判权运行成为社会治理的关键一环，如何对破产法官的地位和职责进行合理安排，不仅是司法改革的任务，也是国家宪法性权力合理配置的问题。破产审判权的归属、使用、转移和收益，都关系到控制破产制度费用和增加破产审判收益的问题。如何充分利用一国现有的司法资源和司法制度，实现针对破产案件类型化而出现的破产审判专业化，降低因为制度改革而增加的成本，最大化当事人权益与社会公共利益，成为平衡破产法官与普通法官地位必须要考虑的问题。

各国破产审判专业化发展过程各有不同，因此破产法官地位的特殊性也有不同表现。美国的破产法官不属于《联邦宪法》第 3 条的法官，不享有宪法上的法官地位，不能审理非核心争讼，不享有终身制特权。美国的破产法官从破产裁判官（bankruptcy referee）转变而来。20 世纪初期的破产裁判官选任产生了很多腐败丑闻，为了控制破产案件审理的利益倾斜，美国逐渐将破产相关的机构独立出来，成立了由破产法官组成的破产法院和司法部下的联邦破产管理署。1971 年国会授权巡回司法委员会任命巡回执行官，在巡回区法官的指导下来管理巡回区的非司法职能的事务。1978 年，随着国会建立独立的破产法院，具备完全联邦司法功能的破产官员体系才正式形成。法国则由商人担任商事法庭的法官，也基于习惯中形成的商业案件的类型化和地域化特点，构建了由商主体担任法官破产审判模式，因此，破产法官与民事审判中法官地位的区别不言而喻。而德国破产法院的很多决定，是交由已经毕业的法官助理来完成的，相较于破产法官来说，虽然成本降低，但是相对地，法官助理缺少一定的经验。国外破产审判专业化并非来自顶层制度设计，而是实践演进的产物，而中国的破产审判专业化是自上而下的改革，因此需要对各国破产审判人员的特殊地位和制度背后的原因有清晰认识，才能结合中国司法环境与破产案件审理需要进行科学的制度安排。

与美国司法制度改革中是否应当赋予破产法官《联邦宪法》第 3 条的地位的争议不同，中国的法官从宪法层面并不存在法律地位和职权的区分。这既是法律职业群体内部的博弈与制衡，也是国家权力在审判资源分配方面的平衡。美国众议院认为赋予破产法官与一般法官相同的地位和权力可以提升破产法院的地位并终结分散的破产裁判权体系所导致的各种问题。而参议院和联邦司法会议则不想削弱既有《联邦宪法》第 3 条法官的地位，避免由此出现的“处理特殊问题”的法院和终身制破产法官成为联邦司法机关的累赘。① 中国不区分法官地位，由此产生的难题是如何为破产案件审理增加审判力量。目前主要的应对之策是：其一，转变现有的审判业务划分。如北京互联网法院从铁路法院转变而来，上海破产案件实行集中管辖后，铁路法院有权审理部分案件。其二，增加人员编制。例如，北京、深圳等地在原有破产审判合议庭和业务庭的基础上，尽量抽调人员充实破产审判队伍。

（2）破产法官安排与案件匹配程度

从权力行使主体入手，提升破产审判权运行质效，既要充实破产审判队伍，在法官序列内部增加专门审理破产案件的人数，同时也要不断强化法官的专业能力。

第一，破产法官人数。根据最高人民法院对破产审判制定的方案要求，要根据案件数量和岗位需要合理核定清算与破产审判庭的人员编制和法官员额，法官原则上从本级法院或者下级法院具有公司强制清算与企业破产案件及相关案件审判经验的优秀法官中选任产生，并一般按照 1∶1∶1 的比例为法官配备法官助理和书记员。实践中，截至 2021 年 8 月，我国共有从事破产审判工作的员额法官 417 名，破产法官的数量无法与现有的破产案件相匹配。这影响了破产案件审理的效率，难以发挥

① 参见［美］查尔斯·J. 泰步：《美国破产法新论》（第 3 版），韩长印、何欢、王之洲译，中国政法大学出版社 2017 年版，第 95 页。

破产审判权对于市场经济的调整作用。

根据案件数量配备破产法官是对审判资源进行合理配置最直接有效的方式。美国破产法官总数庞大，在所有法官占有相当的比重。国会决定全国破产法官的数量，而各地的破产法院应当配置多少名破产法官，由《司法机构与司法程序规则》规定。截至 2022 年，全美有大约 2000 位司法官员，94 个联邦破产法院有 324 位破产法官。如果一个地区破产法院的法官人数多于一名，则需要破产法官投票产生一位首席破产法官。加利福尼亚中区的破产法院有 21 名破产法官，破产法官与其他法官的比例为 1∶1，其他司法区的破产法官人数均不超过 10 人。美国的破产法官在 14 年任期届满后，经上诉法院所在的审判区司法委员会的同意可以留任 180 天直至确认继任者。每名破产法官可以任命一名秘书、一名书记员以及联邦法院行政办公室主任认为需要的额外助理。破产法官任职期间，不得从事与其他破产案件审理相关的实务和活动。法国每一个商事法院法官数量都是依据其审理争议案件的数量多少及其职能的重要性来决定的。在一些较大的工业或商业城市，商事法院所拥有的法官数量也相应较多。法国商事法官最为典型的特征是所有的商事法官均由选举产生且任期是固定的，并且法国法律明确规定：所有的职业法官不能参与审理在商事法院提起的诉讼纠纷案件。

第二，破产法官任职资格。法律功能的实现与法官的素质有着非常紧密的联系。法官必须具备专业的知识和技能，拥有良好的工作方法和特殊的思维方式。在国外精英理论的作用下，大多数国家的法院在人员管理的理论层面和实践层面都严格将法官和法院其他人员区分，实行分类管理。法官的专业化，不只是“法律知识的专业化”，法官不仅要熟悉法条，具备扎实的专业知识功底，好的法官还应具有丰富的社会经验，充满人文关怀精神的勇气与智慧。①

我国《法官法》第 12 条和第 13 条分别规定了法院任职的积极资格和消极资格，同时规定，符合一定条件法官可以从律师、法学教学人

---

① 参见王文华：《论审判权运行机制改革》，载《东方法学》2014 年第 6 期。

员、研究人员中选拔。[1]

相比之下，国外对破产法官的任职资格要求更为严格。英国的法官从私人律师中选拔，且政治性很强。英国的破产案件一审在伦敦地区之外由“郡法院”进行管辖，具有10年以上工作经验的法律顾问有资格填补该法院法官的职位空缺或成为兼职法官；而高等法院的法官则从辩护律师中选拔，这些人必须具有至少10年的法律工作经验，上诉法庭法官至少需要15年的工作经验。高等法院的法官由大法官挑选，除了能力和经验之外，候选人的品德、个人观点、道德标准、职业行为、经济稳定性和党派关系都要审核，大法官需要同律师职业以及司法部门的官员进行协商，再由大法官办公厅对候选人进行面试。[2]

因为破产案件的审理对法官专业性要求很高，因此美国《司法机构与司法程序规则》对于破产法官的选任规定为：地区破产法院的破产法官由地区破产法院所属的上诉法院法官以投票的方式决定是否予以任命，如果没有达成有效的多数票则由上诉法院首席法官直接任命，同时考虑司法会议的建议。[3] 虽然地区法院对破产法官没有任命权，但是破产法官首席法官（chief justice）是由地区法院的法官任命的。

法国要求商事法官：首先，裁决商事纠纷的裁判官应当是精通商事贸易惯例之人；其次，司法审查或寻求和解的过程中最令人关注的，是应该选择能受到诉讼双方信任的裁判法官。[4] 商事法官并非由商人直接选举产生，而采用两次选举制度：首先，经商人选举产生选举团成员，而后由选举团选出适格的商事法官。如 Alsace-Moselle 商业纠纷由高级

---

① 我国《法官法》第15条规定：“人民法院可以根据审判工作需要，从律师或者法学教学、研究人员等从事法律职业的人员中公开选拔法官。除应当具备法官任职条件外，参加公开选拔的律师应当实际执业不少于五年，执业经验丰富，从业声誉良好，参加公开选拔的法学教学、研究人员应当具有中级以上职称，从事教学、研究工作五年以上，有突出研究能力和相应研究成果。”

② 参见最高人民法院中国应用法学研究所编、韩苏琳编译：《美英德法四国司法制度概况》，人民法院出版社2008年版，第216~218页。

③ 参见尹正友、张兴祥：《中美破产法律制度比较研究》，法律出版社2009年版，第34页。

④ 参见李玉林：《论法国特殊商事审判制度——以商事法院与商事法官为中心》，载《山东审判》2008年第3期。

初审法院商业分庭的一位职业法官和两名经选举产生的商人处理。而在法国海外的附属岛屿，商业法庭为混合法庭，由高级初审法院院长和3名经选举产生的法官组成。担任破产案件审理的商事裁判法官（juge consulaire）最初由选举产生，任期2年，其后可继续任职4年，如果他们连续14年担任法官就没有资格再当选一年法官。[①] 初次任职的2年期间实际上是对当选人的观察评验期，选举人在较短期间内验证他们的选择正确与否，而对当选者来说可测试其是否具有从事商事审判这项繁重任务所应当具备的知识和能力。担任商事裁判法官的任职资格较为简单，只要年龄在30岁以上，至少在5年中以商人身份登记而且没有陷于破产事务管理程序或清算过程中即可，选举过程每个商业法庭还配有一名具有公职司法助理人员地位的法院书记员。德国审理破产案件的各州低级法院法官职位面向社会招聘，要求是：德国公民，符合法律教育的标准并且通过第二次国家考试，支持联邦基本法的自由和民主等基本原则，无职业年限要求。德国的法官在被录取之后，经过3～5年的试用期可以成为职业国家雇员，享受终审任期。德国州级法官的选拔根据各州实际情况分为两种方式：其一，由行政机构所属的部委任命就职，其决定因素是候选人在第二次国家考试中的成绩或候选人是否获取法学博士学位，目前巴伐利亚州等5个州采取此种方式；其二，其余6个州根据德国基本法构思设立法官选拔委员会，该委员会的成员来自政府行政部门、立法机构和司法机构以及律师协会，各州比例不一。[②]

如何对破产法官进行科学配置，需要在中国司法语境下，将理论与实践结合起来，利用现有司法资源去进行设计。中国破产法官除了审理与破产事件直接相关的案件事实，也要审理破产衍生诉讼，需要选任和考核管理人，对地方的管理人协会和援助基金进行管理和支持。对内，破产法官需要提升业务水平和知识水平，具备多元化知识结构；对外，

---

① 参见最高人民法院中国应用法学研究所编、韩苏琳编译：《美英德法四国司法制度概况》，人民法院出版社2008年版，第408页。

② 参见最高人民法院中国应用法学研究所编、韩苏琳编译：《美英德法四国司法制度概况》，人民法院出版社2008年版，第363页。

破产法官需要与政府职能部门沟通协作，搭建破产协作平台，妥善处理企业破产引发的社会问题，得到政府的协助。这些超出了一般商事法官所需承担的责任，对审理破产案件的法官的知识储备和专业素质都提出了非常高的要求。同时，破产法官也需要具备审时度势的审判技术与能力，近两年各地发布的破产典型案例表明：既定的破产程序或审判思路都因疫情的突发而发生了变化，破产法官们面对司法实践的新形势和新问题，需要创新破产审判思维和工作方法。

有一种理论认为，应当通过裁判请求权来配置员额法官。裁判请求权包括诉诸司法的权利（又称诉诸法院的权利）和公正审判请求权。诉诸司法的权利，是指任何人在其民事权利受到侵害或与他人发生争执时，有请求法院司法救济的权利，包括：第一，任何人在其权利受到侵害或与他人发生争执时，有权诉诸法院，要求法官行使审判权解决其纠纷，保护其权利；第二，当事人有权排斥法院外的机构和个人对其纠纷作出最终决定；第三，审理案件的法院和法官必须是独立的、合格的、不偏不倚的。[①] 中国《民事案件案由规定》已经将破产案件审理程序归于非讼程序，而破产衍生诉讼审理权限也赋予了破产法官，破产审判工作专业性极强，对破产法官要求极高。破产法官需要借自己的法律专业知识和道德良心，中立地、公正地审查各项报告和决议，裁断衍生诉讼中的纠纷，维护债权人和债务人的合法权益；与破产管理人协作，以丰富的法律实践经验、精湛的业务技能和较高的职业素养指导和监督破产管理人的工作；同时，打通信息壁垒，加强与政府职能部门沟通合作，妥善处理破产案件涉及“法、情、理”三者的关系，保证破产审判的公平和公正性。[②]

（3）破产法官职责特殊性

职责是任职者为履行一定的组织职能或完成工作使命所负责的范围和承担的一系列工作任务，以及完成这些工作任务所需承担的相应

① 参见刘敏：《论裁判请求权——民事诉讼的宪法理念》，载《中国法学》2002 年第 6 期。

② 参见王文华：《论审判权运行机制改革》，载《东方法学》2014 年第 6 期。

责任。[①] 法官的首要职责当然是依法裁判，包括查清事实和运用法律来进行裁判两方面。在破产审判中，审理破产案件的法官所要承担的职责与一般民商事案件不同，除了查明事实、适用法律、依法裁决和控制司法程序之外，还需要处理事务性工作，比如选任、考核管理人；除了进行法律裁决，还要进行一定程度的商业判断。因此，破产法官的职责具有准司法性和商业性。

第一，准司法性。破产审判权行使过程中，法官需要处理行政管理类事务，因此美国最初破产裁判官的职责与其地位都体现了准司法性特点。美国《1898 年破产法》禁止破产裁判官作出破产裁决、批准或撤销和解、批准否决或撤销免责，也不能惩罚藐视法庭的行为。破产裁判官的主要任务是确认债权人的清偿金额，核验破产程序的进度，确保债权人收到所有的通知，做好各项必要记录以在需要时提供给各方当事人查阅，做好因为特殊事项而召开听证会的记录并提供给地区法院。破产裁判官的听证等工作都在其自身租用的办公室进行，并且在案件终结之后保存破产案件的相关记录。破产审判中处理事项的准司法性对于实践中的法官职责提出了特殊要求，但是中国的《法官法》《企业破产法》《民事诉讼法》都没有进行特殊规定。中国引入破产管理人制度之后，法官在破产审判中的角色应当逐渐回归到法律裁判者和程序主导者之上，而不是事事亲力亲为、对破产管理人的工作过度干预；因此从程序角度上看，破产法官有衡平和补救司法的职责，他们应当利用自身的职权来弥补现有破产程序的不足，使破产程序的运用更加公正。目前《法官法》中法官职责规定过于简单，其中义务的规定[②]与法官职业道德准

---

① 参见胥佳霖：《论法官职责履行——以程序公正为视角》，载《法制与经济》2017 年第 6 期。

② 我国《法官法》第 10 条规定："法官应当履行下列义务：（一）严格遵守宪法和法律；（二）秉公办案，不得徇私枉法；（三）依法保障当事人和其他诉讼参与人的诉讼权利；（四）维护国家利益、社会公共利益，维护个人和组织的合法权益；（五）保守国家秘密和审判工作秘密，对履行职责中知悉的商业秘密和个人隐私予以保密；（六）依法接受法律监督和人民群众监督；（七）通过依法办理案件以案释法，增强全民法治观念，推进法治社会建设；（八）法律规定的其他义务。"

则又有重合。要实现破产审判专业化，需要法律将法官职责规定得更为具体化，以此调动法官履职的积极性。

第二，商业性。破产审判权具有商业属性，破产法官需要在破产案件审理中进行一定程度的商业判断，因此破产法官所需要履行的审判职责也带有商业性。与之相对应，破产法官的知识结构需要更加多元。为达到专业、准确、迅速审理破产案件的效果，韩国对破产法官的任职资格要求是：应具备会计、企业经营、结构调整、兼并收购、金融等多方面的专业知识。设立专门破产法院后，韩国需要相关部门抽调各类专业人才补充到法官队伍中协助办案，或者破产法院自己培养专门人才。①

2. 破产法官考核

各地法院的破产审判报告中，都要求不断提高法官个人素质，强化对法官执业行为的监督。从“素质论”角度着手，以提升破产法官个人的业务素质和道德素质来改善审判权的运行状况，是提升破产审判权运行质效的重要途径之一。但是，破产审判是一个综合系统，破产法官的专业水平和自身素质只是其中的一个环节。从经济学视角来看，个人素质就是人力资源或者人力资本，需要经过长期投资培养。而要发挥人力资源的最大效用，主要取决于个人的主观能动性。因此，为了调动破产法官的审判积极性，优化破产审判权运行效果，建立科学的激励和约束机制格外重要。

法官考核制度是指国家审判机关根据有关法律法规，按照管理权限，通过科学的方法、客观的标准，对法官的审判工作实绩、思想品德、审判业务和法学理论水平、工作态度和审判作风等进行考察，做出评价，并将此作为对法官进行相应奖惩的一种依据的制度。审判绩效考核是法院开展人事管理和审判管理的重要手段，关系一国的司法导向，关系法院审判事业的发展进度，也关系法院、法官和案件当事人的切身利益，是一项十分重要而又非常复杂的工作。

---

① 参见单士磊：《韩法律界吁尽快设立专门破产法院》，载《法制日报》2014年7月22日，第9版。

（1）破产法官考核特殊性

破产法官的审判绩效考核标准应当与普通民事审判法官的考核标准相区别，对破产法官进行单独考核，这是破产案件的特殊性决定的。破产法官所处理的案件，工作量大，专业性强，审理时间长，案件涉及的利益关系格外复杂，法院在当事人之间协调难度大，因此遭遇审判风险是每位法官不可避免的状况。审判风险不可避免，对法官而言，如果不规避审判风险，一旦被社会淘汰则国家和社会赋予的职能和使命将无法实现，个人理想也将成为泡影。传统的法官考核以结案数量、结案时长、上诉发改率为重要指标，但是破产案件审理难度大、涉及范围广，债权债务关系复杂、审理时间较长导致破产法官的考核很难达到绩效要求，无法调动法官的工作积极性。

相比一般法官，破产法官的知识结构、专业技能要求更高，这些都需要长久持续的投资和累积。无论是担任法官之前个人的时间、精力，还是在担任破产法官之后面对复杂的破产案件、不完善的破产制度和规则，为了尽快审理破产案件、保护当事人权益、平衡社会公共利益工作，破产法官需要持续不断地学习破产审判相关的知识，并接受定期培训以培养破产审判思维。

中国破产审判权运行中存在“受理难”和“审理难”问题，是因为破产案件中，企业职工上访的群体性事件发生可能性大，地方政府干预风险大；法院内部对破产法官的考核机制不合理，法官审理破产案件的积极性和主动性不足。从经济学研究中可以看出，个人行为与激励机制密切相关，而行为激励的两个关键因素是工作成果的产权归属以及行动者个人的劳动收入。中国法官的收入虽然不与案件审理业绩直接挂钩，但是对法官的绩效考核直接影响评奖评优，关系法官声誉和内部晋升。因此，如果不能建立符合破产审判权运行的绩效考核机制，将无法充分反映法官在审理破产案件过程中的实际付出和承担的各种压力，无法调动破产法官的工作热情，严重影响破产案件审理效率的提升和审理效果的保障。

破产案件审理时间长，程序复杂，法官工作量大。传统的考核标准已经不能与法官专业水平提高和破产案件审理质效提升的需要相适应。同一个法院内，法官审判的案件类型不同，却适用同样的考核标准，对法官个人的权益在一定程度上构成了实质上的不公平对待，不利于破产法官队伍的培养。在目前无法设立破产法院的前提下，对于破产法庭、破产合议庭的法官而言，需要制定一套适合破产审判实际、能够科学准确地对破产审判的法官工作进行考核和监督的机制。

（2）破产法官考核机制

第一，关于破产法官薪酬。中国破产法官与普通法官薪酬都是固定的，由国家人社部门根据公务员薪酬管理办法规定，各地法院存在一定地区差异，但是同一个法院内部的法官不会因为业绩而存在薪酬上的差别。国外的破产法官薪酬保障主要有两种模式：其一，以英国为代表的固定薪酬制。主法官每年可获得 3000 英镑，其他法官每年可获得 2000 英镑，破产专员每年可获得 1500 英镑，登记官每年可获得 800 英镑，副登记官每年可获得 600 英镑。[①] 其二，以美国为代表的与其职责相称的有关的报酬。美国破产法官的薪酬支付和考核方式与联邦法官相同。在法官任职期间，其酬金不得减少。高级法院法官的工资应高于低级法院法官，但差别不应过大，因为所有法官的职责都是重要的。上诉法院和初审法院中主要担负行政管理职责的法官应当得到与其职责相应的额外的报酬。法官薪俸结构从整体上讲应足以确保把高素质的人才吸引到法官队伍中来，并且使他们能持续任职而没有经济方面的窘迫感。法官的薪金不应与议员的薪金挂钩，但应与履行具有相同重要性和复杂性职责的专业人员和行政人员所得到的酬金相当。有关的报酬，指法官应得到足够的退休福利和医疗保险，因公务活动引起的支出应予报销；法官因公务引起的有关案件也应当有人代理，费用也应予以报销。[②]

第二，关于法官考核机制。美国的破产法官考核与普通法官考核一

① 参见袁跃华：《近代英国专业破产法庭的建立》，载《历史教学（下半月刊）》2020 年第 11 期。

② 参见最高人民法院中国应用法学研究所编、于秀艳等编译：《美国法官制度与法院组织标准》，人民法院出版社 2008 年版，第 191 页。

致，引入了第三方评估模式，采用的是法官评议制度。法官的评估标准为举止、法律能力和司法管理技能。举止，是指法官在主持法庭诉讼程序过程中表现出的个性和行为，可以通过以下工作表现特征体现出来：性情、耐心、在司法诉讼程序中注意力是否集中，以及不因诉讼方或其他参与者的宗教、性别、民族和种族而持有偏见或偏向。法律能力，是指对法律知识的掌握和理解，以及法律在法庭诉讼程序中的应用。这包括有关实体法、程序法和证据法方面的知识，判决的明确性与正确性，对陪审团指令的正确性，分析案件复杂方面的能力，以及是否能有效地促进诉讼各方进行和解谈判。司法管理技能，是指在可能造成陪审团成员偏见或发生无效审判的情况下做出果断决定的能力，迅速稳妥地进行诉讼程序的能力，促进诉讼各方达成协议的能力，以及在恰当情况下向陪审团成员解释审判程序的能力。① 调查方式是向特定群体发放调查问卷，对象包括律师、陪审团、上诉法官和行政法官。德国法官在其任职期间要接受定期工作评审，资历高深的法官特别是各法院院长对年轻法官在处理案件、主持诉讼程序以及对其判决提供书面理由的效率进行评审，但是这种考核方式存在着影响审判独立的风险。

中国法官的绩效考核标准和模式随着司法管理的需要不断变化，这一点在对破产法官的考核改革过程中没有例外。传统考核方式以结案数量和审理期限为基础，综合评定法官的个人能力。南京国民政府时期的《司法人员考绩程序表》对法官的考核内容包括：承办案件数量、职业操守、性格、学识深浅、办案绩效、勤惰程度、个人愿望等；在此之中，承办案件数量包括：第一、二、三审案件数量、抗告案件数量、再审复判案件数量、附带民事诉讼等其他案件受配总数以及已结、未结的案件数量；学识是指文理学和法学的根底、常识和外文根底。② 2016 年最高人民法院颁布的《法官、审判辅助人员绩效考核及奖金分配指导意

① 参见最高人民法院中国应用法学研究所编、韩苏琳编译：《美英德法四国司法制度概况》，人民法院出版社 2008 年版，第 68 页。

② 参见《司法人员考绩程序表》，载蔡鸿源主编：《民国法规集成》（第 65 册），黄山书社 1999 年版，第 412 ~ 413 页。

见（试行）》原则性规定了法官业绩评价的必要内容，但是没有规定每项考核内容的对应指标以及相应的权重值。2019 年《法官法》将对法官开展审判绩效考核的主体由所在人民法院调整为法官考评委员会，规定对法官的考核内容包括审判工作实绩、职业道德、专业水平、工作能力和审判作风，其中重点考核审判工作实绩，考核结果作为调整法官等级、工资以及法官奖惩、免职、降职、辞退的依据。①

法官业绩评价机制中最关键的部分在于考核内容及指标的设置，中国对破产法官单独考核缺乏相应的法律规定。于是在司法实践中，多地破产法庭结合自身特点和审判需求，制定了破产法官考核标准，可以概括为以下三种模式。

①破产法官单独考核模式。深圳破产法庭建立之前，破产审判庭的法官除了办理破产和强制清算案件之外，基本上不用办理其他诉讼案件，而且每年办理的破产案件也没有具体的数量要求，完全参照综合部门的标准进行考核；② 从案件“审理质量、审理效率、社会效果”三大方面，对破产案件审理进行系统评判，并将案件质量评查数据作为衡量破产案件质量的依据。③ 2017 年出台的考核标准规定为：破产申请审查案件每 1 件折算 0.4 件标准案，小额破产案件每 1 件折算 40 件标准案，普通破产案件每 1 件折算 60 件标准案，重大复杂破产案件每 1 件折算 80 件标准案。

②综合考核模式。2017 年《北京市第一中级人民法院清算与破产审判庭个人业绩考评实施细则》中对破产审判法官的考评总结如下：法

---

① 我国《法官法》第 38 条规定：“人民法院设立法官考评委员会，负责对本院法官的考核工作。”第 40 条规定：“对法官的考核，应当全面、客观、公正，实行平时考核和年度考核相结合。”第 41 条规定：“对法官的考核内容包括：审判工作实绩、职业道德、专业水平、工作能力、审判作风。重点考核审判工作实绩。”第 42 条规定：“年度考核结果分为优秀、称职、基本称职和不称职四个等次。考核结果作为调整法官等级、工资以及法官奖惩、免职、降职、辞退的依据。”

② 参见胡志光、白田甜、景晓晶：《执行案件移送破产审查的路径规范》，载《人民司法（应用）》2017 年第 19 期。

③ 参见陈夏红：《我国清算与破产审判庭的设置与运转》，载《甘肃社会科学》2017 年第 1 期。

官个人业绩得分=审判业绩考评得分＊60%＋共性考评得分＊40%＋加分部分得分[①]＋庭级管理考评得分。重庆市江津区法院对破产案件采取“分段＋加成”方式计算任务量，具体标准是：破产清算案件从受理到召开第一次债权人会议计10件，从第一次债权人会议到裁定宣告破产计5件，从裁定宣告破产到裁定任何破产财产分配方案计10件，从裁定认可破产财产分配方案到裁定终结破产程序计5件。破产重整（或和解）案件从受理到召开第一次债权人会议计10件，从第一次债权人会议到裁定批准重整计划草案（或和解协议草案）计15件，若未提出重整计划草案（或和解协议草案）直接裁定宣告破产计5件，若裁定宣告破产（包括重整、和解执行不能裁定宣告破产），后续阶段按破产清算案件折算。无产可破案件，从受理到裁定终结直接计10件。前述每一个阶段基于出现不符破产条件、第三人代为清偿等原因而终结案件，该阶段减半计算。此外，上述基础标准之上考虑到特殊因素折算成任务量的规定为：债权人50人以上不到100人，每阶段增加1件；100人以上不到300人，每阶段增加2件；300人以上，每阶段增加3件。资产1000万元以上不到5000万元，每阶段增加1件；资产5000万元以上不到1亿元，每阶段增加2件；资产1亿元以上，每阶段增加3件。如果加成因素叠加，较高因素保持不变，另一因素减半叠加。[②]

③简单折算模式。温州市中级人民法院明确重整案件以16件二审案件计件、有产可破案件以8件二审案件计件等折算标准。[③] 北京市第二中级人民法院的考核标准是：企业破产案件在立案后2年内审结的，1件折算为16件二审商事案件（每季度计算2件，提前审结的一次性

① 破产清算案件（破字号）在一年半内审结的，每件加5分（因无产可破提前终结的除外）；公司强制清算案件（强清号）在一年内审结的，每件加5分（因无产可破提前终结的除外）；批准破产重整、和解的，每件加3分；清算与破产案件审理取得良好效果，视影响范围加1～3分；破产、清算案件中的衍生诉讼（一审）在3个月内审结的，每件加3分（串案加分综合不超过4.5分）。

② 参见陈唤忠：《重庆市江津区人民法院破产审判工作总结（2015～2017年）》，载徐阳光主编：《中国破产审判的司法进路与裁判思维》，法律出版社2018年版。

③ 参见温萱：《“有保有破”坚持差异化处置原则》，载《人民法院报》2016年5月15日，第5版。

补足未计考的数额）；法官督导不力或工作拖延导致2年内仍未审结的，自2年期届满按延长期间每季度扣减2件，总扣减数以16件为限，但客观因素造成延期的除外。

中国《法官法》和《企业破产法》作出明确规定前，各地法院对破产法官绩效考核制度的探索，是根据当地破产审判实践进行的工作量转化考核，在一定程度上改变了以传统法官绩效考核标准评判破产法官，压抑破产法官审理积极性和主动性的问题。但是，从各地法院破产审判报告所反馈的情况来看，改革成效并不明显。比如简单折算法，相比过去将破产案件与普通民商事案件考核标准等同的做法有了极大的进步，针对破产案件工作量和审理期限往往超过普通民商事案件的特点进行了折抵，在一定程度上能够激励法官；但对不同的破产案件没有进行个性分类，简单地将所有破产案件“一刀切”，难以保证对破产法官考核的公平性。此外，不同的考核模式也造成破产审判管理缺乏统一性，不利于全国范围内对破产案件审理质效的整体评估和方案设计。建议各地法院学习考察目前试点的成功经验，进一步细化考核的标准和对应的奖惩措施。同时最高人民法院可以发布指导或准则来规范破产法官考核和责任追究，以此来保证破产法官考核有科学可操作的标准。各地破产法官的考核标准和考核方式存在差异，是因为各地经济发展水平不均、破产案件的数量不均、破产法官专业化水平不均。

未来建立破产法院之后，对破产法官的工作制定考核标准时不仅需要考核破产案件与普通民商事案件的不同，也要考虑破产案件本身的差异和程序的不同，具体的量化标准应包括但不限于债权人人数、债权数额、破产原因、破产财产的数额和种类、财产变现难度、债务人企业的规模和分支机构情况等。而法院如果采用综合考核法必须满足以下两个条件：首先，要有数量可观的破产案件；其次，要有足够的人手专门审理破产案件。很多基层法院专业性、专门性不强，专案专审难度较大；对于一年仅有一两件破产案件的法院而言，无论采用哪种考核模式都不会有太大的影响。因此要切实提高法官对于破产案件的审理积极性，各地法院要大胆改革，面对员额制改革下破产审判人员少、法官工作任务重、压力大的现状，更需要加强对破产法官的保障。

二、破产管理人

破产管理人是破产审判权运行的特殊参与者，是联系破产法官与债权人债务人关系的纽带，是维护债权人、债务人及社会公共利益的中立一方。破产审判权运行是破产法官、破产管理人、债权人和债务人彼此之间制约、协调和配合的复杂过程，破产管理人是破产程序的推动者和具体破产事务的执行者。破产审判权良性高效运行，需要在法律框架下，发挥法律人的智慧来解决问题，最大限度地实现法律的公正与效率。[①] 破产管理人的业务能力和专业素质影响到法官工作的难度和强度，对破产案件审理进度的推进、破产财产的保值和企业继续经营可能性至关重要。

一国破产制度的结构，很大程度上取决于破产管理人与法官的职业分工以及二者之间的法律与组织关系。[②] 破产管理人与法官的关系，与一般的法庭诉讼中律师与法官的关系有着天然的区别，产生这种区别的根本原因是破产案件特殊性。破产审判中，对债务人企业的账目和资产状况进行审查、管理和分配，是对破产财产的处置和安排，是为了债权人、债务人和社会公共利益的整体利益进行的一种特殊程序。基于这种特殊性，破产审判权在管理事务上呈现出扩展属性，法官居中裁判、协调各方利益关系，除依法裁量之外，还要进行商事判断和对破产管理人监督和管理。破产法官对破产管理人日常工作的监督和管理，也是破产审判控制权的表现之一。破产管理人应向法院报告工作；法院为了实现对破产程序的司法控制，需要了解破产程序的发展，有权要求破产管理人报告包括破产过程中的定期报告、职务执行报告以及特定事项的报告等。此外，破产案件中破产管理人的地位不同于一般的社会中介机构。

---

① 参见李曙光、王佐发：《中国破产法实施的法律经济分析》，载《政法论坛》2007 年第 1 期。

② 参见［美］杰伊·劳伦斯·韦斯特布鲁克等：《商事破产：全球视野下的比较分析》，王之洲译，中国政法大学出版社 2018 年版，第 164 页。

不代表任何一方利益的破产管理人具有独立地位和中立属性，需要在法院监督和管理之下，认真、勤勉、忠实地履行其法定职责，向法院定期汇报工作，并由法院确定其报酬。

（一）破产管理人选任

破产管理人选任模式的取舍是当事人私权与公权力、当事人不同利益方之间的一种博弈。中国的破产管理人由破产法官选任，成文法国家多采用此种模式。如果债权人会议无法召开或者召开会议债权人也无法达成共识，法院指定破产管理人能够在一定程度上平衡各方的利益冲突；在市场经济较为发达的地区，市场参与主体足够成熟，能够较好地实现当事人意思自治，法院在程序方面进行监督和确认。

1. 职权主义选任模式

职权主义选任模式突出了法院在破产程序中的主导地位。法院对破产管理人选任的人数、方式、时间都有决定性作用，不受债权人会议影响。这种模式的法理基础在于破产程序是国家公平清理债权债务，保护债权人和债务人合法权益的一套司法程序，具有强制变动财产属性的效力。[①]《日本破产法》规定，法院在宣告破产的同时选任破产管理人；法国破产程序中的清算人由法院从全国委员会指定的名单上指定，并且只能由这些人员担任。《德国破产法》第 27 条规定，破产管理人是在破产程序启动时通过破产法官的选任而产生的，选任于破产管理人接受该职务时生效，法官通过前期选任表（Vorauswahlliste）中列举的破产管理人申请人的资质、背景和经验，选择最适合该案件的申请者，避免要求苛刻的破产管理人损害债权人的利益。（见表 4 – 1）因此，如果法官推荐申请人，并且所推荐申请人的资质和经验能说服相关破产程序中的同事及司法辅助人，多数情况下不应当拒绝该推荐人。[②]

---

① 参见周东瑞、张敦臣：《管理人从“指定”到“选任”的改革路径探析》，中国破产法论坛“管理人制度的实践与创新”专题研讨会会议论文，2017 年 4 月于绍兴。

② 参见［德］乌尔里希·福尔斯特：《德国破产法》（第 7 版），张宇晖译，中国法制出版社 2020 年版，第 33 页。

表 4－1　各国破产管理人选任主体对比

国家名称	破产管理人选任方式	破产管理人法律地位	民事诉讼模式
日本	法院指定	管理机构法人（原无法人地位）	当事人主义
法国	法院指定	行使公权力的机构	当事人主义
美国	符合特定条件的债权人有权任命	破产财团的受托人	当事人主义
英国	破产裁定前由法院指定中间管理人，裁定作出后由债权人会议选任破产信托人（原破产管理人由法院指定）	破产财团的受托人	当事人主义
德国	破产程序开始后的破产管理人由法院指定；第一次债权人会议时可由债权人会议选任破产管理人	破产财团的代表	当事人主义

资料来源：郭子瑜：《我国破产管理人选任制度的问题与对策研究》，载中国破产法论坛“管理人制度的实践与创新”专题研讨会会议论文，2017 年 4 月于绍兴。

通过表 4－1 对各个国家破产管理人选任方式的对比可以看出，破产管理人的法律地位在一定程度上影响破产管理人选任，而诉讼模式对选任影响不大，各国家和地区随着破产实践的不断发展对各自的立法做出了相应的调整。

2. 改革破产管理人选任模式

无论是采取随机模式还是竞争模式选任管理人，落实到法院内部具体行使选任管理人的职权，到底是赋予审理破产案件的合议庭、法院内部的司法还是专门的评审委员会，与法院内部机构的管理有关。海宁市人民法院在实践中，将管理人的选任交由司法鉴定部门和审判委员会共同进行，将司法审判业务与管理业务进行了区别，减轻了破产审判庭的业务压力，并且通过两级机构的初选和研究，能够保证选任程序的公正性。

在员额制改革下的中国基层法院和中级人民法院，办案力量不足的问题更加突出。在设立了破产审判庭的法院中，从事破产审判的法官面对持续数年的破产程序、业绩考核压力和案件复杂情况，破产审判庭和合议庭的办案压力大、时间紧、任务重，由业务庭室的法官来承担选任管理人的工作并不合理。但是在破产案件的审理过程中，破产审判庭的合议庭成员与破产管理人密切接触、深入了解破产管理人业务素养和执业能力，是对破产管理人监督和考核的核心主体，因此司法鉴定部门和审判委员会应当在破产审判合议庭对于管理人的综合评价基础上对管理人进行筛选和指定。

破产管理人选任主体的改革有一种思路是在债权人会议选任的基础上，法院予以适当监督，以防止不符合资格要求的管理人进入债权人会议的选任，并且从立法上严格规定选任权限，一旦债权人会议超出法定期限没有选出管理人则由法院指定，同时赋予法院进行监督的权利。"从理论角度分析，管理人由债权人会议选任，法院监督其是否实施了危害社会一般人利益的行为，保证管理人在保护债权人的前提下，兼顾债务人救济及社会一般人的利益，体现了债权人自治与国家公权力适度干预相结合的立法模式，这种模式似乎更为可取。"① 不同于日本破产多由债务人申请并且如实提交债权人数量的情况，中国在破产申请受理之前，如何确定债权人的范围是一个难题，因此可以借鉴联合国《破产法立法指南》中债权人推荐管理人的选任模式。债权人对债务人提出破产申请时，可以向人民法院推荐符合企业破产法规定的社会中介机构或者个人担任管理人。人民法院可以指定被推荐的机构或者个人担任管理人。" 债权人的推荐机制值得肯定的原因在于：第一，债权人尤其是大债权人，有强烈动机选聘敬业的管理人以实现自身权益；而债权人作为市场机构也会选择业务水平较高的管理人，从而形成管理人的良性市场竞争。② 第二，法院初步审查债权人推荐的管理人之后，能够在较短时间内指定管理人，提高破产程序的效率。

---

① 陈晓军：《债权保护视野下破产管理人制度及发展——兼评新〈企业破产法〉第三章》，载《时代经贸（下旬刊）》2007 年第 3 期。

② 参见李凯、陈冠兵、周人杰：《十年后的回望，管理人选任三题》，中国破产法论坛"管理人制度的实践与创新"专题研讨会会议论文，2017 年 4 月于绍兴。

（二）管理人中心主义

破产管理人选任阶段，法院参与解决的是破产管理人进入破产程序的方式。而在具体的案件处理中，法院与破产管理人的关系则更为复杂：破产管理人作为社会中介机构对法官权力的制约是破产审判权有限性的表现之一，而破产审判权及于管理性事务，尤其是对破产管理人的任命、管理和监督则是破产审判权不同于一般的民事审判权，在行使范围上的重要突破。破产审判权运行需要支持确立“管理人中心主义”，形成法院主导之下的破产管理人忠实、勤勉履职，高效处理破产事项，提高破产案件审理的质效，同时保证衍生案件审理顺利进行。

1. 管理人中心主义的要求

管理人中心主义，是指破产程序的事务性工作通过管理人来进行，破产管理人在破产程序开始后依法对债务人的财产进行接管、清理、保管、运营以及必要的处分，① 其实质就是要破产管理人代替法院完成破产程序中的部分事务性工作。破产管理人与法院关系的本质是权力的让渡。破产程序本身是一种司法程序，破产程序的开始、进行与终结等关键程序和重大事项都由法院作出裁决，但是对于其中破产事件的处理并不是由破产法官依职权独立完成的，法院在审理破产案件的过程中，需要成立专门的机关辅助法官处理破产事务。② 对于破产财产的接管与处分，应当由法院来处理，但是由于法院自身的独立性与中立性，以及无法将主要时间和精力用来处理债务人财产的具体管理事务，因而委托专业机构或个人作为破产管理人。

破产管理人中心主义要求破产管理人：第一，需要与债权人、债务人和股东沟通，需要与投资人谈判，维护好各方当事人的合法权利。第二，需要保证破产财产安全，管理好破产财产；做好企业财产的清理，监督企业破产重整计划的落实等工作。第三，需要与政府密切沟通联

---

① 参见韩长印主编：《破产法》（第2版），中国政法大学出版社2016年版，第74页。

② 参见王东敏：《新破产法疑难解读与实务操作》（修订版），法律出版社2007年版，第16页。

系。府院联动机制的核心任务是通过常态化的协调沟通机制，完成行政机关在破产理念和支持破产行动上的转变，认同破产管理人的身份和地位，对破产管理人的工作积极配合。因此，破产管理人要掌握法学、财会、企业与财产管理方面的专业知识。

2. 法院与破产管理人的关系

在破产审判权运行过程中，法院和法官对破产管理人有选任权、管理权和监督权，破产管理人基于法院指定产生，协助法院履行部分司法职能；但是法官不能代替破产管理人去完成工作，一旦出现程序上的偏差可能会引发实体法上的错误。

（1）法院指导和监督破产管理人

中国破产审判中的管理人经历了由行政官员为主导的“清算组”向社会中介机构与个人组成的“破产管理人”的转变，但人员专业水平仍与破产审判实际需要还存在一定差距，因此，实践中有时出现法院与破产管理人职权错位的现象。而原因之一，是实践中部分债权人对破产管理人不信任，对法院在破产程序中的地位和作用认识存在偏差，但是破产管理人不能因此将自身应当承担的责任推给法院。破产管理人的部分职权来自司法权让渡，如果法院从破产程序的推动者变成了破产程序的决策者，这与破产审判权的基本属性不符，违背了审判权中立性原则。

法院主导破产程序，通过破产审判权来推动破产程序。目前，中国的破产审判还处在从职权主义模式向管理人中心主义过渡的阶段，法官并不能非常精准地把握破产审判权的具体权能内容和权限边界，有时对破产管理人提出较多的建议，对一些应进行形式审查的事项进行了实质审查，甚至直接参与债务人企业的经营管理事项，在一定程度上加重了自身工作负担。对于法官和破产管理人因各自职权产生的争议，首先应当通过立法明确破产管理人的法律地位，其次应当对二者的权限划分范围，比如《日本破产法》第 78 条就将管理人进行哪些行为需要法院许可，哪些行为无须相应许可进行了列举，在一定程度上为权力的划分提供了法律依据。《企业破产法》第 25 条对破产管理人的职责设置了一个“兜底条款”，但是这并不意味着法官可以创设破产管理人的职权；破产审判中关于债务人企业经营、合同履行和财产处置，都需要破产管理人运用好自身在破产案件中的特殊作用，替代法院来进行具体事务处理。在破产审判中引入破产管理人制度的原因，是法院作为国家权力机关的一环行使裁判职能，同时需要一个具有独立性的主体去完成一部分不适宜由法官完成的工作，实现债权人、债务人和社会公共利益的平衡。因此明确破产管理人中心主义，既是对管理人地位的一种肯定和实现破产程序市场化的重要步骤，也是对法院的破产审判工作的支持。

破产审判权运行过程中，法院与破产管理人是一种合作和监督并存的关系：既需要法院对破产管理人的工作进行指导和监督，在个别事项上管理人的决策需要法院授权或批准；也需要破产管理人忠实勤勉地履行职责，完成破产法规定的职责，执行债权人会议各项决策。而破产审判权的推动作用在法院与破产管理人的关系中表现为：法院指导破产管理人的工作但不能包办、不能“越权”代替破产管理人完成具体业务；法院需要监督破产管理人的履职情况，在具体案件中需要与破产管理人合作、一同开会。而要充分发挥二者各自的优势，促进破产审判权高效有序运行，提高破产审判权效率，需要加强破产管理人队伍建设，提高执业水平。

（2）协调法院与破产管理人的职权

现阶段，破产管理人与法院之间存在权责矛盾一方面是因为法院干预过多，管理人在债务人企业的日常经营管理和破产财产的处置方面有诸多掣肘；更为重要的原因，是破产管理人业务能力不足，无法高效有序实现破产程序的推进。法院对破产管理人进行建议和指导时，破产管理人为了逃避责任并没有反对意见，在客观上造成法院破产审判权的扩张。

要从源头解决上述矛盾，首先，应当扩大管理人候选范围。除了律师和注册会计师之外引入其他市场主体，如金融管理、投资分析的专业人士实现破产管理人团队结构的多元化。其次，改革破产管理人选任机制。在法院主导的前提下，给予债权人更多的话语权，明确债权人提出异议的程序和法律后果，同时优化指定管理人的方式，随机与竞争方式并举，针对案件的繁简程度对应不同的指定方式，确保指定的管理人能力与破产案件情况相匹配。最后，实现法院对破产管理人的动态管理。各地法院应当总结实践中的经验，切实分析管理人名册制度与本地破产案件实际是否相配套；科学地考核管理人的工作业绩，对不符合要求的管理人及时淘汰，对管理人名册进行定时更新，保证候选的管理人队伍始终具备较高的业务水平。

目前各地破产管理人协会还处于建立初期，各方面的制度和业务范畴还不成熟，因此现阶段法院对管理人的监督还发挥着不可替代的作用。在破产案件的审判过程中法官会与管理人频繁接触，能够掌握第一手资料，因此法院也需要针对管理人在破产案件中所做出的努力设立科学的量化考核机制。法院作为管理人报酬的确定者，还需要根据管理人工作划定报酬比例和数额，这也是一种对管理人进行监督的方式，但是同时也要求确定更为细化透明的报酬标准来保证法院的公正廉洁。

三、债权人和债务人

破产程序是破产审判权运行的制度空间，在这一空间里，通过破产审判权与债权人和债务人诉讼权利的交互作用，抑制破产法官的恣意判断，能有效维护债权人和债务人的诉讼权利，使破产审判权的司法判断具有正当性外观。

（一）公平对待债权人与债务人

破产审判的最终目的是通过对债务人企业的管理经营和破产财产的处置，实现债务人财产的最终分配或企业重生，实现债权人利益的最大化；通过协调平衡债权人和债务人在破产程序中的利益，维护经济社会的稳定。法院与债权人和债务人的关系，主要体现在对破产申请的审查、破产宣告、债权审查、债权人会议决议的审查，以及必要时召开听证会和法定条件下召开债权人会议等方面。由于债权人与债务人之间不存在诉讼请求和抗辩，经由破产管理人来实现对债权人和债务人利益的分配，一般情况下破产管理人是法院与债权人和债务人沟通的桥梁，只有在个别情况下法院需要直接面对债权人和债务人，例如多方主体进行开会协商，法院依职权或依申请召开听证会，对于具体事项进行听证和裁决。

破产审判权运行具有一般民事审判权的特征：公平对待当事人，虽然债权人和债务人都是私权主体，但是双方主体的数量和社会地位可能存在较大差别，但之所以要求法官对进入司法程序的破产案件行使破产审判权，就是要根据案件实际情况和各方主体特点给予最大化的保护和公平对待。破产程序中涉及的利益主体众多，其中债权人中又分为职工债权人、税收债权人、担保债权人、普通债权人等，他们的利益既对立又统一。中国破产程序中债权人分组按法定方式进行，法院在受理破产案件后需要按照《企业破产法》的规定对债权种类进行划分，明确债权人分组，为之后债权人会议的表决做好准备。

（二）债权人的制衡

1. 保护债权人知情权

破产审判中的信息壁垒会增加破产成本，保障当事人知情权是减少破产审判权运行制度成本的关键措施。面对债权人和债务人在破产财产、企业经营存续方面的信息不对称，保障债权人知情权既是债权人进行破产监督的前提，也是推动破产程序有序进行的必要条件。破产审判中法院需要对债权人知情权进行保护，并且为债权人行使监督权创造有利条件。通过行使破产审判权充分保护破产案件各方利害关系人的合法权益，是法院在破产案件中发挥主导作用的应有之义。

首先，法院受理破产申请之后，需要在法定期限内告知权利人和义务人。对已知的债权人主要采取书面通知的方式，对未知债权人以及相关权利人，采用公告方式告知。其次，“执行不能转破产程序”的法定条件出现后，无论是在立案、审理还是执行环节，原审法院都要行使释明权，明确告知权利人债务人企业的经营状况、申请破产的程序和法律后果。再次，依托审判信息化的技术发展，法院更需要完善破产审判信息公开的方式，无论是网站的案件基本信息，还是在线审理平台内关键节点的提醒和内容推送，要充分体现便于债权人参与破产审判的原则。

最后，法院在破产审判程序中有必要通过一定形式对债权人进行帮助。例如在第一次债权人会议前，法官可以为债权人意思机构的设立提供建议，包括债委会成员的准入门槛、选举机制等；法官对债权人意思机构的设立和运行规则应适当关注，这种关注、建议的程度，也要因具体案件、债权人素质、工作环境而异。[①] 法院对债权人的保护应当找准定位，避免将债权人利益与破产审判对立起来。

2. 债权人的表决权与异议权

破产审判权运行之所以特殊，表现之一是破产审判权有限性。破产案件审理过程中，法官并不对实体争议进行裁断，而完全尊重债权人与债务人的谈判结果，对债权人与债务人达成的合意结果进行基本审查。债权人的权益调整是基于其利益最大化的目的自行做出的妥协或保留。因此，破产审判权运行过程中需要尊重债权人意思自治，法院行使破产审判权受到债权人表决权的限制。按照世界银行对营商环境的评价标准，债权人参与程度是评价破产框架的指标之一。为了提升破产审判权运行质效，在现有法律规定之下，法院调动债权人参与破产审判的积极性，一方面能够优化中国的破产办理指标，另一方面进行了审判风险分担。基于权责统一的原则，债权人充分行使表决权，也意味着风险自担，比如债权人需要自行承担重整可能失败的后果，或者融资方要接受无法按照原定计划收回成本等。其实，债权人行使表决权，以意思自治制约法院裁断，是以市场调控弥补国家权力的不足。实现为法院"减负"和资源配置效率提高两个目标，能够极大降低破产审判权运行的成本和风险，有利于提高破产审判权的社会收益。

中国破产审判中，债权人行使异议权，主要表现在撤销债权人会议决议和更换破产管理人方面。如果债权人会议召开程序违法、表决程序违法、决议内容违法或超出债权人会议职权范围，债务人可以申请法院撤销债权人会议决议。这是一种个体债权人对于集体权利行使损害自身

---

① 参见刘敏、梁闽海：《企业破产清算案件中的审判实务问题——以闽发证券有限公司破产清算案为视角》，载《法律适用》2013 年第 7 期。

权益的救济方式，虽然提出异议的对象不是法院的裁断，但是债权人权利的救济需要法院接受异议申请，并作出裁定。

采用意思自治主义模式选任破产管理人的法域，只有在债权人会议无法选人的情况下，为了维护全体债权人的共同利益，才由法院或政府代理债权人会议选任管理人。[①] 其法理基础在于破产程序为了债权人的共同利益进行，破产管理人不是所有人利益的代表，而仅是债权人利益的总代表。[②] 中国的破产管理人由法院选任，但是如果出现法定情形，债权人会议作出决议后，可以向法院书面申请更换管理人。相对于法院选任模式，由债权人会议选任管理人能够突出债权人的共同意志，保障债权人权益；避免因为公权力介入而产生可能的腐败问题，体现司法中立。但是，此模式的弊端在于：选任效率低下，因为各方债权人的利益难以满足，由债权人会议选出管理人的进程可能十分缓慢，甚至无法产生管理人，影响破产程序的进行；依靠多数决的投票方式，对于一些小债权人的利益无法保障，没有达到实质公平。因此，很多法域采用了折中主义模式，将法院选任与债权人会议选任相结合，一般由法院指定管理人，债权人会议也可以另行指定来代替法院指定。德国《支付不能法》第 57 条规定，应当任命一名对具体案件较为合适的，特别是懂行且独立于债权人及债务人的自然人为破产管理人。在任命破产管理人之后召开的第一次债权人会议上，债权人可以选举一名另外的人来取代所任命的破产管理人。[③] 1986 年《英国破产法》规定，在公司破产中，债权人可以指定接管人，法院也可以指定接管人。但是二者不能同时任职，原则上"谁先指定，谁就留任"。[④]

---

① 参见姚彬、孟伟：《破产程序中管理人制度实证研究》，中国法制出版社 2013 年版，第 99 页。

② 参见胡迪、江子洋：《论破产程序中管理人的选任和变更》，中国破产法论坛"管理人制度的实践与创新"专题研讨会会议，2017 年 4 月于绍兴。

③ 参见李飞主编：《当代外国破产法》，中国法制出版社 2006 年版，第 31 页。

④ 参见沈达明、郑淑君编著：《比较破产法初论》，对外贸易教育出版社 1993 年版，第 124、163 页。

（三）债务人的制衡

1. 债务人破产申请

要从根本上解决中国破产案件“启动难”问题，首先要形成债务人积极申请破产的环境和机制。中国目前的破产案件申请以债权人提出居多，但是对企业经营和资产负债状况最了解的是债务人企业原本的管理人员。债权人提出破产申请不够及时，往往是企业已经陷入资产极少的情况之下才被外界知悉可能存在破产原因，造成破产案件实际“无产可破”的概率增大；同时债权人申请破产还需要收集必要的资料，增加了信息交换的成本。因此，无论是时间成本还是物质成本的消耗，最终都会在企业进入破产程序后转化为破产审判权运行的制度成本，造成破产案件的回收率指标较低，难以提升破产审判权运行质效。

畅通债务人破产申请通道，需要多管齐下。首先，要不断改变债务人对破产制度的认识。通过破产审判典型案例的宣传和示范作用，强化破产审判权运行的保护功能和挽救功能。其次，杜绝“法外审查标准”。部分法院在破产案件立案和受理阶段设置了法定条件之外的标准，造成债务人申请破产难度增大。中国破产审判的依法受理，不仅是法院依法行使破产审判权进行破产原因的审查，还包含“债务人诉权”对“法院审判权”的制约，法律没有规定的标准不得成为限制破产案件进入的理由。再次，减少政府不当干预。应当转变政府对待破产审判的态度，不仅不应该阻止债务人申请破产，政府还应当与法院积极协作沟通，建立监督预警机制，将出现经营困难企业的破产申请尽可能提前，以保证破产财产最大化和债权人清偿利益最大化，化解社会矛盾。最后，需要尽快制定全国范围内的个人破产法。部分企业，尤其是中小企业，往往会因为资产混同而造成企业主逃避债务、拒绝破产；而部分企业的高管也会因为经营管理问题而需要承担连带责任。允许个人破产之后，因为存在免责制度和重整可能，能够提高企业内部人员申请企业破产的积极性。

2. 债务人异议权与自治权

（1）债务人异议权

债务人异议权包括对破产受理异议的审查。如果债权人提出破产申请，债务人对是否具备破产原因存在争议，此时破产法赋予债务人参与权、异议权，以防止债权人恶意申请损害债务人合法权益。与一般的民事诉讼不同，破产审判在程序启动时审查和确认都是依职权实施的单方司法行为，当事人不享有诉讼程序权利比如辩论权、举证权、质证权等。因此，破产法官根据案件复杂程度和提起异议的情况，可以决定召开听证会。对于债务人提出的异议，破产法官应当进行形式审查还是实质审查也存在不同观点。赞同形式审查的观点认为：如果债权人的债权已经得到生效的判决书、调解书等裁判文书确认，则法院不再对于上述文书进行实体审查，可以直接认定债务人的异议不成立；如债权人的债权未经过生效文书确认，而债务人提出异议并提交了相关证据材料，则法院也不再对于双方债权争议进行实质审查，而应当裁定不予受理，并告知债权人向有管辖权的法院提出民事诉讼确认债权。① 如果债权人以债务人不能清偿到期债务为由申请债务人破产清算，债务人仅以其财产超过负债、能够清偿到期债务为由提出异议，却不能清偿债务或与债权人达成债务清偿协议，法院应认定其异议不能成立，不能据此裁定对破产申请不予受理。债务人对申请人是否享有破产债权提出异议的，法院应当依法对相关债权进行审查。② 但是，一般认为，对于债权人提起的"非自愿"破产，债务人提出异议，法院应当对债务人的异议理由和事实进行实质审查。③ 对于没有生效法律文书确认的债权，为了防止债务人恶意拖延阻碍审理进程，应当对于债务人提出的异议进行合理性审查。通过债务人与债权人签订的合同、债权确认函、支付凭证、对账单的还款协议等证据可以确认债权，而债务人提出异议但并未提交反证的，应当视为对于债务不存在合理争议，进而应当认定债务人异议不成立。

---

① 参见北京市第二中级人民法院民四庭课题组：《破产立案审查问题研究》。

② 参见王欣新：《破产法》（第 3 版），中国人民大学出版社 2011 年版，第 54 页。

③ 参见邹海林：《破产法——程序理念与制度结构解析》，中国社会科学出版社 2016 年版，第 85 页。

（2）债务人自行管理模式下的债务人自治权

重整程序中，允许债务人对企业进行自我管理，也是从降低破产成本的角度出发，将最熟悉企业经营、最有管理经验的人安排到最合适的位置，尽可能实现企业早日营利。债务人自行管理模式下的债务人自治权，是破产管理人权力的让渡，破产管理人也因此需要履行严格监督责任。同时，这也是法院让渡给破产管理人的权力的二次让渡，法院对债务人自治行为也需要进行监督。

四、行政机关

《企业破产法》实施初期，职工安置和外部干扰过度直接导致破产程序难以推进，破产审判权运行的制度成本过高，所以进入法院的破产案件数量很少。后来经过十几年的改革发展，破产审判权运行中法院主导破产程序，政府提供政策支持和配套保障措施，再由破产管理人去具体实施。在这个三位一体的机制中，政府行使行政管理权，需要相对应的职能部门来处理债务人企业清算、重整中遇到的行政事务。国外破产审判中，也需要在一定程度借助行政权力，比如日本金融监管部门享有进入银行、证券公司等更生程序的申请权，美国《联邦破产法典》第 307 条规定联邦破产托管人可以启动破产程序。[①]

中国早期破产立法处在经济转型时期，更加注重对经济风险的控制，因此赋予了行政机关主导性地位。而随着破产案件的增加，破产审判从无到有，独立专业的破产法官群体逐渐形成，但是破产程序中待处理的问题没有本质变化，因此，破产审判权运行社会后果的严重性增加了法官的职业风险。行政机关参与破产程序，以行政权的主动性和及时性来处理因为破产程序而产生的社会问题，是对破产审判权有限性的补充。

（一）降低破产法官执业风险

破产法是一部外部性很强的法律，一个企业破产可能牵涉当地经济

① 参见李飞主编：《当代外国破产法》，中国法制出版社 2006 年版，第 481 页。

社会生活的方方面面，不单单是债务人与个别债权人之间债权债务关系清理，在影响财政收入的税收、社会稳定的职工安置等方面还有一系列社会问题需要解决。

人具有规避风险的本能；法官是社会生活中高度理性化的司法职业群体，面对职业风险时趋利避害、寻求自我保护是这一逻辑的自然延伸。一般来说，现代化的执行者和受害群体分别有着不同的诉求、利益和观点，相互竞争、相互冲突。他们被迫从原因和结果、发动者和受害者的角度共同界定风险。① 法治现代化过程中，法官面对的审判风险来自非其自身在案件审理过程中的违法行为，以及其他违背道德伦理而发生的损害其自身利益的事件。而在破产审判过程中，破产法官的决策可能波及的范围和影响的群体都与一般民商事案件不同，由破产衍生的社会问题是破产法官必须要面对的问题，然而单靠破产法官无法解决这些问题。

虽然破产审判权运行过程中行政机关的介入和参与是一种普遍存在，但是这种实际存在的状态不能作为判断破产审判权理论和运行规范是否正确的标准。现阶段，行政机关参与的实然状态并非司法客观规律的自然体现，而是人们主观判断和对破产案件审理效率价值要求所致，是特定的司法政策所为。虽然制度和政策的合理性需要实践来检验，但是实践并非合理性本身。破产审判权运行法院与行政机关的关系之所以非常复杂，是因为破产案件的特殊导致对这一问题不能以审判权独立行使来评价，这也并非在本书中能彻底解决的问题。

在对破产审判专业化与提升破产案件审理质效这一核心问题的分析和研究中，行政权参与是解决破产程序中非司法性问题最直接和最有效的方式。因此，需要规范行政机关的参与，在降低法官执业风险的同时，最大限度地保障破产审判权独立性。法律制度对于系统经济风险控制和债权人利益维护这两个在短期内互相矛盾和冲突的价值取向如何进

---

① 参见［德］乌尔里希·贝克：《风险社会：新的现代性之路》，张文杰、何博闻译，译林出版社2018年版，第17页。

行权衡，是行政部门和司法部门进行“行政权”与“司法权”界限划分的直接决定因素。[①] 王欣新教授将中国破产法制中司法权与行政权关系的表现总结为：某些行政权前置于司法权；某些行政权配合司法权行使。[②] 在破产审判权运行中一方面要防止行政权力对法官裁决的干预，另一方面要在行政权有限参与的基础上最大化提升对破产财产处置和企业融资、税收和信用修复等方面问题的解决效率。

1. 中国行政机关参与模式演变

中国经济社会快速发展和转型过程中，审判权作为理论上被动中立的权力在行政权发起和组织的社会运动中地位尴尬。在中国破产审判权运行的不同时期，审判权与行政机关行政权力的关系也呈现一种动态变化的过程。

（1）行政主导时期

20 世纪中国破产法试行时期，企业负责人与国家机关、事业单位的国家干部之间并不存在真正的界限。[③] 于是在具体破产案件中，破产审判权行政权能够行使的实际空间十分有限，此时行政机关不仅干预破产审判权行使，还可以说取代法官在进行“行政性破产”。《企业破产法（试行）》将劳动债权放在第一位，国家债权放在第二位，债权人放在最后，体现典型的政府主导特征。国务院根据《企业破产法（试行）》第 4 条[④]的立法授权，颁布《关于在若干城市试行国有企业破产有关问题的通知》和《关于在若干城市试行国有企业兼并破产和职工再就业有关问题的补充通知》（以下简称《职工通知》）等文件，明确政府对企业破产的组织领导及其相关部门的协调合作。这一时期，破产审判的启动需要经过政府审批。《企业破产法（试行）》第 8 条规定债

---

① 参见吕力、陈金春：《浙江省瑞安市人民法院 2013 年 ~ 2015 年破产衍生诉讼案件调研报告》，载《破产法论坛》第 12 辑，法律出版社 2016 年版。

② 参见贺丹：《破产重整控制权的法律配置》，中国政法大学 2006 年博士学位论文，第 73 页。

③ 参见朱永贻：《实行企业破产法的合理性及其限制》，载《经济研究》1986 年第 9 期。

④ 《企业破产法（试行）》第 4 条规定：“国家通过各种途径妥善安排破产企业职工重新就业，并保障他们重新就业前的基本生活需要，具体办法由国务院另行规定。”

务人企业申请破产需要经其上级主管部门同意，比如武汉市政府在推行破产制度过程中为了解决员工安置问题，要求企业申请破产立案前，一定要找到一个收购方以解决安置职工的资金急需，否则，企业再困难也不允许破产。① 但是非国有制企业没有主管部门，而地方法院僵化实施这一条法律规则，导致进入破产审判的非公有制企业很少。这一时期对破产企业职工的安置，依据国务院《职工通知》第 5 条的规定，费用不足的根据企业隶属关系，由同级政府负担。这一规定虽然明确了政府在破产企业职工安置中的责任，但是也为地方财政带来了巨大负担。这一时期产生的“清算组”制度延续至今，其存废问题一直没有达成一致。清算组根据《企业破产法（试行)》第 24 条第 2 款的规定，虽然名义上由法院指定，实际上都是企业主管部门的工作人员，作为政府机关的一个临时工作组，法官的决定权意义不大。由于《企业破产法(试行)》没有对法院在破产案件中破产审判权行使进行明确规定，破产案件又是多方利益聚集的“权力（利）池”，一旦行政机关、破产企业、债权人和法院出现不同意见，法院往往没有决定权。因此企业最终能否通过破产审判对债权人的实现公平清偿和自身利益保障，成功实现司法环境下的破产，当时法院没有话语权。债权人和企业职工对清算方案的不满和对破产程序的抵触，可能造成法院对内对外两面尴尬的处境。

（2）法院主导时期

从《企业破产法》实施，到 2016 年中国破产制度向市场化破产过渡的 10 年间，破产法依据市场经济发展的最新成果和理念，将社会公共利益纳入法律保障范围。法院是破产程序的绝对主导者，政府对破产申请的审批程序取消，由法院对债权人或债务人提出的破产申请进行形式审查和实质审查，判断被申请的企业是否出现了破产法规定的破产原因，从而给出裁定。创设破产管理人制度，一方面为分担法院的工作压

---

① 参见高鹤君：《破产中的观念冲撞——关于武汉 38 家企业破产的调查与思考》，载《瞭望新闻周刊》1995 年第 20 期。

力，另一方面是防范和杜绝政府干预的有效方式。通过聘请专业的社会中介机构和个人作为中立的第三方参与破产审判，取代由行政机关工作人员组成的“清算组”，能够提高破产案件处理的专业性，提高破产审判效率，同时以社会权力制衡国家行政权力，保障债权人公平受偿。此外，修订了有关职工债权规则，将政府从破产审判的企业职工安置问题中剔除出去。随着中国法律体系的完善和配套制度的构建，与破产企业职工安置有关的《劳动法》《社会保险法》等法律规则接连出台，职工债权的保障也逐渐完善。

（3）市场化破产时期

党的十八届三中全会提出紧紧围绕使市场在资源配置中起决定性作用，深化经济体制改革的理念，2016 年中央经济工作会议和《政府工作报告》提出的“调整经济结构”“去产能”成为中国市场化改革的政策导向。而要实现市场主体平稳有序退市，需要尊重经济规律、充分利用市场机制，也需要充分发挥破产审判权对经济调解的间接作用，实现市场主体退出制度的市场化与法治化的统一。这一阶段的破产审判中，法院仍然居于主导地位，但是开始重视破产管理人队伍的地位和作用，更加注重债权人的意思自治，同时也更加客观辩证地看待行政机关在破产案件审理中的独特价值，“政府成为破产事件的协调者和风险处置的组织者”。① 中国破产制度的发展过程中，行政机关参与弱化与司法权力逐渐占据主导地位同步进行，以审判权来代替行政权，实现破产案件处理的统一化、市场化和法治化；同时，行政机关的事前引导与预警和事后的救济与协调能够缓解破产法官的负担，提高破产财产处置的效率，优化破产审判权运行的社会效果。其中的成果之一就是通过探索构建府院联动机制，优化营商环境。

2. 官方管理人参与模式

行政机关参与破产审判可以通过“官方管理人”这一特殊机构来

① 参见徐根才：《破产法的无政府与破产程序之外有政府的碰撞——“府院联动”机制的诞生札记》，载徐阳光、张婷主编：《破产法茶座》第 3 卷，法律出版社 2019 年版。

实现。英国和美国的破产制度运行中，在市场管理人缺位或者尚未指定市场管理人时，破产财产临时接管职责是由官方管理人承担的，[①]无论是美国的联邦受托人还是英国的破产管理署，都为破产程序中的“市场化弊端”提供了兜底方案，使得破产程序得以顺利进行。

（1）官方管理人的功能

第一，设立官方管理人解决“无产可破”案件的困境。处理“无产可破”案件具有公益性质，政府对此责无旁贷，应设立专门的破产管理机构，通过法律援助方式对“无产可破案件”提供管理服务。英国的官方接管人在财产不足以支付私人破产执业者费用的破产案件中充当破产托管人或者清算人，官方接管人会进行初始调查以确定破产财产的范围，当破产财产足以支付破产费用时，案件将移交私人破产执业者。[②]美国的无产可破案件一般由联邦托管人作为破产信托人，此时破产案件的报酬支付给破产法院的书记员，由书记员将其存入“联邦托管人系统基金”。

第二，设立官方破产管理人分担法院管理职能。这种分担主要表现为官方管理人对市场管理人和当事人进行监督。市场管理人接受的来自官方管理人的监督主要有美国和英国两种方式。美国联邦受托人是联邦司法部任命的官员，其职能是承担原本由法院进行的指定和监督破产信托人的任务，同时也可以直接担任破产法典第七章和第十三章破产程序的破产信托人。美国联邦托管人的职责之一，是在破产案件中保障公共利益，通过对破产管理人进行监督确保破产财产被适当地、诚实地管理，在破产管理人与法院之间发挥了缓冲和补充的作用。联邦托管人能够监督在《联邦破产法典》第十一章、十二章和十三章下破产重整计划的实施，加强对破产管理人的监督，确保债务人缴纳申请费、提交文件，协助起诉破产案件中的犯罪行为以及对债务人进行审查和向破产法

---

① 《英国破产法》第 399 条规定：在破产管理人或者清算人缺位时，官方接管人接棒成为正式的破产管理人。

② 参见［英］费奥娜·托米：《英国公司和个人破产法》（第 2 版），汤维建、刘静译，北京大学出版社 2010 年版，第 207 页。

院提请驳回案件等。至于联邦托管人的职权范围与美国的司法制度自身特点有关，在美国检察机关属于行政机关的一部分，因此隶属于司法部的联邦托管人可以在破产审判中发挥检察、监督的作用。英国《1883年破产法》将破产程序的职能分为司法职能（judicial function）和管理职能（administrative function），司法职能归法院负责，监督管理和控制的职能则委任给政府的职能部门即贸易委员会负责。管理人接受贸易委员会的监督，贸易委员会有权要求他们做出保证，有权审计他们的账册，有权对他们的履职行为进行普遍性监督。① 英国破产程序中，未获得临时保护命令的个人自愿整理程序中，债务人提交资产负债表和整理条款后，被提名人（管理人）需要向法院提交关于整理的建议，以及有无通过的合理预期，② 个人自愿整理的监督人可以因为出现特定理由③提出申请宣告债务人破产，这都是管理人对债务人行使监督权的表现。④

就目前已经设置官方管理人的国家和地区的实践来看，官方管理人在企业破产程序与个人破产程序中都发挥着重要作用：一方面，在一定程度上解决了社会中介机构因为逐利性而产生的破产案件被区别对待问题；另一方面，能够弥合破产程序启动前和启动之初关于破产财产接管衔接不良的真空地带。但是，美国设立联邦托管人的立法过程遭遇了破产执业群体的阻碍，因为“破产律师和破产法官在破产业务中的重要性会大打折扣”⑤，更深层面也是行政权与破产审判权和破产管理权的博弈。“官方管理人”是一种通俗说法，其本身是由政府设立的专门负责

---

① 参见徐阳光：《英国个人破产与债务清理制度》，法律出版社2020年版，第36页。

② 参见［英］费奥娜·托米：《英国公司和个人破产法》（第2版），汤维建、刘静译，北京大学出版社2010年版，第88页。

③ 理由如下：债务人不履行整理方案规定的义务；债务人在通过个人自愿整理决定的过程中提交了错误的或误导的信息；债务人不履行监督人关于整理的合理要求。参见［英］费奥娜·托米：《英国公司和个人破产法》（第2版），汤维建、刘静译，北京大学出版社2010年版，第154～155页。

④ 参见杜若薇：《个人破产程序中的管理人设置》，载《中国政法大学学报》2021年第4期。

⑤ ［美］小戴维·A. 斯基尔：《债务的世界：美国破产法史》，赵炳昊译，中国法制出版社2010年版，第112页。

破产事务的行政机关，可以称作破产事务管理局。一般来说，破产事务管理局应具备的功能包括：追踪破产法实施，整理法律实施数据，为破产法制定和实施提供依据。①

（2）中国官方管理人设置探索

2021 年 3 月 1 日，伴随《深圳经济特区个人破产条例》在深圳正式实施，全国首家个人破产事务管理机构——深圳市破产事务管理署挂牌成立。目前，该机构由深圳市司法局主管，主要负责个人破产管理人管理、实施破产信息登记和信息公开制度、提供破产事务咨询和援助服务、建立健全政府部门办理个人破产事务的协调机制。② 官方破产管理人具有“双重角色”：一方面，作为行政机关的职能部门，他们是法定的公职人员（statutory office holder）；另一方面，在具体处理破产案件中作为破产管理人时，他们被看作受雇于该机构的公职管理人（a civil servant employed by the service）。所以官方管理人的作用体现在两个方面：其一，作为管理破产程序的行政机构，制定破产政策，监督和管理破产管理人；其二，参与具体破产案件，担任破产管理人，如在无产可破案件和个人破产案件中承担管理人的职责。官方管理人的权责范围应当包括企业破产和个人破产，深圳破产管理署是为了《个人破产条例》实施而设立的，目前只针对个人破产案件处理其中有关管理性质的事务，无论是机构本身还是职权范围并不完整。未来破产法修订时，立法者需要明确建立官方破产管理人不仅是破产审判的外在需要，也是破产制度发展的内在要求。无论是企业破产还是个人破产制度运行，官方管理人的职权一方面取决于国家权力在司法机关和行政机关间的分配结果，另一方面取决于国家权力与社会权力平衡的考虑，因此官方管理人的破产管理权行使范围和物质保障都需要法律予以确认。

《企业破产法》实施初期面临的问题是政府行政权力不当干预，随

---

① 参见李曙光：《中国迫切需要建立破产管理局》，载《南方周末》2010 年 7 月 1 日，F31 版。

② 参见梁榆其等：《“零”的突破！全国首家个人破产事务管理机构在深圳挂牌》，载微信公众号“破产法实务”2021 年 3 月 1 日，https://mp.weixin.qq.com/s/yNrbpXQpRrGtXCOfldUnsA。

着行政权限缩和供给侧结构性改革不断深入，企业破产面对的问题是政府如何填补法院司法权力延伸不到的地方；政府与法院之间职责不清、界限不明的问题始终阻碍中国破产立法目标的实现。破产审判权运行过程中，需要借助公权力来弥补市场经济的自身局限性，一方面需要在破产修订中通过法律条文的形式对官方破产管理机构进行确认，另一方面，也需要行政机关在“府院联动”的基础上，从破产案件审理的现有经验着手，尽快将建立官方管理人的对应部门和人员确定下来，“明晰政府和法院之间的职责分工，司法只负责处理与破产有关的法律问题”[①]。

（3）明确官方管理人的职权

官方管理人作为行政机构的分支，主要是为了确保财务失败能够得到公平有效的处理，防止欺诈和不正当行为而进行以下工作：制定政策、进行官方接管人的活动、处理关于可能构成犯罪或违法的行为的报告、执行破产执业者的规范以及为破产管理署账户的用户提供金融服务，[②] 包括调查破产人在破产之前和破产程序中就财务事务涉嫌触犯刑律或不诚信的行为，及时向法院报告。官方接管人可以询问银行和建房互助协会等可以提供有关破产人的资产和债务情况的组织，也可以向第三方询问其他与破产案件有关的事情。[③] 从香港破产管理署的运行模式来看，它实际上分担了法院的部分职能和角色，对债务人处在直接监督的位置，而法院则处在对破产事务的第二监管者的位置。[④] 中国破产案件审理中存在审判权与行政权权责不明的问题，所以需要明确，官方管理人机构的主要任务是将法院对破产管理人的部分行政管理职能剥离出去，并且从行政层面发挥对社会中介机构的管理人的监督作用，但是不

---

① 董璐：《找一面镜子照出更多精彩——评〈英国个人破产与债务清理制度〉》，载《人民法院报》2020年11月6日，第6版。

② 参见［英］费奥娜·托米：《英国公司和个人破产法》（第2版），汤维建、刘静译，北京大学出版社2010年版，第205页。

③ 参见徐阳光：《英国个人破产与债务清理制度》，法律出版社2020年版，第66页。

④ 参见杜若薇：《个人破产程序中的管理人设置》，载《中国政法大学学报》2021年第4期。

得对破产管理人的选任和破产审判进行不当干预。《深圳经济特区个人破产条例》首次将审判权与破产事务管理权进行分离改革，明确了政府职能与责任。

（二）配合破产审判权运行

破产审判权独立的最终目标并不是行政机关对破产企业处置弃之不管。依法独立行使审判权的一个重要表现就是审判权的行使不受任何单位和个人的干预，尤其是行政机关的干预。但是，破产案件往往牵涉经济生活的诸多领域，不同于普通案件审判结果只对少数个体有效力，其影响范围较广、影响人数较多。法院作为司法机关，不具备处理社会事务的职权和能力。如果法院对破产案件的审理只注重法律效果而不注重社会效果，不利于破产企业的妥善处置。此外，很多案件获取最终处理结果需要行政机关的配合，如在重整中陷入债务困难企业的税收政策和银行信用档案，这些对于企业最终能否引入新的资金完成重整再生十分关键，需要地方政府给予支持。

1. 明确政府参与的性质

要提升破产案件审理效率，一方面，要对破产法官进行科学考评，解决破产法官的后顾之忧，从内部重新对审判资源进行配置；另一方面，要积极寻求外部力量，共同化解社会治理难题。中国破产案件审理中审判权和行政机关行政权的冲突，不同于西方社会司法权和行政权的分权与博弈，其表现往往是地方政府阻碍当地有影响力但是已经陷入经营困境或者需要淘汰落后产能的企业进入破产程序，影响破产审判启动。而一旦企业进入破产程序，地方政府则将与破产企业有关的全部事项都交由破产法官处理，尤其是破产审判权行使中案件繁杂而多样的待办事项在法院、管理人和行政机关之间尚无明确的权限划分，造成行政机关“逃避责任”和“懒政行为”的出现。

行政机关在配合法院参与破产审判权运行的过程中，需要明确自身机构的性质与资源配置的关系。行政和市场两者在追求的目的、效益等方面存在差异，行政与市场导向的差异可能导致社会资源的配置出现不符合市场规律的结果。针对目前已经出现的产业布局和产能过剩问题，破产程序很大程度上是一次纠偏过程，如果在破产审判过程中轻视甚至忽略、背离市场导向，一方面可能侵害债权人的利益，另一方面将无法实现破产对社会资源和资本的市场化有效再配置和再利用这一基本的制度功能和价值，加大再配置的经济和社会成本。因此破产法官需要在破产审判中树立联动思维，建立必要、可行的府院协调机制，分流解决本应由政府承担的社会问题，这是推进破产程序高效有序进行的条件之一。当前中国的破产审判正在从法院主导向市场主导转变，因此原有司法主导下，伴随司法权力严格控制资源配置出现的政府参与程度较高而市场化程度较弱的问题，也导致了中国营商环境评估中存在短板。

破产审判向市场化转型过程中，更多地要借助破产管理人和债权人、债务人的力量，政府不再作为破产管理人出现，参与度降低；但是在企业职工安置、税收和企业信用恢复方面，政府部门具有不可替代的作用，因此需要对政府在审判中的地位和作用进行确定。中国的市场化破产是要解决过去政策性破产中政府不当干预的问题，是对破产法领域市场排斥政府的基本关系的正确认知和判断。但是政府主导破产时，在国有企业退市、经济结构调整和维护社会稳定等方面，政府的作用不容忽视。《企业破产法》引入管理人、破产重整等制度，确定破产程序由司法主导，排斥政府不当干预；但是从制度经济学外在制度理论出发，保护和支持社会制度是政府的主要职能之一，政府有义务保障破产法的有效实施，解决破产法实施中遇到的各种问题。①

2. 杜绝行政权不当干预

破产法和破产审判的市场化改革排斥行政权的不当干预，但是不排斥政府对于破产法的保障作用；行政机关的行政权行使能够通过制定经济和社会发展规划、法规和政策，运用金融、信贷、财税、价格工具等

---

① 参见王欣新、王斐民：《政府与市场之间的经济法——以政府保障破产法实施为例》，载王欣新：《破产法前沿问题思辨》，法律出版社 2017 年版。

手段维护和管理市场秩序，处理经济主体纠纷。[1] 因此，法院需要在党委领导下与政府职能部门沟通，搭建协作平台，妥善处理破产案件的社会问题，实现供给侧结构性改革的目标。

（1）府院联动机制探索

目前中国各地法院都与当地政府进行了合作和探索，积累了一定经验，但是要防止行政权力对破产审判权的过度干预，还需要从立法和司法实践的层面，对于法院与政府部门在破产案件处理过程中的职责和权力进行明确的划分，对于已经较为成熟的联动机制可以在全国范围内推广。常态化的"府院破产统一协调机制"，主要包括建立企业债务风险预警机制和企业破产处置联动机制两个方面，前者需要政府职能部门与法院共享资不抵债或者经营存在危机的企业的信息，对于还没进入破产程序的企业，如果存在隐患，政府部门可以及时通知法院，防范风险；后者则是对于债务人企业的职工问题、债权人矛盾突出或者对当地影响较大的破产案件，搭建由经信、国资、发改、财政、税务、公安、工商、银行和法院多部门共同参与的联席会机制。[2] 但是，全国范围内政府常态性的企业风险处置机制还没有建立起来，与破产审判不对接；债务人企业的税费缴纳、金融监管、征信体系等与破产法的要求不相符；法院与政府部门的权力、职责界定不清晰。

目前来说，我国法院的社会职能和功能定位与其解决案件所需掌控的社会资源并不能一一对应，因此破产审判工作如果离开政府支持，破产案件中涉及的诸多社会问题都难以处理。法院需要借助党委的领导，加强外部沟通，在法律程序上主导破产案件的顺利推进。建立法院主导下的政府与法院联席工作机制，已经在地方破产审判实践中取得一定成果。在这个机制中，地方政府首长与法院院长进行联席会议，政府可以对破产企业的经营状况进行事前的调查和了解，在破产案件审理过程中

---

① 参见李素锔、邓建华：《刍议破产程序中的政府职责》，载王欣新、郑志斌主编：《破产法论坛》第18辑，法律出版社2020年版。

② 参见郑伟华：《从破产审判实践看人民法院如何更好服务首都供给侧结构性改革》，"新时代破产审判的司法进路"京津冀法院破产审判研讨会会议论文，2018年7月于北京。

对职工权益保障、税收等政策进行调整，事后规范企业注销登记等。

(2) 明确法院与政府的关系

要切实保证破产案件得到妥善处理，实现供给侧结构性改革的目标，需要法院主导破产程序，政府提供政策支持和配套保障措施，再由管理人去具体实施。在这个三位一体的机制中，要明确法院与政府的角色和地位：法院是司法机关，行使司法审判权，掌控破产程序的司法进程；政府是行政机关，行使行政管理权，需要相对应的职能部门来处理债务人企业清算、重整中遇到的行政事务。

目前针对中国破产案件中的实际问题，法院与政府搭建常态化对接机制的大体方向有 7 个：第一，在职工安置等群体性救济中，行业主管或政府部门需要与法院协同处理；第二，破产审判中债务人企业由于欠税而无法开具发票的问题在清算程序和重整程序中都存在，企业税负过重、税务注销困难，影响清算程序推进和重整计划的执行，需要税务部门与法院的破产审判步调一致；第三，法院需要与社保部门沟通，要对破产案件中涉及的债务人企业职工安置、退休金发放、职工关系转出等手续进行简化和配合，维护社会秩序；第四，对于企业股权变更、企业注销和动产质押与破产案件审理衔接困难的问题，需要企业的市场监管部门对于法院的裁决进行配合；第五，银行对于债务人企业的资金流失和资金安全审查有主体优势，重整后企业的信用修复和再融资也需要银行的配合，法院能够发挥的作用有限；第六，对于破产审判中不动产的登记、审批等环节欠缺的手续，需要国土、建设、规划、消防和环保多部门的协调完成手续的补办，缩短破产审判的审理时间；第七，电力、自来水、煤气、电信网络等国家垄断部门需要对破产审判中的债务人企业的费用收取和资源使用进行协调，协助法院的审理工作。① 为了调动管理人的工作积极性，各地成立的破产管理人基金也需要政府的资金支持，对无产可破案件的管理人进行补贴。

---

① 参见胡庆龙、谢炳连、程顺增：《建立常态化的企业破产工作统一协调机制》，载程品芳主编：《人民法院企业破产审判实务疑难问题解析》，法律出版社 2016 年版。

未来可以考虑在一定情况下赋予行政机关提起破产申请的权力。在由债权人或债务人申请破产的情况下，如果债权人或债务人消极申请，法院作为居中裁判者和被动的裁决者，不得依职权启动破产程序。面对现阶段“执转破”的破产审判现状，执行部门已经查明企业没有可供执行的财产，可以由地方政府部门向法院申请破产，因为行政机关对执行不能企业的资产状况和社会资源的了解和调查具有天然优势。因为行政权的特点，行政机关能够在企业陷入经营困难的初期就掌握相关情况，由政府机构早一步提起破产申请，能够预防可能的风险，利于经济发展良性循环。

小结

同一个破产制度，在有专业破产管理人、破产法官的国家与司法环境、宏观经济环境欠发达的国家，其运作效果必然是不同的。因此，提升破产审判权运行质效既要改善破产法实施的大环境，也要关注破产程序参与的各方主体；既要关注破产程序中执业群体的素质要求，进行与我国破产审判相适应的规范性选拔，也要通过规则和制度构建合理激励机制，充分发挥“人”在破产审判权运行过程中的创造性，降低制度成本。

首先，明确法院以中立性、专业性和权威性的审判权行使主导案件审理程序这一法律地位，以及破产管理人作为社会中介机构参与破产程序，凭借其中立性和专业性行使破产管理权。为实现破产审判专业化，既要通过改革深化破产审判机构的专门化，早日建立破产法院，对人员与案件进行合理配置，提升破产法官的专业能力，又要根据案件实际情况优化破产管理人选任模式，不断提高破产管理人执业水平。

其次，从当事人角度来说，债权人和债务人既是破产审判权运行的受益方，也是行使监督权的主体；充分保障债权人和债务人作为案件当事人的意思自治和程序选择权，成为保障破产审判权运行公正与效率的关键一环。

最后，从辅助行为的角度来说，在破产审判转型阶段，可以根据行政机关行使行政权主动、高效、针对性强的特点，减少外部不利因素对破产审判权运行质量和效率的影响，但是也需要明确行政机关参与案件处理的法定限度，防范不当干预。

总结来说，在破产审判权运行中，应梳理各参与主体之间彼此独立、制约又相互配合的关系，明确各参与主体在破产审判权运行中的地位，规范各自职责和权限范围，发挥各主体在提升破产案件审理质效方面的积极作用。第一步，设立专门的破产审判机构，配置专业的破产审判人员。第二步，强化管理人中心主义。第三步，提高债权人和债务人参与破产程序的积极性。第四步，规范行政机关参与破产审判。

第五章　破产审判权运行的权能

破产审判权的权能是破产审判权的具体内容。破产审判权运行的核心，是在破产审判中，由专业的破产法官行使各项权能，与其他参与主体形成多方法律关系，共同实现高效有序的资源再配置。因此，提升破产审判权运行质效，需要针对破产法官在破产审判中主要权能的行使进行梳理和分析。法官在破产审判中综合运用自身职权来推进破产程序，保障债权债务关系清理过程中各方当事人的合法权益，保证财产处置和分配的公平正义，实现破产法的立法目的和价值．与此相关的各项工作内容，都以代表法院行使审判权的形式出现。

本章对破产审判权权能进行的分类基于我国破产审判实践探索形成的样态，其中各项权能作用的发挥是破产审判权特殊属性的表现。除了衍生案件要进行裁判外，破产案件从立案受理到审理中各类事项的确认，既包含实体事项也有程序事项。法官既要进行法律适用，还要进行商业判断；既要进行控制程序，又要尊重当事人意思自治；既要发挥破产管理权在效率上的优势，又要体现审判权的终局性与权威性，保证公平公正。

一、概述

（一）规范破产审判权的权能

中国破产审判中，法官各项权能的运行非常复杂。法官在破产审判中“身兼数职”，既要依法对债权人会议的决议进行审查、作出裁定，还要对破产衍生案件进行审理、给出裁判结果；既要确认参与主体的行为的合法性，还要裁量企业继续经营的可行性；既要选任和监督破产管理人，还要与政府职能部门沟通合作。首先，法官在破产审判中需要调整审判思维，将破产审判与民事审判进行对比，然后对与破产案件审理有关的所有工作进行分类和梳理。其次，需要通过规则制定明确法官各项权能的性质，以及在破产审判机构专门化和破产审判权专业化改革背景下，为了实现破产审判权运行质效提升的目标，改善主要权能的行使方式。

从司法实践到理论和立法，对破产审判权运行中各项权能的规范，既需要研究破产审判的各项制度，也要注重破产审判中参与主体职权和关系的协调。最终目的都是降低破产审判权运行的制度成本，最大化破产审判权运行的社会收益，同时释放破产审判权这一关键的司法资源，以适应破产案件增多的现实需要。

破产案件中当事人的非对抗性、决议的自治性、待裁决方案的商业性等特点，决定了破产审判中各项权能运行与民事审判中权能运行的逻辑和方式有所区别。但是，规范破产审判权运行中各项权能，没有脱离审判权本身的属性和制度设计，既要吸收民事审判改革的成果，也要解决破产审判中的特殊问题。破产案件审理机制、参与主体和评价标准具有自身特点，因此对破产审判机构专门化程度和破产审判人员专业水平提出了更高要求。

（二）中国破产审判权的主要权能

法官在破产审判中的权能复杂多样，所以破产审判权的内涵丰富且外延不断发展变化。虽然破产审判权运行有自身的逻辑和模式，破产案件非讼性与衍生案件诉讼性并存，但是破产审判权脱胎于民事审判权，对破产审判权具体内容的分析要以民事审判权的基本理论为依托展开。

民事审判权的权能从宏观上可以划分为事实认定权、法律适用权和诉讼程序指挥权三大类。进一步细化民事审判权的内容，可以将其权能分为：受理案件权、查明和认定事实权、正确适用法律并作出裁决权、组织和指挥诉讼权。[①] 从案件审理的角度来说，认定事实与法律适用总是同时存在，法官在二者相互交织的基础上作出裁判；而法官对程序的指挥和控制，则是为了保证诉讼的程序正义，贯穿始终的权能。因此，如果从广义上对案件进入司法程序的各个阶段进行归纳，民事案件审理起始于受诉法院对案件具有管辖权，正式开始于法院对案件立案受理。案件由立案庭进入审判庭之后，审理法官需要根据双方的争议、提交的证据查明和认定事实，需要控制破产程序、指挥庭审，需要依据法律规定进行裁量，给出最终的裁判结果。

破产审判中，破产案件与衍生案件并行，二者的审理机制不同。因此，相比民事审判，破产审判权运行过程中的各项权能都存在自身特殊性，例如，破产案件中不存在双方当事人对案件事实的举证，法官居中裁判。为了提升破产审判权运行质效，对破产审判中法官职权的划分和安排要从案件审理质量和效率提升的角度出发，又要对应民事审判权的权能划分，因此，可以将破产审判权的内容划分为管辖权能、受理权能、确认权能、控制权能和裁量权能 5 个方面。其中，具有管辖权是法院确定自身依法受理某一企业破产案件的前提，因此管辖权能是破产审判权运行中的基础性权能；案件受理的裁定影响进入破产审判的案件的数量和类型，受理权能是通过破产审判权运行来畅通中国企业退市通道、加速破产案件审理、化解企业破产案件“受理难”的关键性权能；确认权是一项实体权力，是法院对具体决议或行为作出的肯定或否定性结论，因此确认权能是在破产审判中体现审判权终局性和权威性的核心权能，但是由于破产案件审理机制的特殊性，破产法官确认权能的范围有限；控制权能是提升破产审判权运行质效的保障性权能，法官在破产审判中通过控制权来推进破产程序进度、实现破产案件与程序最优匹配、提高破产审判效率；而裁量权能则是破产审判权运行中表现特殊的权能，因为破产重整程序中法律赋予了法院强制批准权，为了提高破产案件审理的质量，法官需要在法律与现实，债权人、债务人与社会公共

---

① 参见张艳丽主编：《民事诉讼法》，北京大学出版社 2013 年版，第 90 ~ 93 页。

利益之间进行平衡和自由裁量，进行商业判断。

二、破产审判权的管辖权能

在民事审判中，法院的管辖权是受理案件的前提和基础，也关乎案件审理的质量和效率提升。因为划定法院对案件的管辖权能范围，是为了更好地确认一审案件的分工和权限。中国的破产审判专业化改革，是从破产审判机构专门化开始的，新的审判机构设立也意味着破产审判管辖权的调整。管辖权能是破产审判权运行中的基础性权能，是破产程序得以正当合法进行的必要前提。接收破产申请的法院立案部门，首先会就法院对该破产案件是否具有管辖权进行审查，拥有管辖权是法院行使破产审判权的合法性依据。

破产审判中包括破产案件审理与衍生案件审理，二者无论是在案件类型、当事人类型，还是审理机制上都有所区别，因此从理论上来说法院应当对两类案件的管辖进行区分。但是，破产案件与衍生案件的裁判结果互相影响，增加了破产审判的难度。为了提升破产审判权运行质效，需要首先明确破产审判的管辖范围，这既是为了方便当事人提起破产申请和相关诉讼，也是为了法院明确自身对破产案件与衍生案件的管辖权能的范围。

（一）破产案件集中管辖

破产审判中管辖权能的理念与民事审判一致，都要体现公平价值，都需要平衡当事人合法利益保护，将案件利益与法院利益脱钩。[①] 在提升破产审判权运行质效的各个环节中，对破产案件审理效率价值的追求更胜于普通民事案件。破产案件的管辖关乎破产审判任务配置、破产审判机构设置，影响破产审判专业化建设。因此，破产审判的管辖权能安排，既要考虑债务人和破产管理人参与破产程序的成本，也要考虑法院与破产案件的匹配程度，体现“两便原则”的要求。

---

① 参见黄川：《民事诉讼管辖研究：制度、案例与问题》，中国法制出版社 2001 年版，第 54 ~ 57 页。

根据《关于完善四级法院审级职能定位改革试点的实施办法》的思路，民事一审案件主要由基层人民法院审理，少量由中级人民法院审理。民事审判重心下沉是相关改革的重要任务之一。而在中国的破产审判中，对破产案件进行集中管辖的调整，并通过提级管辖来实现，形成了与民事审判不同的发展趋势。其原因是在现有破产审判力量不足、审判专业化水平较低的情况下，要缓解破产案件增加与审判资源短缺的矛盾，以集中管辖来提高破产审判权运行的专业化。但是，在中国破产审判没有从民事审判中完全独立出来的司法环境中，对破产审判权的管辖权能进行特别规制的同时，要协调好与《民事诉讼法》级别管辖与地域管辖的普遍性规定的关系，明确在不同地区存在不同级、不同类型破产审判机构的情况下，方便当事人提交破产申请与法院对破产案件的管辖，提高破产审判权运行质效。

1. 集中管辖实现审判专业化

集中管辖，一般是上级司法机关通过一定方式改变法定管辖，将分散到各基层人民法院、中级人民法院的某一类案件，集中到区域内的某一个或某一些基层人民法院、中级人民法院进行管辖，包括审级提高和地域集中。

对破产案件采用集中管辖原则（vis attractive concursus）是从破产审判权运行层面实现破产审判专业化的方式。集中管辖破产案件，通过将一个地区范围内的破产案件交由一个破产审判机构审理，实现破产法官的基本合理化配置，从而合理配置地区的破产审判资源，切实提升破产审判司法能力和案件审理质效，积累审判经验，在司法实践中训练并形成破产审判思维，在地区范围内实现破产裁判标准的专业化和统一化。

世界范围内对破产案件集中管辖最彻底的国家是美国，其设置了专门的破产法院，配备独立的破产法官序列，实现了跨地区的破产案件审理。美国对破产案件集中管辖是因为：第一，案件数量过多，每年超过100万件的破产案件申请是法院必须面对的现实问题。第二，破产审判中超出一般民事审判权行使范围的工作内容，增加了法官的负担。因此，国会在修订破产法和相关规则的时候，明确将不同类型的案件分配到最适合管辖的法院，提高破产案件的管理效率、减少管辖确定问题的争议，同时符合美国宪法的规定。[①] 德国以破产的事务管辖和职能管辖确定管辖标准，属于专属管辖和一定程度的集中管辖的结合；将破产案件限定于州法院所在地的地方法院管辖是基于破产审判专业化的考虑，因为地方法院所在地一般设有较大的图书馆，且地方法院是上诉法院，法院的专业性程度较高，接近地方法院的法院能够满足破产审判专业化的要求。[②] 日本在破产法修订中追加了专门部门和集中部门的大规模法院的管辖权，以债权人数量为标准进行规定：债权人 500 人以上的破产案件的法院的上级法院可以接受破产申请；债权人 1000 人以上的，东京地方法院或者大阪地方法院可以接受破产申请。[③]

2. 提级实现集中管辖

（1）破产案件的级别管辖

破产案件的级别管辖是划分上下级法院之间受理第一审破产案件的分工权限。相比于民事诉讼，国外各国破产案件的管辖权划分差异性明显。美国破产案件由独立的联邦破产法院管辖，可以看作地区法院的机构。德国《支付不能法》规定破产事务管辖权在地方法院，即州法院所在地的地方法院，德国地方法院是四级普通法院系统内审级最低的法院。日本破产案件一般由地方裁判所管辖（地方裁判所的支部也可以处理破产案件），基本相当于中国的中级人民法院。美国、德国和日本破产案件的级别管辖，是在充分考虑破产审判专业化要求基础上，平衡了破产案件集中管辖内在需求和不同级别法院的审判任务之后，所做出的方案设计。

（2）中国破产案件的提级管辖

目前，中国破产案件的集中管辖还以“提级管辖”来解决破产案

① 参见［美］查尔斯·J. 泰步：《美国破产法新论》（第 3 版），韩长印、何欢、王之洲译，中国政法大学出版社 2017 年版，第 364 页。

② 参见［德］乌尔里希·福尔斯特：《德国破产法》（第 7 版），张宇晖译，中国法制出版社 2020 年版，第 25 页。

③ 参见［日］谷口安平主编：《日本倒产法概述》，佐藤孝弘、田言等译，中国政法大学出版社 2017 年版，第 34 页。

件碎片化、随机化和过度分散的问题；将破产案件集中到中级人民法院审理，以专门的审判团队和更加专业的破产法官来满足破产审判专业化的要求。

中国破产案件的管辖权能集中是司法授权型集中管辖，破产审判庭和破产法庭的集中管辖权来自最高人民法院授权；破产案件的管辖权被提到中级人民法院一级，同时允许基层法院对破产案件行使管辖权，中级人民法院可以将其有管辖权的破产案件交由下级基层法院审理。根据《破产审判会议纪要》的要求，确定破产案件的审理法院，需要考虑破产案件的数量、难易程度，以及法院本身的审判力量等情况，将破产案件审理与各级法院的审判任务进行匹配；既要合理配置破产审判权这一稀缺资源，又要通过制度设计和司法改革，在资源供给有限的情况下发挥最大效用，提高破产审判权运行质效，增加社会收益。由于各地的破产案件数量和类型不同，因此最高人民法院对各地高级人民法院进行了赋权，允许高级人民法院根据破产案件的债权债务关系复杂程度和审理难度调整受理法院的级别，探索实行“中级人民法院集中管辖为原则、基层人民法院管辖为例外的管辖制度；对于债权债务关系简单、审理难度不大的破产案件，可以主要由基层人民法院管辖，通过快速审理程序高效审结”①。

（3）中国破产案件集中管辖模式

中国有3000多家法院，而设立的17家破产法庭和100余家清算与破产审判庭使不同地区的破产案件管辖呈现出不同模式。

第一，设立了破产法庭的城市，其辖区范围内的破产案件一般情况下由破产法庭集中管辖。具体到各个城市，管辖权划分又有不同模式：①以深圳为代表的完全集中管辖，基层人民法院不受理破产和强制清算案件。②以北京为代表的相对集中管辖，全市区级以上市场监督管理部门核准登记公司的强制清算和破产案件、相应的衍生诉讼案件以及跨境破产案件，将由北京破产法庭集中管辖，但是基层法院也可以受理破产

① 参见《破产审判会议纪要》第2条“合理配置审判任务”。

案件。上海市破产案件的集中管辖比较特殊，除破产法庭之外，上海金融法院和上海铁路运输法院对破产案件也有管辖权。

第二，在当地中级人民法院设立了清算与破产审判庭的城市，一般将市（含本级）以上的市场监管机关核准登记公司（企业）的强制清算案件、破产案件交由设立了破产审判庭的法院集中管辖。具体又分为：①以佛山为代表的特殊案件集中管辖。强制清算、重整、和解以及规模较大的企业破产清算案件由中级人民法院管辖，其他案件仍沿用最高人民法院 2002 年的规定确定管辖。②广州和佛山探索建立的基层人民法院分片区集中管辖。若干行政区内的破产案件，由某一破产审判基础较好的基层人民法院管辖，既是跨区管辖，又是集中管辖。①

第三，尚未设立破产审判庭的城市，法院对破产案件仍然按照之前的规定行使管辖权。设立破产审判权和破产法庭能够在一定程度上减少因为破产审判级别管辖而产生的立案受理难和审理专业化水平低的问题，但是破产审判管辖权行使并非机械地只能依据工商登记地来确定级别，而应按照案件复杂程度灵活确定，这也需要受理破产申请的法院在破产审判中不断积累经验，适时修正补充受理案件的标准。对案件的集中管辖能够进一步健全破产审判工作机制，加强破产审判能力建设，对完善破产审判配套机制也会产生积极的促进作用。②

就目前破产审判实践来说，破产案件集中管辖趋势增强，不同类型、不同级别的专门化破产审判机构建立，不同省市的破产案件集中管辖与级别管辖的规定各有特点，没有形成破产案件级别管辖与集中管辖协调统一模式。这造成破产管理人跨区域执业成本增加，不利于全国范围内破产审判专业化改革措施的推进和司法系统内破产审判经验交流。根据《关于完善四级法院审级职能定位改革试点的实施办法》和《关于调整中级人民法院管辖第一审民事案件标准的通知》对各级法院管辖

---

① 参见丁海湖、田飞：《广东省各级各地人民法院破产审判十年的总结与启示（2007～2017 年）》，载徐阳光主编：《中国破产审判的司法进路与裁判思维》，法律出版社 2018 年版。

② 参见秦平：《集中管辖提升破产审判专业化水平》，载《法制日报》2019 年 10 月 31 日，第 1 版。

权的调整，关于破产案件管辖权划分，在既有破产法庭又有破产审判庭的城市和地区更加尴尬。破产审判专门化是要建立破产法院，实现破产审判权独立于民事审判权运行，但是现有的隶属中级人民法院的破产审判庭和破产法庭需要遵守以上规定，不能与其他专门法院一样按照专门标准对案件进行管辖，在一定程度上影响了破产审判专门化改革推进的实践探索。建议改变多重管辖权模式模糊化规定的做法，针对不同级别的破产审判机构划定基本案件审理标准，或者进一步细化到依据破产程序的类型、债权人数量等标准来划分管辖权，无论是集中管辖还是有条件的分散，都应当有法可依。

3. 跨地域实现集中管辖

破产案件集中管辖一方面是提升审级的集中，另一方面是跨地区的集中。

（1）国外破产案件的跨地域集中管辖

国外对破产案件地域管辖，大多规定以债务人住所地确定破产案件法院地域管辖为原则，同时辅以破产财产所在地法院管辖。美国破产案件地域管辖的确定标准规定在民事诉讼法中，范围比较宽：法定住所地、居所地、主要营业地或主要资产于破产前在上述地点以外放置超过180天的所在地等。其中主营业地为法院行使破产审判管辖权的主要确定标准，因为这是“对公司享有利益之人选择掌控企业的地方”。美国通过设立破产法院实现破产案件跨区域管辖，美国90个破产法院并不是严格按照行政区划设置的。

德国以“债务人的独立经济活动中心在管辖区内”来确认区法院具有破产案件管辖权。债务人普通审判籍所在地（住所地）为法院提供地域管辖的标准，如果债务人独立经济活动中心位于另一地点，则该地点所在辖区法院对破产案件具有专属管辖权。[①] 公司内部事实上的意思表示形成地对判断经济活动中心具有决定性作用，即作出指导性决策

① 参见许德风：《破产法论：解释与功能比较的视角》，北京大学出版社2015年版，第242页。

并在公司经营过程中被贯彻执行的地点；如果存在多个住所地，则以主要住所地为准，也有可能数个法院都对破产案件具有管辖权。①

日本破产案件的地域管辖根据与债务人的关联性来确定：债权人从事经营的，根据其主要营业地确定；债务人非从事经营的，根据其住所地等一般地域管辖原则确定；如果不存在上述地点，再依据债务人财产所在地确定管辖法院。为了有效推进破产程序，降低破产费用，日本对破产审判管辖权行使中确认地域管辖的关联范围进行了扩大化处理，合并财务报表的母子公司，法人与法定代表人，连带债务人、主债务人与保证人，夫妻关系中一方的破产案件审理法院可以审理另一方破产案件的申请。②

（2）中国破产案件的地域管辖

目前，中国破产案件的地域管辖原则与公司法一致。《企业破产法》第3条规定了破产案件的地域管辖规则：由债务人住所地人民法院管辖。最高人民法院《关于审理企业破产案件若干问题的规定》第1条，债务人住所地指的是债务人的主要办事机构所在地，没有办事机构的，由注册地法院管辖。债务人存在多个办事机构的，以决策机构为主要办事机构。③ 这种地域管辖模式没有给跨境破产案件受理留下空间，也为实现跨地区的集中管辖设置了障碍。

对破产案件进行集中管辖，一方面通过提升审级来集中案件，以中级人民法院的审判团队来实现破产案件审理专业化水平提高；另一方面，应当通过跨区域案件审理降低地方政府行政权对破产审判权的干预。所以，中国应当在修订破产法时尽可能放宽破产案件地域管辖标准，降低破产案件受理难度，同时协调现有的破产法庭、清算与破产审判庭的集中管辖规定，引入“主要利益中心”（center of main interest）

① 参见［德］乌尔里希·福尔斯特：《德国破产法》（第7版），张宇晖译，中国法制出版社2020年版，第26页。

② 参见［日］谷口安平主编：《日本倒产法概述》，佐藤孝弘、田言等译，中国政法大学出版社2017年版，第33～34页。

③ 参见河北省高级人民法院《破产案件审理规程》；山东省高级人民法院《企业破产案件审理规范指引（试行）》。

原则确定管辖法院。这能够在一定程度上平衡中国破产案件地区分布不均的情况，平衡破产审判资源，分担部分破产法官的压力，提高破产案件审理效率。

（二）衍生案件的分散管辖

中国破产审判中包括破产案件和衍生案件，是破产审判权扩张属性的表现之一。广义的破产案件包括民事案件、刑事案件和行政案件；但是就中国目前破产审判实践来看，实现破产审判“三审合一”的条件尚未成熟，因此狭义的破产衍生案件仅指其中的民事案件，即人民法院受理破产申请后产生的，有关债务人和破产管理人的民事案件。

破产衍生案件与破产案件合并管辖的基本原则在《企业破产法》中有相关规定，但是实践中各地法院为了更加高效地审理破产案件，结合破产审判实践做出了一系列调整，将衍生案件与破产案件区别管辖，衍生案件分散于多个法院进行审理的模式逐渐形成。

1. 与破产案件合并管辖

破产衍生案件除了要符合《民事诉讼法》的规定，还要符合《企业破产法》的规定，发生在债务人破产期间，围绕债务人破产财产展开，适用普通民事诉讼程序。中国《企业破产法（试行）》采用吸收合并审判，将衍生案件的诉讼程序与破产程序合二为一，一并处理，不能给予当事人充分的权益保障。而《企业破产法》实施后，虽然将破产案件与衍生案件审理区分开来，保障了当事人的诉权，但是对破产衍生案件与破产案件进行统一管辖。《企业破产法》第21条规定：人民法院受理破产申请后，有关债务人的民事诉讼，只能向受理破产申请的人民法院提起。

破产程序是概括处理债权债务的方式，如果破产程序进行过程中发生与债务人有关的民事诉讼交由其他法院审理，难以协调审判进度。破产衍生案件与破产案件统一管辖，能够减少不同法院分别审理的沟通成本，有利于审理破产案件的法官全面了解破产企业的情况，提高破产审判效率。

（1）各地法院的合并管辖模式

由于《企业破产法》只对破产案件与衍生案件合并管辖进行了原则性规定，没有对具体审理案件的审判庭和合议庭进行规定，实践中各地法院在统一管辖规定之下进一步细化，即是否由同一业务庭审理。厦门市中级人民法院在集中管辖破产案件的基础上，对破产衍生案件的管辖权规定为："集中管辖的破产、强制清算案件所产生的衍生诉讼案件，由中院受理，并由中院负责破产审判的业务庭承办。上级法院或本院此前对案件管辖另有规定的，按规定办理。各区人民法院受理的破产案件所产生的衍生诉讼案件，仍由各区法院受理、审理。"① 进入同一业务庭的破产案件与衍生案件，是否应当由同一合议庭审理，实践中存在两种不同的做法。其一，以广西壮族自治区高级人民法院为代表的同一合议庭模式："破产衍生诉讼案件原则上应由审理该破产案件的合议庭承办。负责审理破产案件的审判部门应及时协调本院的分案机制，以便破产衍生诉讼案件由审理破产案件的合议庭承办。若办理衍生诉讼案件和办理破产案件仍为不同部门的，则应加强沟通协调。"② 其二，以深圳破产审判法庭为代表的分离合议庭模式：破产案件与衍生案件交由不同合议庭审理，防止审理破产案件的合议庭同时审理破产衍生案件导致的先入为主。

（2）合并管辖的例外

目前，审判资源紧张，各地法院的法官都在超负荷工作，如果将破产衍生案件交由其原本应该管辖的法院进行管辖，增加了移送案件的工作量。同时接收法院不熟悉破产案件，对衍生诉讼掌握的情况不充分，会使原本破产案件的审理期限更加漫长，不利于提高破产审判权运行的效率。

但是，合并管辖也存在例外情况。如果某法院对一个破产案件行使管辖权是上级法院指定的，那么当出现衍生案件时，该法院是否能对破

---

① 厦门市中级人民法院《关于对企业破产及相关案件实行集中管辖的通知》第 3 条。

② 广西壮族自治区高级人民法院民二庭《关于办理破产案件若干问题的指导意见》第 9 条第 1 款。

产衍生案件行使管辖权问题，涉及对破产衍生案件管辖权从属性是否存在例外的规定。因为破产审判权运行是一种对概括执行程序的控制，在整体上协调债权人、债务人和社会公共利益的过程中，对审判权行使的效率要求很高，破产衍生案件由原受理法院管辖也是为了提高整个破产程序的推进效率，因此从破产法的价值追求和破产审判权行使的目标来说，无须再次指定管辖。但是，一些专业性极强的特殊破产案件，如海事案件、知识产权尤其是专利案件等，其审判庭和审判团队不具备专业能力时，坚持衍生案件的管辖权从属原则会拖延破产审判进度，影响破产审判质效。受理法院应当根据最高人民法院《关于适用〈中华人民共和国企业破产法〉若干问题的规定（二）》第 47 条和《民事诉讼法》第 37 条的规定，报请上级法院指定管辖，或在上下级法院之间转移管辖权。①

2. 与破产案件区别管辖

（1）国外的区别管辖

一般来说，国外设立了专门破产审判机构的国家，对破产衍生案件采用区别管辖的居多，这与破产法官在其本国的法律地位有关。无论是美国破产法院的法官，还是日本东京和大阪地方法院专业破产审判的法官，都不审理破产衍生案件，而交由依法确定的法院对案件进行管辖。其主要原因是两国审理破产案件的法官都没有审理破产衍生诉讼的权限。不同法官的宪法地位不同，导致其审理权限不同，因此将破产案件与衍生案件区别管辖，是为了保障当事人的诉权。但是，从另一个层面来说，破产审判专业化推进到一定程度后，“通才型”法官与“专门型”法官在审判专业化过程中形成了不同的能力范围，破产法官审理衍生案件与破产审判专业化要求背离，同时也造成了司法资源浪费，不利于提升破产审判质效。

美国破产审判实务界的观点认为：如果由破产法院来审理所有与破产相关的争讼，会在一定程度上出现诉讼类型与审理资源不匹配的问

① 参见张善斌主编：《破产法实务操作 105 问》，武汉大学出版社 2020 年版，第 11 页。

题，那些仅与破产案件间接相关的诉讼其实并无必要由破产法院审理。而这些非核心诉讼本可以由联邦地区法院处理，但是地区法院的法官对此类破产问题并无兴趣，也没有时间审理。

（2）中国的区别管辖

《企业破产法》规定将破产案件与衍生案件二者合并，可以降低破产成本，提高破产案件审判效率。但是，从实现破产审判权运行专业化角度来说，破产案件与衍生案件审理相分离是必然选择。在未能实现破产审判权机构独立运转的情况下，需要通过破产案件与衍生案件的区别管辖来实现区别审理。

实践中，北京市高级人民法院通过调整区域范围内案件管辖规则，率先实现了衍生案件区别管辖。《关于调整公司强制清算案件及企业破产案件管辖的通知》批准北京市第一中级人民法院将下列破产衍生诉讼案件交由石景山区、门头沟区、海淀区人民法院审理：①按诉讼标的额应由区级人民法院审理的破产债权确认案件；②按诉讼标的额应由区级人民法院审理的取回权案件。上述案件之外的破产衍生诉讼案件和全部强制清算衍生诉讼案件，由北京破产法庭所在法院即北京市第一中级人民法院审理。广西壮族自治区高级人民法院对于衍生案件管辖的具体做法是：受理破产申请的中级人民法院根据衍生诉讼集中管辖规定受理有关债务人的第一审民事案件（破产债权确认之诉）的，可以依据《民事诉讼法》的规定将案件移交下级基层人民法院审理，但根据案件性质不宜下放审理的除外。

虽然合并管辖可以减少案件移送的成本，但是从彻底实现破产审判专业化和提升破产审判权运行质效的角度来说，对破产案件与衍生案件区别审理是总体趋势。因为挖掘破产审判权独立价值、实现破产审判权运行独立性，正是为了将破产案件审理与一般民商事案件审理分离。但是区别审理并不一定需要通过区别管辖来实现。

本书界定的中国破产审判权运行内容包括上述两类案件，一方面是从相对广义层面界定破产审判权的结果；另一方面是因为中国破产审判机构专门化改革尚在进行，破产法官的法律地位和性质与普通法官无异，应先统一对破产审判权运行的认识，而后再细化破产审判内部分工。

破产案件的非讼属性需要法官转换审判思维，因此破产审判专业化需要大量破产案件审理经验的积累，实现专门型知识和人才的交融而非通才型法官培养。北京法院将衍生案件指定由几个基层法院管辖，是考虑到平衡市内整体的司法资源与案件数量，更重要的原因是破产法庭需要集中力量处理企业破产事项。现阶段，破产审判中海商、知产等专业性较强的案件交由专门法院管辖；其他衍生案件原则上与破产案件合并管辖的规定需要随着破产审判机构建设进行调整。专门的破产法院尚未建立时，破产审判其实是通过区别管辖来区别审理破产案件与衍生案件。未来建立破产法院之后，集中合并管辖某一区域的破产案件与衍生案件能够方便当事人，缩短审理期限。但是，需要针对破产审判中较为常见的几类衍生案件审理，设置专门的合议庭，配置审判人员，来实现破产案件与衍生案件的区别审理。

三、破产审判权的受理权能

法院对债权人或债务人等提出的破产申请进行立案与受理是破产程序的开始，因此受理权能是破产审判中第一项发挥作用的权能，对增加进入司法程序的破产案件数量具有关键作用。

中国民事审判的“立案难”问题，已经随着民事诉讼领域的立案登记制改革得到了解决。与民事审判权运行过程中相似的问题也出现在中国破产审判权运行过程中，当前破产审判权运行不畅的一大原因就是破产案件“受理难”。受理破产申请是破产法赋予法院的一项义务性职责。化解中国审判“启动难”，需要法院依法受理破产案件，为破产审判“开源”，因此受理权能成为中国破产审判权运行中的关键权能。

中国破产审判权运行中的受理权能是一种广义权能，具体到司法程序中包括立案与受理两个环节。因此，法院除了被动接收破产申请进行立案审查和受理审查之外，为了解决现有破产观念支配下“怠于申请”“回避破产”造成的破产申请数量难以提升的问题，需要法官适当发挥职权主义优势，衔接民商事审判与破产审判，实现破产原因早发现、破产程序早开始，保障进入破产审判的企业得到及时救助，保证债务人财产最大化。受理权能是破产审判的开始，法官还需要在破产案件受理后，针对破产审判权运行质量提升中的关键——破产财产进行合理安排。

（一）破产案件依法受理

民事审判已经实现立案登记制，即在立案阶段对形式要件进行审查，一般情况下当场立案。而破产审判中破产案件的受理仍然需要经过实质审查，这是因为提高破产审判权运行质效，对破产案件依法受理有两层含义：一是需要畅通市场主体依法退市途径，通过破产程序来保证困境企业不因受理条件过于严苛而得不到及时处置，维护债权人、债务人和社会公共利益；二是法官要基于对破产制度的正确认识，充分利用有限的司法资源，保证应予受理的破产申请与破产法实施精准对接，保证案件受理后的财产处置，提升破产案件审理质效。

1. 立案审查与受理审查分离

最高人民法院要求人民法院在收到申请人提出的破产申请后进行实质审查和形式审查，前者包括审查申请人主体资格、债务人主体资格和债务人是否具有破产原因，而后者主要是对申请人提交书面材料的审查。地方法院的破产审判实践中，一般对破产申请采取形式审查与实质审查相结合的方式。①

（1）改变"立案—审判"模式

为了解决中国破产案件受理难问题，首先要改变传统的"立案—审判"二分模式。过去是在立案阶段，法院决定是否受理破产案件，然后进入破产审理阶段，这种二分模式其实将破产案件的受理、对破产申请的审查和破产程序启动三个阶段混同，直接造成破产案件立案标准太高

① 深圳市中级人民法院《破产案件立案规程》第3条规定："破产案件立案实行形式审查与实质审查相结合的审查原则，形式审查由立案一庭负责，实质审查由公司清算和破产审判庭负责。"第4条规定："破产案件立案审查应当坚持公正与效率原则，注重案件受理法律效果与社会效果的统一。"

而很多案件无法被立案，审查行为游离于程序之外，难以有效监督制约，干预、操控空间大。

为了建立破产审判的“立、审、破”流程机制，使破产申请审查成为独立的诉讼阶段，适用民事诉讼程序加以规范保障，[①] 2016 年最高人民法院发布《关于破产案件立案受理有关问题的通知》以及《强制清算与破产案件类型及代字标准》，将破产案件从民商案件中分离出来，实现单独类型的案件管理。同时，将破产立案审查案件（“破申”字号）从破产审理案件（“破”字号）中分离出来，对破产案件落实了一种立案、审查、破产独立进行的程序安排。这种安排不仅解决了中国破产立案受理环节规则缺位问题，对破产案件程序启动既要进行形式审查，也要进行实质审查，而且也解决了破产案件的立案问题。

根据《关于破产案件立案受理有关问题的通知》规定，对当事人申请破产审判案件：首先，由立案部门以“破申”字号单独管理，一律予以接收并出具书面凭证，按照《企业破产法》第 8 条进行形式审查，实现立案登记制，降低破产申请门槛，提高破产审判权运行的效率。其次，立案登记部门要尽快将“破申”字号案件移送破产审判业务部门，由合议庭对破产申请进行实质性审查，并可以运用听证方式进行，而后裁定是否受理，实现了对破产案件立案受理审查的规范化。最后，破产审判业务部门以“破”字号，对破产案件分别进行破产重整、破产和解或破产清算的审理工作。

对破产案件受理权能的细化分工，是为了提升破产审判权运行专业化水平。“一登记两审查”将破产申请的形式审查与实质审查交由不同的业务庭，既减少了立案庭的工作量，提升了破产案件“破申”字号立案速度，又实现了实质审查由专业审判人员进行，提高破产申请审查质量的目的。以“破申”字号管理经过形式审查的破产案件，使法院最大限度地将破产案件纳入破产审判权运行之中，改变了过去破产审判

① 参见王富博：《破产立案制度改革之我见》，载《人民法院报》2017 年 1 月 26 日，第 5 版。

前移影响受理审查的情况。立案形式审查的主要内容是申请材料的完备性。而破产审判业务庭通过听证程序对申请人的申请资格、企业是否具有破产原因等进行实质审查，并区别情况依法作出处理。通常情况下，受理破产案件时的实质审查是破产法官进行表面事实审查，有利于及时启动破产程序，保全债务人财产和保护债权人合法权益，也有利于对企业及时拯救。①

（2）转变破产观念

中国破产审判中，一些法院在破产案件法定受理条件之外设置破产案件受理条件，限制了破产案件进入审判程序。其原因在于地方政府、法官、债权人、债务人没有对破产制度的作用形成正确认识。因此，法院需要加强与地方政府的沟通，转变政府观念；需要积极宣传，使当事人形成对破产清算、重整与和解制度作用的正确认识；需要以科学的绩效考核标准调动法官的积极性，不允许将法定条件之外的标准作为拒绝受理破产案件的原因。

要发挥破产审判权对市场经济的调整功能，以及保障债权人权益、挽救债务人和社会公共利益的功能，首先需要保证应当经过法治途径处置的破产案件进入审判程序。破产法官要准确把握破产申请法定受理条件，依法保障产能化解和“僵尸企业”出清政策的有效落实，切实做到“不缺位”“不越位”。对于具备法定受理条件的，依法受理，快立快审快结，推动要素资源尽快释放；对于不具备法定受理条件的，以及欺诈破产阻碍执行、转移资产逃废债务的，坚决不予受理。

2. 破产原因的实质审查

案件受理阶段，法官审查债务人企业是否具备破产原因，是破产审判权能运行的开始，也是破产案件受理的前提。在债权人申请破产的案件中，审查债务人企业是否真的发生了破产法规定的破产原因，是因为破产程序一旦启动会产生一系列法律后果，影响债务人企业的声誉、经营和财产关系；在债务人申请破产的案件中，审查破产原因是防止企业

① 参见王卫国：《破产法精义》（第2版），法律出版社2020年版，第45页。

利用虚假破产逃债。法官对企业是否出现破产原因的审查，一方面节约了司法资源，保证真正需要进入破产程序的企业和财产得到及时处置；另一方面能够最大限度地平衡债权人、债务人和社会公共利益，提高破产审判权运行的质量。

（1）国外企业破产原因审查

日本法院对破产清算申请的审查包括破产原因、债务人收支状况，以及清算程序开始的原因，如果债权人之外的主体申请，还应当提交债权人统计表；法官作出破产程序开始的裁定前，要对申请材料进行迅速而秘密的审查，因为破产程序对债权人和债务人影响较大，不采用公开审理和口头辩论原则的程序。[①] 德国破产法要求破产法院审查破产程序启动的前提条件：是否存在破产原因，破产财团是否足够支付破产程序的费用。美国区分自愿破产与强制破产的审查，是通过法院实施驳回规则来实现的；对债务人提交的破产申请，审查内容包括债权人的名单，资产和负债表，当前的收入和支付表，以及债务人的财产状况声明。根据《联邦破产法典》第707条的规定，美国法院可以创设事由来驳回破产申请，如果法院认为存在“恶意申请”事由，会驳回企业破产申请。

（2）中国企业破产原因审查

中国当前的立案登记制与破产原因的审查并非相互排斥的关系。之所以要在受理阶段对债务人企业的破产原因进行较为严格的审查，其一，是要严格运用破产法律规则防范借企业破产逃避债务的行为。如果部分企业投资人、经营者采取非法侵占企业财产、混同企业财产与出资人财产、虚假交易、个别清偿等手段转移财产，要通过法院审查切实防止企业恶意逃避债务，损害相关主体的利益。[②] 其二，严格破产受理来保障当事人权益。不同于一般民事诉讼立案只产生诉讼时效和受诉法院取得案件管辖权，破产程序开始后，债权人的权益和债务人的经营活动、商业信誉会受到影响。

---

① 参见［日］山本和彦：《日本倒产处理法入门》，金春等译，法律出版社2019年版，第50页。

② 参见许胜锋编著：《破产法注释书》，中国民主法制出版社2020年版，第84页。

中国法院对破产案件受理经历了从“审慎受理”到“依法受理”理念的转变。法定的破产原因如下。第一，不能清偿到期债务，需同时具备下列情形：债权债务关系依法成立，债务履行期限已经届满，债务人未完全清偿债务。[①] 第二，不足以清偿全部债务。债务人的资产负债表，或者审计报告、资产评估报告等显示其全部资产不足以偿付全部负债的，人民法院应当认定债务人资产不足以清偿全部债务，但有相反证据足以证明债务人资产能够偿付全部负债的除外。第三，明显缺乏偿债能力。债务人账面资产虽大于负债，但存在下列情形之一的，应当认定其明显缺乏清偿能力：①因资金严重不足或者财产不能变现等，无法清偿债务；②法定代表人下落不明且无其他人员负责管理财产，无法清偿债务；③经人民法院强制执行，无法清偿债务；④长期亏损且经营扭亏困难，无法清偿债务；⑤导致债务人丧失清偿能力的其他情形。第四，有明显丧失清偿能力的可能。债务人因经营管理不善、资金结构不合理等因素，发生对到期债务缺乏现实支付能力而无法支付的情况，对尚有挽救希望的危困企业，可适用破产重整程序。[②]

由于每个破产个案都有自身特殊性，因此需要破产法官根据法律规定、自身知识储备、积累的审判经验进行价值判断。对“不能清偿”状态的认定难度很高，最高人民法院《关于审理企业破产案件若干问题的规定》将“不能清偿”变通解释为“停止支付”是因为中国破产法没有“停止支付”的概念。《日本破产法》第15条采用推定标准，如果债务人停止清偿，就推定为不能清偿到期债务。[③] 一般来说，不能清偿是因债务人缺乏清偿能力，就到期债务处于一般性的、持续性的未清

---

① 深圳市中级人民法院《破产案件立案规程》第20条规定：“下列情形同时存在的，应认定债务人‘不能清偿到期债务’：（一）债权债务关系依法成立且无争议，或已经生效法律文书确认；（二）未经生效法律文书确认的债务履行期限已经届满且未超过诉讼时效；已经生效法律文书确认的债务未超过申请执行期限；（三）债务人未能清偿到期债务或明确表示不能清偿到期债务。”

② 参见曹丽、李国军主编：《破产案件操作指引》（第3版），人民法院出版社2020年版，第10页。

③ 参见李飞主编：《当代外国破产法》，中国法制出版社2006年版，第721页。

偿状态，无法清偿部分债务或一时资金周转不灵的，不包含在内。

（二）构建破产启动职权主义

中国司法改革过程中提出的能动司法理念，实际上指被动立案背景下的能动司法，因为审判权被动性要求法院严格遵守“不告不理”原则，不能主动立案。破产审判权运行应符合审判权被动性的基本性质。

破产程序的启动有申请主义与职权主义的区别。申请主义是指法院必须依据债权人、债务人等当事人的申请启动破产程序，无权在无人申请的情况下，自行依职权启动破产程序。职权主义是指法院启动破产程序并不以当事人等的申请为必备条件，只要债务人发生破产原因，在法律规定的特定情况下，法院可以依职权启动破产程序。[①] 基于文化观念难以短期改变和立法制度存在缺陷的实际情况，在当事人申请破产动力不足的情况下，构建有限的职权主义破产启动模式，可以增加进入破产审判的案件数量，扩大企业退市法治化途径适用，提高破产审判权运行质效。

1. 中国破产启动的申请主义

中国破产审判采取了破产申请主义，破产程序由债权人或债务人提出破产申请而开始。《企业破产法》规定破产申请是人民法院开始破产程序的唯一依据，实行的是绝对破产申请主义，即破产程序只能由法定申请权人提出申请而开始，法院不得依职权主动开始破产程序。[②] 但是，《企业破产法》对债务人破产原因规定了较为严格的受理审查机制，债权人和债务人申请破产的积极性受到抑制。为了及时解决困境企业的债务和经营问题，法院在民商事案件审理过程和执行过程中发现企业存在破产原因时，构建与破产程序的衔接是必要的。

目前，允许依职权启动破产案件的有俄罗斯、法国、日本等国家和地区，具体而言立案机关有所区别。俄罗斯《联邦破产法》赋予被授

① 参见王欣新：《破产法》（第3版），中国人民大学出版社2011年版，第44页。

② 参见李国光主编：《新企业破产法条文释义》（第2版），人民法院出版社2008年版，第76页。

权机关提请仲裁法院确认债务人破产的权利；法国《商法典》第六卷第621－2条规定法庭可以依职权或检察官的申请立案。日本《破产法》规定法院基于职权可以宣告公益法人的破产和牵连破产。中国台湾地区的法律规定与大陆现行的执行转破产制度类似，而目前《企业破产法》第134条第1款给职权主义辅助立案留下了一定的空间。

2. “执破衔接”中的职权主义

中国民事审判的“执行难”问题长期存在，其中无法执行的被执行人有很大一部分是没有可供执行的财产、应当进入破产程序的企业。因此一方面为了化解民事执行难，另一方面为了解决“僵尸企业”司法出清难，提升破产案件进入破产审判的比例，中国创设了执行案件移送破产审查机制，即“执转破”机制。执行案件移送破产审查，是指法院在执行过程中发现被执行人资不抵债、达到破产界限、符合破产条件，通过一定程序及时将企业移送破产审查部门审查，以启动破产程序来化解社会矛盾纠纷的机制。①

（1）执行转破产的依据

目前，中国执行转破产机制构建的法律依据是2015年最高人民法院《关于适用〈中华人民共和国民事诉讼法〉的解释》第513条至第516条。2017年最高人民法院《“执转破”指导意见》细化了程序规定。2018年《破产审判会议纪要》对“执转破”的具体问题进行了进一步规定。2019年，最高人民法院发布“五五纲要”，再次提出要进一步完善执行转破产机制。

执行转破产制度创设的直接原因是当事人主动申请破产的动力不足，通过规定法院的释明与移送等职责与义务，改善当事人动力不足的问题。但是，民事执行程序与破产程序是基于两种不同的制度而设计的程序，法院在具体权能行使过程中的理念与模式完全不同。民事执行程序是为了实现债权人的个人利益，追求财产清偿的效率与个人正义，而

---

① 参见李萍、常方圆：《执行转破产案件的若干法律问题研究》，“新时代破产审判的司法进路”京津冀法院破产审判研讨会会议论文，2018年7月于北京。

破产程序是为了最大化实现全体债权人的利益。[①]

执行转破产机制发生在两个法院之间，或同一法院的两个审判业务庭之间，是在当事人没有破产意愿的情况下，发挥法官审判的职权主义效率优势，向当事人释明、征询相关事项，推动破产程序启动。因此，该机制可以看作破产审判权向民事审判扩张。破产案件属于非讼案件，具有职权干预主义和职权探知主义特点，企业破产案件的处理结果往往牵涉不特定人的利益，影响社会公共利益保护，适当的职权干预必需且必要。中国采取破产申请主义，故为了充分保障当事人权益，法官只能引导当事人提出破产申请而不能依职权启动破产程序。

（2）提高执行转破产的效率

经过近些年的实践，审判实践中执行当事人申请转为破产程序的积极性不高，法院“告知”“释明”“建议”等非强制性手段的现实困境，导致执行转破产制度的作用没有得到充分发挥，与立法预期的目标相差甚远。因此，中国在解决民事执行难题和畅通破产审判权运行的双重背景之下，可以探索建立以当事人申请或同意为主，法院依职权启动破产案件为辅的模式。

破产审判是从国家权力干预私人之间债权债务的救济开始的。随着经济发展对破产审判不断提出新要求，围绕破产审判权运行进行的职权主义立案改革也好、重整强制批准权行使也好，都表明了现代破产法是兼具公法与私法、实体法与程序法性质的法律。因此，破产案件的立案受理权能在一定程度上突破申请主义，符合立法目的和破产审判权运行的基本原则。

为了提高破产审判权运行质效，应当实现执行转破产程序的高效率衔接。因此，建议在法院内部设置负责执破衔接专门机构。《破产审判会议纪要》建议稿曾尝试规定相关内容，但因为各地民事执行与破产审判的实际情况差异较大，没有进行统一规定。目前，个别地方法院成立

① 参见张计玉：《理论与实践——执破衔接法律规制与司法实务》，载王欣新、郑志斌主编：《破产法论坛》第12辑，法律出版社2016年版。

了执破衔接专门机构，其在衔接与破产审判工作中发挥了积极作用。

（三）破产案件受理的法律后果

1. 强化破产财产保全

对破产财产的保全是破产程序启动以后的重要法律效果，也是各国破产法规定在破产程序启动以后必须采取的强制性措施。破产财产保全是否及时和周全，直接关系到破产财产价值最大化实现，是保障破产审判案件审理质效的基础。

联合国《破产法立法指南》关于破产程序启动时对破产财产保护和保全的要求是：适用“中止”方式暂停和延缓当事人针对债务人财产的行为，而“中止”适用的时间点是提出启动申请之时还是程序启动之时，直接决定了对债务人财产保护的及时程度。[①] 纵观国外破产法关于破产财产保全的立法经验，各国都尽量将破产保全措施提前，或在破产申请之初，或在破产申请之后，或在破产启动程序开始之时，法院通过指定临时破产管理人控制债务人财产，及时对破产财产采取保全措施。[②] 美国的破产程序从法院受理开始，采取“自动冻结”（automatic stay）制度对破产财产进行保护。《联邦破产法典》第362条规定，无论是债务人提出的自愿申请，还是债权人提出的强制申请，法院均会做出破产救济令，其法律效果是直接导致破产程序的启动、自动冻结的开始和破产财团的成立。自动冻结的效果就是：在法院对申请破产做出破产救济令之时，就自动直接产生对个别执行行为的冻结效力，及时阻止债权人对债务人的个别追偿，以及其他人对破产财团的索取行为，否则要承担一定的法律责任。这种以破产申请作为程序启动时间点以及自动冻结触发点的安排，可以最大限度保障破产申请目的的实现。[③] 而采取

---

① 参见联合国国际贸易法委员会编著：《破产法立法指南（中文版）》，联合国出版社2006年版，第76~94页。

② 参见付翠英编著：《破产法比较研究》，中国人民公安大学出版社2004年版，第301~336页。

③ 参见［美］查尔斯·J.泰步：《美国破产法新论》（第3版），韩长印、何欢、王之洲译，中国政法大学出版社2017年版，第237~356页。

破产宣告主义的国家，对破产财产的保全选择采取临时保全或破产前保全，即债务人和债权人在提出破产申请以后，可以请求法院作出具有保全效力的临时性裁定或禁令。

中国的破产审判在破产财产保全方面存在不足，依据《企业破产法》第 16 条和第 19 条规定，破产保全措施自破产申请被受理后开始。根据《企业破产法》第 10 条规定，从当事人提出破产申请到法院审查破产申请，此期间可长达 37 天，如需延长 15 日还可长达 52 天。在此期间，破产财产无人管理，容易出现债务人转移财产的现象，债权人为寻求单独清偿还可能进行各种行为。因此，为填补这一立法和程序衔接的不足，保证破产财产最大化，提升破产案件审理质效，预防破产欺诈，应当借鉴国外经验，强化破产财产保全理念，以立案庭“破申”立案阶段为破产程序开始时间点，在业务庭破产申请被正式受理之前即可开始破产保全措施。

2. 提前指定破产管理人

中国破产审判开始的标志是法院依法受理破产案件，与此同时法院选任破产管理人进入破产程序，由此在破产管理人进入破产程序与破产程序开始之间出现了时间差。

我国与英、美国家都采用“破产程序受理主义”，受理破产申请之后到破产宣告之前，债务人并没有完全成为真正法律意义上的破产人。由于在此期间债权人会议还没有成立，为了防止债务人财产无人管理或者恶意转移财产损害债权人利益现象的出现，英国和美国的破产审判中会指定“临时管理人”对债务人的财产予以接管，等到法院正式宣告企业破产时，债务人的财产正式变为破产财产，临时管理人将接管的财产转移到正式管理人手中。中国破产法没有设置临时管理人，这也是成文法国家的普遍做法，但是德国和日本采用的是“破产程序宣告主义”。根据破产程序宣告主义的配套规定，在法院正式宣告之前，债务人企业拥有完全民事主体地位，其处置财产的权利没有受到限制，法院没有权力接收债务人的财产，只有法院作出破产宣告后，其民事行为能力受限，为了更好地保障债权人的利益接管债务人财产，法院指定正式的破产管理人参与其中。所以，中国破产审判在案件受理后，出现了程序推进与制度设计不匹配的问题。

为了保证法院受理破产案件后的财产保值，保证破产案件处置的财产基础，建议引入临时管理人制度，或者将法院指定破产管理人的时间提前。目前在破产简易程序中，基本都规定了在破产案件启动阶段同步指定破产管理人，压缩选任时间。其中包括受理审查阶段开始选任，受理裁定作出时同步指定破产管理人。① 但是，普通破产程序中破产管理人选任的效率需要提高，介入案件的时间还需压缩。临时管理人制度的构建并不只是提前法院指定破产管理人的时间，而且需要破产管理人整体执业水平的提高，官方管理人机构能够行之有效地对其进行监督和管理，以及债权人的破产程序参与度有所提升，并由法院来解决最终任命决定的问题。因此，也需要其他制度和规则的修订和完善。

通过转变社会对破产制度的认识、提升破产案件审理质效，能提高当事人申请破产的积极性，为受理权能的运行减少阻碍。破产审判权是一项关键权能，肩负着尽可能多的将符合法律规定的破产案件纳入破产审判的任务，同时也要依法审查，保证困境企业通过破产得到救济和财产清理，保证公平正义。

中国破产审判中，为了实现破产案件的依法受理，平衡立案登记与立案审查的效率与公平，应由立案庭形式审查以“破申”字号管理移送，由审判庭来进行实质审查决定是否以“破”字号受理破产案件。在破产审判机构专门化没有彻底实现的情况下，破产案件与其他民商事案件的立案在同一组织内进行，为了既提高破产案件受理的效率，又保障破产案件受理的效果，“一登记两审查”模式可以有效增加进入破产审判的企业破产案件数量，提升破产审判的质量。未来建立破产法院之后，两个环节都可以在立案庭进行，可安排专业的破产审判人员专门进行破产立案受理的审查，缩短破产案件从申请到受理的时间，优化破产

---

① 参见银川市中级人民法院《关于依法快速审理破产案件的工作指引（试行）》第8条；北京市高级人民法院《关于加快破产案件审理的意见》第11条；江苏省高级人民法院《关于加快破产案件审理的工作指引》第8条。

财产保值。同时，在立案庭中设置与执行程序衔接的专门人员，对执行法院移送的案件进行审查。

四、破产审判权的确认权能

民事审判中，法官对双方提供的证据进行审查和法庭调查，而后确认形成法律事实，即认定事实的权能。破产审判中，破产案件的审理不存在对立当事人针对某一争议提供各自的证据；债权人与债务人就自身权益调整表示接受之后，法院的审查和确认是基于审判权运行的公正价值进行的。认定事实是民事审判的核心，破产审判的确认权能也是破产审判权运行中的核心权能。

（一）确认权能运行的基础

1. 权能非裁判性

破产审判中法官以审查为基础，对具体事项依法确认，作出裁定或决定；而非在查明事实的基础上，适用法律对案件的是非作出裁判。这是因为破产案件属于非讼案件。非讼程序在本质上不是民事司法而是民事行政。[①] 非讼案件不存在法院对案件是非进行裁判的问题，法院介入私人生活领域和私法关系，对某一事实予以确认、宣告，对私人生活作出安排。因此，破产审判中对破产案件以不公开的书面审查为原则，对当事人决议和破产管理人行为进行确认，作出裁定或决定，遇到重大复杂或专业性较强的争议事项可以召开听证会。

破产审判确认权能的非裁判性是破产案件非讼性决定的。民事诉讼中，法官作出判决是“确权”，而对于程序事项和部分过渡性实体事项，法官以裁定方式作出判定。破产案件中，法院对债权人会议决议的确认、对破产管理人行为的确认并不是解决纠纷。对债权人会议决议的确认，即法院在充分尊重当事人意思自治的基础上，对债权人、投资人与债务人谈判、妥协而达成的合意，给予来自国家权力机关的司法确认。对破产管理人行为的确认，是法院在尊重部分审判权让渡所形成的

---

① 参见王亚新：《社会变革中的民事诉讼》，中国法制出版社 2001 年版，第 245 页。

破产管理权基础上，为保障债权人、债务人和社会公共利益，而对破产管理人进行监督的一种方式。

2. 权能分割性

破产审判权实际运行的发展过程中，确认权能在不同主体间的分割呈现出非裁判性，包括在法院与债权人之间的分割、在法院与破产管理人之间的分割，从而促进债权人意思自治高效化、管理人市场规范化。针对破产案件的权能运行，因为债务人和债权人不存在对立的诉讼请求，无须在法官面前直接“对质”，破产法官通过各方提供的材料的书面审理和职权主义调查就能形成自由心证。破产法官通过对审查材料进行事实判断和价值判断形成最终的裁决结果。

确认权能以裁定方式发挥破产审判权的效率价值。破产审判权的经济调整功能重新定位了审判权运行对于“公正”与“效率”价值目标的实现方式。“效率与公正的概念，经常是一致的，只有在效率提高的前提下才能实现更高层次的公正。”① 确认权能能够对程序问题进行迅速而规范的解决，提高破产案件审理速度以降低当事人和法院的成本负担。

（二）确认债务人资格

破产审判中需要对债务人主体资格审查确认，主要是因为各法域对破产能力有不同规定。破产能力是债务人能适用破产程序解决债务清偿问题的资格，即民事主体可以被宣告破产的资格。有破产能力的债务人在发生清偿不能时可以依据破产程序解决债务问题，反之则只能以普通债权债务法为债务清偿的依据。

实行一般破产主义的国家，商人及非商人不能清偿债务的情况均适用破产程序解决，因此破产审判权行使过程中对债务人审查的重点是其是否出现破产原因，而非对其资格的审查。中国目前采取商人破产主义，依据《企业破产法》只允许企业法人破产，但是各地都开始进行关于个人破产的制度探索，以深圳、吴江等地法院为代表的一些法院已经将个

① 肖建国：《民事诉讼程序价值论》，中国人民大学出版社2000年版，第455页。

人破产程序或个人债务清理程序纳入了破产审判权行使范围。这一内容的审查发生在立案受理阶段，所以债务人资格的审查与确认权能由立案庭的法官行使。由于个人破产地方性法规和文件没有上升到全国统一实施的法律层面，对债务人资格的审查确认分为两个部分讨论。

1. 企业破产中的确认

中国企业破产中，对债务人资格的审查和确认主要集中在有限的法人范围。能够进入破产程序的企业法人是私法人，而公益法人及营利性法人中特殊行业的企业法人进入破产程序应当予以限制，如金融机构和公共事业行业企业。我国的学校、医院等公益性法人在经济发展中出现了分化，其中以营利为目的的私立学校和医院可以被纳入破产程序。实践中，合伙企业、民办学校、民办医院、农民专业合作社、个人独资企业以及相关法律规定的企业法人以外的组织的清算，可以参照适用破产清算程序。[①] 目前我国金融机构出现破产情形时，国务院金融监督管理机构可以向法院提出重整或清算申请。国外存在公法人破产，比如美国出现过的地方政府破产。虽然我国地方政府债务情况严峻，但是从我国破产制度的理论和破产审判权运行实际出发，对于公法人破产是不予认可的，因为公法人是进行社会管理的主体，一旦允许公法人破产会造成社会管理职能瘫痪，社会秩序混乱，甚至引发政治危机与动荡。

2. 个人破产中的确认

目前中国对个人债务清理程序、个人破产程序中债务人资格的审查确认，主要集中在地域性问题。个人破产的“个人”有多种理解方式，美国《联邦破产法典》对“person”（人）一词进行了专门的解释，其含义包括个人（individual）、合伙（partnership）和各种企业（corporation）。[②] 美国破产程序中的“个人”与“合伙”都是“人”的下位概念，因此合伙的破产和合伙参与者的破产应当被区别对待，且个人破产不应当包含对

---

① 参见山东省高级人民法院《企业破产案件审理规范指引（试行）》第2条；河北省高级人民法院《破产案件审理规程》第5条。

② 参见美国《联邦破产法典》第一章，第101条的规定：定义，（41）个人：包括自然人、合伙和企业。

合伙破产的规制。我国的民事诉讼程序中，存在与自然人和法人并列的第三种程序主体：非法人团体，即个人合伙、独资企业主、个体工商户、家庭承包经营户等。而我国经济社会中的个人，因为所从事商行为的程度和拥有的资产性质不同，又分为：普通消费者、农村居民、个人合伙与合伙企业的合伙人、个人独资企业的投资人、对企业法人负有经营责任的自然人。遗产和夫妻共同财产破产也有可能被纳入个人破产法的主体范围之内。

目前，我国地方个人破产与债务清理的探索中对个人破产的范围构建也存在两种模式：其一，《深圳经济特殊个人破产条例》第 4 条将债务人主体限定为自然人；其二，吴江区人民法院《关于个人债务清理的若干规定》第 2 条规定的债务人主体为自然人与个体工商户。由此也产生了对债务人资格审查的不同标准。另外，地方性法规与文件有地域性，因此对个人破产中债务人的资格审查“属地”特征明显：《深圳经济特殊个人破产条例》第 2 条以正面方式，要求债务人必须符合在深圳经济特区居住，且参加深圳社会保险连续满 3 年的规定；吴江区人民法院《关于个人债务清理的若干规定》第 6 条以反向排除的方式，规定在苏州市吴江区辖区外有作为被执行人、被告或者被申请人的应负或者困难应负金钱给付义务的在执、在诉、仲裁、公证债权案件，除非该债权人自愿参与程序，否则不能适用。

从提升破产审判权运行质效的角度来说，债务人主体资格审查和确认未来可以通过确立个人破产制度、扩大商主体破产范围等方式进行缩减，甚至无须进行。减少法院在立案受理阶段的待审查确认事项，缩短破产审判权运行的时间，同时也能够突出破产审判权运行中法院需要审查和确认的问题，提高审判效率。

（三）确认债权人决议

破产审判权从国家干预债权人自力救济发展演变而来，因此，债权人的意思自治是破产程序的基础，应该贯穿破产审判权运行的全过程。中国破产法的立法宗旨是社会本位思想下，债权人在法院监督约束下进行自力救济。法院需要监督债权人的自力救济行为，并进行最终的裁决认可。

法院对债权人的约束与监督与债权人意思自治不是对立排斥的关系，应通过破产审判运行加强引导债权人实施自力救济，以此调动债权人参与破产审判的积极性。债权人在破产审判中除了以自身债权和利益为基础参与破产程序，还应与其他债权人组成债权人会议，行使表决权和监督权；部分债权人还会组成债权人委员会，对破产程序进行监督和管理。破产审判中，法官行使的确认权能既包括基于债权确认而认定债权人主体资格，也包括对债权人会议决议的确认裁定。从理论上来说，审判程序的目标在于“确定”私权，执行的程序的目标在于“实现”私权，而非审查其实质上是否正当；破产程序也被视为一种执行程序，所以作为实现私权的程序应当以形式审查为原则。①

1. 确认申报的债权

法院确认债权人会议决议是破产审判权运行充分尊重当事人意思自治的体现，也是破产审判权受到债权人自治权限制的基本运行逻辑。而确认债权申报的结果，则是明确破产财产债权人的前提，债权的最终确认关系到债权人公平受偿权利的实现。

债权确认过程中，如果债务人和债权人对债权表记载的债权无异议，法官不应当进行实质审查，应据此作出裁定确认债权。中国破产审判权运行过程中，破产管理人履职与债权人参与都存在问题，造成破产程序迟延，影响破产案件审理质效。因此，在对债权的确认过程中，破产法官需要进行事实判断的审查内容包括：债权性质，债权数额，债权履行期限、履行情况，债权是否经过生效判决确认，是否已经申请执行、执行情况。如果在债权人会议召开之前，债权人的债权还未确定，根据《企业破产法》第59条第2款的规定，除非法院为其行使表决权而临时确定债权额，否则债权人不能行使表决权。这个过程中，破产法官需要对破产管理人或债权人提交的证据进行审查；但是要作出最后确

① 参见许德风：《破产法论：解释与功能比较的视角》，北京大学出版社2015年版，第72页。

定债权数额的临时决定书，仅仅对证据的审查是不够的，还需要考虑利害关系人的意见和临时表决权对破产程序可能产生的影响等。[①]

2. 确认债权人委员会组成

债权人会议作出的决议非经法律程序、未出现法律原因，需要法院进行肯定性确认。而要保证债权人会议作出决议的合法性，首先应当对债权人会议的组织和人员进行依法确认。

破产法官需要对债权人行使监督权的组织和人员进行确认。债权人委员会的职责主要是对破产管理人的活动和破产程序合法公正进行日常监督。《企业破产法》第 67 条规定债权人委员会由债权人会议选举产生，成员不得超过 9 人（日本破产法规定委员会人数 3 ~ 10 人），所以一般情况下破产法官对债权人委员会的审查限于其所提交的各类申请和证据，如《企业破产法》第 68 条规定的在破产管理人或债权人拒绝接受债权人委员会监督时，债权人委员会可以请求法院作出决定。《日本破产法》第 147 条规定委员会向法院申请作出要求破产管理人提出报告的命令。但是，德国存在法院指定临时性债权人委员会的制度，因此如果债权人委员会存在重大违法行为或违背职业道德的行为，法院可以依职权免除债权人委员会成员的职务。德国的破产计划程序（近似于破产重整程序）中，破产法官依职权对计划进行的审查非常重要，因为只有经过裁判，计划才能开始生效，审查过程中可以听取债务人和债权人委员会的意见。如果较为简单的破产案件中没有成立债权人委员会，其对破产管理人的监督职责就由法院承担，成为破产审判监督权的一部分。

3. 确认债权人会议的决议

债权人会议是由依法申报债权的债权人组成，以保障债权人共同利益为目的，为实现债权人的破产程序参与权，讨论决定有关破产事宜，表达债权人意志，协调债权人行为的破产议事机构。[②] 中国的市场化破

---

① 参见云南省高级人民法院《破产案件审判指引（试行）》第 92 条。

② 参见王欣新：《破产法》（第 3 版），中国人民大学出版社 2011 年版，第 201 页。

产改革中法院的职权在限缩和让渡，更加重视债权人的意思自治；债权人会议在破产程序中的地位更加重要，正是因为债权人会议决定的事项增多、重要性增强，债权人会议表决结果的合法性和合理性对破产审判的影响也逐渐增强，所以需要法官对此进行确认，包括：债权人会议召开的时间、地点，到会人数（《企业破产法》对债权人会议出席人数没有进行规定。加拿大和英国破产法规定不少于3人），出席会议的债权人的债权份额，投票表决的程序，债权人会议提出更换破产管理人的申请的审查，对破产清算分配方案的审查，对重整计划草案的审查，对破产管理人报酬建议的审查，等等。

一般来说，对债权人会议表决通过的财产分配方案和重整计划草案，法院所进行的是一种与“强制批准”相对应的“正常批准”；为尊重当事人意思自治，以及对债权人在商业领域的经验表示认可，破产法官进行的是一种符合法定内容和法定程序的裁定。破产审判中如果破产法官需要对债权人表决行使审查权并进行价值判断，往往是因为法律规定不全面或者裁判标准较为抽象，一方面缺少具体可量化的对照尺度，另一方面破产案件中的债权债务关系很复杂；最典型的表现是在破产重整程序中，破产法官对重整计划草案行使强制批准权，除了依最低接受原则和绝对有限原则量化并进行事实判断外，还需要依最大利益原则首先根据第三方的评估结果给出破产财产的清算价值，而后与重整计划草案对于债权人的清偿计划进行比较。对于中国的破产法官来说，最困难的是对草案可行性的审查；其需要法官进行商业判断，对此普通法国家遵循先例的法官造法制度优势较为明显。美国破产法官在实践中总结经验形成规则，破产法官需要审查资本结构的充分性，企业的盈利能力、经济条件、管理能力、管理层继续留任能力，以及其他影响债务人重整计划履行的因素。①

---

① 参见［美］查尔斯·J.泰步：《美国破产法新论》（第3版），韩长印、何欢、王之洲译，中国政法大学出版社2017年版，第1249页；［美］大卫·G.爱泼斯坦：《美国破产法》，韩长印等译，中国政法大学出版社2003年版，第757页。

（四）确认管理人行为

中国在实现破产审判专业化的过程中，也同时在规范以破产管理人为中心的破产程序。作为社会中介机构，破产管理人在破产审判中接受法院审判权的部分让渡，行使破产管理权。

破产管理人以财产受托人的地位参与破产程序，以中立的身份进行债务人资产的调查、接管，以独立的意思表示处分破产财产。破产管理权中包含确认权能，而法院在破产审判权中保留的确认权能一方面与破产管理权在破产财产处置方面形成确认权能的分割，另一方面要对破产管理人处置财产的行为进行审查确认。除了对破产管理人工作报告的定期审查之外，法院指导和监督破产管理人的另一种方式，就是审查确认破产管理人处置财产的行为。

1. 间接确认

破产审判确认权能在法院与破产管理人之间的分割，是国家权力与社会权力的制衡。破产审判权的确认权能虽然不是针对是非曲直的裁判，但是这种非司法性只是相对一般民事判决而言的；与破产管理权的确认权能相比，其权威性和终局性依旧是当事人权益保障的基准和底线。

其一，破产管理人行使破产管理权，审核、调查债权申报情况，经过确认后提交债权人会议表决，但是对债权人会议通过的债权表的确认，只能由法院进行。经债权人会议核查，债务人和债务人对债权表记载的债权无异议的，管理人应申请人民法院予以裁定确认。而对于没有异议的债权表，人民法院无须审查，可以根据破产管理人的申请径行作出裁定予以确认。

其二，破产管理人根据债务人资产状况和债权申报结果，确认并制作各种方案，提交债权人会议表决，但是债权人会议表决后、付诸实施前，需要经过法院确认。债权人会议表决后未通过的财产管理方案、破产财产变价方案，可二次表决，还未通过，管理人申请法院裁定确认。

2. 直接确认

（1）法定确认事项

破产管理人处分重大财产，需要报请债权人会议或法院确认许可。

法院对破产管理人行为的许可包括以下几项：第一，一定数额的资金开支。吴江区人民法院规定，除破产财产分配裁定书列明的分配款项外，破产管理人 5 万元以上的开支需要报请法院审查批准。① 第二，决定债务人继续经营与否。第一次债权人会议召开前，破产管理人需要书面报请法院进行许可；第一次债权人会议召开后，由债权人会议决定。② 第三，待履行合同继续履行。破产管理人需要报告债权人委员会，未设立债权人委员会的，需要报请法院许可。第四，进行特定财产处分。不动产权益、探矿、采矿、知识产权、库存或营业的转让，借款、设定财产担保、债权和有价证券的转让、放弃权利等，在第一次债权人会议召开前，报请法院许可；第一次债权人会议召开后，报告债权人委员会，未设立债权人委员会的，报请法院许可。第五，管理人拟确认取回权、抵销权、别除权、优先权成立，或拟通过清偿债务或者提供担保取回质物、留置物，又或与质权人、留置权人协议以质物、留置物折价清偿债务等，应当向债权人委员会或法院报告。③ 第六，聘请专业技术人员。破产管理人聘请专业人员进行审计、评估，需要经过法院许可后公开进行，费用列入破产费用的应当经债权人会议同意。

（2）破产撤销诉讼的审查确认

破产审判权的确认权能在破产案件中体现为对非讼事项的审查确认，是民事诉讼认定事实权能的限缩。而在衍生诉讼中，法院需要认定的事实因破产案件而出现，认定的结果也会影响破产案件审理。所以为了提升破产审判权运行质效，需要从广义上理解法院的确认权能，将破产案件非讼性与衍生案件诉讼性相结合。

破产撤销权是合同法中撤销权的延伸，但是与民事诉讼不同，破产审判中，破产管理人是提起破产撤销权之诉的第一主体，只有在破产管理人缺位的情况下，债权人才能提起破产撤销权诉讼。依据《企业破产法》第 31 条、第 32 条的规定，破产管理人的诉讼主体资格是法律赋予

① 参见苏州市吴江区人民法院《破产管理人工作规范》第 29 条。

② 参见苏州市吴江区人民法院《破产管理人工作规范》第 32 条。

③ 参见云南省高级人民法院《破产案件审判指引（试行）》第 55 条。

的。民商事审判中的撤销权之诉是个别债权人为自身债权提起的，破产程序是对债权债务的概括处理，债权人众多且利益存在冲突，破产管理人接管破产财产后，为了财产最大化和债权人公平清偿，可以代表债权人的利益提起的破产撤销权之诉。

法院受理破产管理人提出的撤销权之诉后，因为涉及第三人的实体权利，作出判决时必须经过法庭调查、质证来保障当事人的相关诉讼权利。与民事审判不同，破产审判中对债务人的可撤销行为要件的审查理念是维护破产法公平清偿的原则，因此债务人在有正常清偿债务能力时对自己民事权利的处分行为，因为发生在其出现破产原因的法定期间而可被认定为欺诈或偏颇性清偿。破产撤销权之诉中相对人权益保障的审查标准比民事诉讼弱，法院无须审查相对人知晓的主观要件就可以对破产管理人行使破产撤销权进行确认。

五、破产审判权的控制权能

破产审判中，法院对破产程序拥有唯一的控制权。破产案件启动中申请、立案、受理环节的程序衔接，破产案件受理后清算、重整与和解程序的转换，以及当事人决议程序正义都需要法官依法进行控制。民事审判中的指挥与控制权能不同，破产案件审理中不存在庭审；审判指挥权能虽然在破产听证会中有所保留，但是为了提升破产审判权运行质效，法官的主要关注点是听证事项的最终意见。因此，在破产审判中，法官主要保留了控制权能。

破产审判的控制权能是综合提升破产案件审理效率的关键，也是以破产审判专业化来保障困境企业得到依法救助的重要方式。破产审判中，法官行使控制权能，要保证符合破产法立法目标的企业破产案件顺利进入司法程序，保证进入破产程序案件的破产财产得到及时有效的处置与安排，保证债权人得到最优清偿，等等。因此，控制权能是破产审判权的保障性权能。

（一）控制破产程序进度

破产审判中依据程序规范由程序参加者、程序执行者实施活动，并最终形成和实现裁判结果，具有明显的过程性和阶段性；裁判者作出裁判结果必须经过特定过程，而这个过程包含各具逻辑顺序、相互联系、相对独立的多个阶段和环节。①

1. 强化审理期限控制

《企业破产法》对破产案件没有审限控制。虽然影响破产审判推进的因素很多，如案件审理难度大、衍生案件多、考核激励不足等，但是缺少法定审理期限会为破产程序拖延提供借口。破产案件长期无法审结、程序推进困难，无法发挥破产审判权的功能，不利于落后产能出清和困境企业挽救。

法定审理期限留下空间，是因为破产案件复杂、个案之间差异性大，中国在市场化破产初期缺少破产审判经验的情况下，破产管理人制度、府院联动机制缺失，难以为破产案件设定合理审限。但是，各地探索制定破产简易程序规则时，普遍提出了简化送达手续、简化债权人会议方式、缩短相关期限的次数、简化破产程序的提前终结等。"对于适用快速审理方式的破产案件，受理破产申请的人民法院应当在裁定受理之日起六个月内审结。"② 简易程序构建是为了解决全国清算案件中"无产可破"或仅有少量财产的破产案件占比很高的问题。但是，目前简易程序规则中的审限规定缺乏上位法支持，6 个月的期限规定是根据审判实践平均中和的结果，还需要在破产法修订过程中进一步论证。

首先，通过破产法修订明确破产简易程序的审理期限。以法定审限范围规范破产法官的权能行使，改变现行通过法院领导的督导和会议审议等临时措施对审理进度的控制模式，减少破产审判权运行的不确定性。其次，在破产简易程序审限规定基础上，针对普通破产案件的清算、重整与和解程序，划定基本审限范畴，并设置例外规定和救济方式，把提高破产审判权运行效率上升到法律规定层面。

---

① 参见江必新：《程序法治的制度逻辑与理性构建》，中国法制出版社 2014 年版，第 152 页。

② 最高人民法院《关于推进破产案件依法高效审理的意见》第 15 条。

2. 完善议事程序控制

破产法官对债权人会议召开与表决程序的控制，在一定程度上突破了审判权中立性，过度密集地参与债权人会议会使法官在裁决破产事项时无法具有必要的超然性。破产案件审理本质上应当使债权人与债权人之间就破产财产的处置与企业经营存续达成一种协议，因此应当充分尊重当事人的意思自治。债权人会议作为实现债权人破产程序参与权、协调债权人意志的议事机构，代表债权人的意志，而破产案件进程中一个重要环节是第一次债权人会议。美国破产清算程序中的第一次债权人会议会选出托管人，以及决定是否成立债权人委员会来监督破产程序。

由此，关于第一次债权人会议召开的权限是否为破产法官享有，产生了世界范围内债权人会议召集的三种模式：第一，法院召集。债权人会议无论是第一次还是后续的，均由法院召集，但破产管理人、债权人委员会或一定数量的持有一定数额债权的债权人可申请召开，如日本、德国作此规定。第二，破产管理人召集。债权人会议由破产管理人召集，其他法定人员可申请召开，但法院无召集权，如一些普通法国家作此规定。第三，法院或债权人会议主席召集。由法院（第一次债权人会议）或债权人会议主席（以后的债权人会议）召集，破产管理人或有一定数额债权的债权人有申请召开权。① 中国破产审判中采用的是第三种模式，《企业破产法》第 62 条规定："第一次债权人会议由人民法院召集，自债权申报期限届满之日起十五日内召开。以后的债权人会议，在人民法院认为必要时，或者管理人、债权人委员会、占债权总额四分之一以上的债权人向债权人会议主席提议时召开。"之所以将第一次债权人会议召集的权力交由法院而非破产管理人，是因为第一次债权人会议在破产程序中有重要作用，在此次会议上需要成立债权人会议机构，指定债权人会议主席，进行债权核查，决定是否成立债权人委员会等。② 为了保证破产程序有序进行，破产法官主持召集第一次债权人会

① 参见王欣新：《破产法》（第 3 版），中国人民大学出版社 2011 年版，第 215 页。

② 参见沈志先主编：《破产案件审理实务》，法律出版社 2013 年版，第 217 页。

议，是以国家权力来约束债权人的自利行为，以审判权控制破产程序推进。

第一次债权人会议由法官召集，是通过审判权行使来保证破产程序的进度，是审判权被动性在破产案件审理过程中的突破。法官需要积极主动行使权力来实现破产法对效率价值的要求。所以，虽然美国的破产法官不允许参加第一次债权人会议，但是法官需要召开必要的进度讨论会（status conferences）来推动案件迅速且经济地解决，但是没有恢复在早期破产案件管理中裁断人的角色。所以，无论破产法官对第一次债权人会议召开的参与程度如何，其都要将自身审判权行使与类行政化的管理权行使相区别。

3. 扩大简易程序适用

简易破产程序指法院解决债务人财产较少、债权债务关系明确、债权人较少的简单破产案件所适用的程序。简易破产程序是一种独立的破产程序，从性质上说是普通破产程序的简化。[①] 与普通的破产程序相比，简易破产程序在审判组织、审限、程序环节等方面都相对简化，以此来解决普通破产程序烦琐和耗时较长而导致中小企业债务人不愿意进入破产审判的问题。国外对破产简易程序的启动方式主要有两种立法模式：第一，职权主义模式。由法院决定是否适用简易破产程序，如日本“小破产制度”，对于属于破产财团的财产价值不满 100 万日元的案件，法院必须做出适用小破产的决定。根据法院做出决定所处的不同阶段，小破产又分为同时小破产和异时小破产。第二，当事人自治主义或者半职权主义，即由法院被动启动，法院须根据当事人或者政府破产管理部门的申请决定是否适用简易破产程序，同时债权人有一定的选择决定权。[②] 如美国《联邦破产法典》第 11 章中“小企业债务人重组”采用了当事人自治主义，简易程序适用必须以债务人选择为前提，否则，小

① 参见沈贵明主编：《破产法学》，郑州大学出版社 2004 年版，第 93 页。
② 参见刘子平：《简易破产程序研究》，载《民事程序法研究》2006 年第 0 期。

企业债务人的破产将作为第 11 章中“小企业案件”进行处理。[①]

中国目前尚未在《企业破产法》中明确简易程序构建，但是实践中各地法院指定的破产案件简化审理的规定，都在破产简易程序适用中采取了一定程度的职权主义模式，各地规定有所区别：（1）半职权主义模式。上海市高级人民法院在《关于简化程序加快推进破产案件审理的办案指引》中，将破产案件区分为应当简化审理和可以简化审理的案件，前一种类型的破产案件由法院依职权启动简易程序，后一种则给予申请人、被申请人及主要债权人一定的选择权。[②] 温州市中级人民法院相关规定除了明确当事人申请启动破产建议程序外，还赋予法院依据规定情形启动破产简易程序的职权，同时规定在破产参与人协商一致同意简化审理程序的情况下，已经按一般程序审理的破产案件也可以适用简化审理程序。[③]（2）完全职权主义模式。深圳市中级人民法院对于符合条件的案件，规定合议庭应在立案审查时决定适用简易程序，并制作决定书，报庭长批准。[④]

对于案件事实清楚、债权债务关系明确、争议不大的破产案件适用破产简易程序，在 6 个月内审结，能够缩短办案周期，减轻当事人经济负担，降低司法成本。因此无论是破产法官依职权启动简易程序还是允许当事人选择和申请适用简易程序审理，都可以适度突破破产申请主义中赋予当事人的程序选择权。未来在制定简易程序审理规则时，需要将提升破产审判效率的理念贯穿其中。

（二）控制破产程序转换

破产清算程序、破产重整程序与破产和解程序在法定条件下可以互相转换。按照破产审判的一般规律，允许和解失败或重整失败之后转入

---

① 参见孙小莉：《论我国企业破产简易程序之构建》，载《上海法学研究》集刊 2020 年第 7 卷。

② 参见上海市高级人民法院《关于简化程序加快推进破产案件审理的办案指引》；深圳市中级人民法院《破产案件审理规程》第 3、4 条。

③ 参见温州市中级人民法院《关于试行简化破产案件审理程序的会议纪要》第 6～8 条。

④ 参见深圳市中级人民法院《破产案件审理规程》第 77 条。

破产清算。前二者属于拯救型程序，清算程序是对债务的彻底清理，如果债务人企业不能继续经营，或者偿债计划不能满足债权人的利益需求，则只能通过清算程序实现债权清偿，这是一种基于债权人利益最大化的价值选择。

提出破产申请时，当事人对于破产案件审理享有程序选择权。而破产案件受理之后的程序转换，甚至债务人被宣告破产后，案件是否能够转入重整程序或和解程序，则在不同法域有不同的规定。一般来说，如果法定原因出现，法院需要行使破产审判的控制权，作出程序转换的裁定。法院的程序转换控制权能，是为了实现破产案件与审理程序精准匹配，节约司法资源。破产案件最终进入哪一种审理程序，对债务人和债权人的利益有重大影响，因此需要通过破产审判权运行来保证破产审判的公平正义。

1. 清算程序转入拯救型程序

国外对清算程序转入重整程序与和解程序的规定较为宽松。日本《公司更生法》允许在清算或特别清算中的公司，甚至破产宣告后的公司申请公司重整。俄罗斯《无支付能力法》第150条规定，法院审理破产案件的任何阶段，债务人、破产债权人，以及被授权机关有权签订和解协议。[①] 美国破产法审判中，债务人申请程序转换称为“自愿转换”，此时债务人享有程序转换的绝对的无条件的权利，即法院经利害关系人的申请，经过听证，可以在任何时候将清算程序转换为重整程序。

美国虽然赋予了当事人对破产程序转换的自主权，但是法院通过判例创设“恶意”例外：如果债务人申请破产清算后基于欺诈意图隐匿财产被破产管理人发觉，债务人为了避免破产管理人出售财产而申请重整，法院可以依据存在恶意拒绝转换申请。[②] 法院对破产程序转换的控制权能既体现为依据法院直接做出程序转换的裁定，也表现为对不符合程序转换要求的申请予以驳回。

---

① 参见李飞主编：《当代外国破产法》，中国法制出版社2006年版，第285页。

② 参见［美］查尔斯·J.泰步：《美国破产法新论》（第3版），韩长印、何欢、王之洲译，中国政法大学出版社2017年版，第250页。

《企业破产法》没有对破产清算程序向拯救型程序转换进行直接规定，这一方向的转换需要考察破产审判所处的阶段，如中国台湾地区允许当事人申请破产程序转换，但是清算程序向破产重整程序的转换只能在破产宣告前向法院申请。因此，法院受理破产申请后尚未破产宣告时，如果债务人申请破产清算，说明缺乏通过重整或和解来继续经营的意愿，法院没有进行程序转换的必要；如果债权人申请破产，在破产宣告之前，进行程序转换必须由当事人提出申请。清算程序与重整程序的转换申请应依据《企业破产法》第 70 条第 2 款进行。破产宣告之后，当事人提出破产重整或破产和解，会造成破产程序拖延，浪费司法资源，法院不应批准此种转换。

2. 拯救型程序转入清算程序

（1）重整失败转入破产清算

如果重整失败，且企业已达破产界限，根据《企业破产法》第 93 条，法官会直接裁定中止重整程序，案件转入破产清算程序，宣告债务人破产。因此，这种转化要求满足以下条件：债权人提出强制破产；破产清算程序已经启动；债务人或者大股东提出转入破产清算；法院尚未作出破产宣告裁定。[①]

（2）和解不能转入破产清算

破产和解制度是救助困境企业的制度安排，但是如果债权人对和解协议草案没有获得债权人会议表决通过，或者通过后没有得到法院审查认可，破产法官会裁定案件进入破产清算程序。[②] 同时，如果和解协议的制定过程中，债务人存在欺诈等违法行为，法院会通过裁定和解协议无效而使案件进入破产清算程序。[③] 此外，债务人不能执行或者不执行和解协议时，由法院裁定案件进入破产清算程序。[④]

---

① 参见齐明：《论我国破产程序转换与债权人后续重整申请权》，载《东北师大学报（哲学社会科学版）》2015 年第 5 期。

② 参见《企业破产法》第 99 条。

③ 参见《企业破产法》第 103 条。

④ 参见《企业破产法》第 104 条。

3. 重整程序与和解程序的转换

《企业破产法》没有对破产拯救程序之间的转换进行规定。国外破产法一般允许相关当事人和有权主体将案件从破产重整程序转入破产和解程序，如俄罗斯《无支付能力法》第153条允许相关主体在破产重整阶段签订和解协议。[①] 至于和解程序转入重整程序，法国《商法典》第六卷第621-3条规定：在不履行和解协议范畴内的财务义务的情况下，可以应检察官、债务人或者作为协议一方当事人的债权人的要求，开始司法重整程序。[②] 破产重整程序耗时长、需要的司法资源多，因此法院应当对此种情况的程序转换进行必要审查。

本书认为，一般情况下，重整失败后不应允许破产案件再进入和解程序。重整制度本身就是在和解制度的基础上发展演变而来的，其对审判资源的利用程度、对企业救助的程度，以及法律效力得到发挥的标准都高于和解程序，因此如果重整程序无法进行，法院没有必要再利用和解程序实现企业救助。

破产审判中控制权行使需要平衡审判权被动性与主动性。在传统民事审判中，法官的职权会受到当事人辩论权和处分权的限制，法官在有限范围内秉持中立立场，尊重当事人意思自治，追求审判权行使的程序正义。但是，在破产审判中，法官如果一味消极中立进行裁判，会拖延破产程序，妨碍破产制度效率价值实现，不利于破产财产价值保全，最终造成司法资源的浪费。例如，德国破产法官对于破产计划依职权审查，如果债权人同意计划中的股东应当决议增资，法官可以根据《支付不能法》第249条为增资设立期限。

破产审判中，债权人和债务人之间存在严重的信息不对称，双方出于各自利益考量对破产程序的恶意拖延和阻扰，可能会造成以程序公正牺牲实体公正，因此，相比一般的民商事审判权，破产审判权行使过程中，法官对破产程序的掌握和控制程度更强、范围更大。破产程序的非

---

① 参见李飞主编：《当代外国破产法》，中国法制出版社2006年版，第287~288页。

② 参见李飞主编：《当代外国破产法》，中国法制出版社2006年版，第359页。

讼属性意味着当事人的处分权不完整不全面，往往需要国家行为认可才能实施相关措施。这需要破产审判权的审查和裁定，而“审查”的性质也决定了法官在破产案件审理中势必具有主导地位，可以不受当事人提供的裁判资料的限制，运用包括依职权调查在内的各种手段查清所附条件是否成就。①

六、破产审判权的裁量权能

民事审判中的裁量权能主要是在认定事实和适用法律的过程中，进行依法裁量和自由裁量。与民商事审判相比，破产审判权运行对法官专业水平要求更高。这是因为破产审判权的裁量权能行使更加复杂，权能既有扩张又有限缩，既要进行法律判断，又要进行商业判断。

裁量权能运行是法院给出最终裁断的前提。破产审判的演进过程中，随着维护社会公共利益的理念和拯救型程序的加入，为了平衡债权人、债务人与社会利益，解决债权人集体决议的“钳制”，提高破产程序的效率，在衡平接管的基础上，法院对重整计划草案具有强制批准权。强制批准权是典型的裁量性权力，背后的理念是多方主体的利益平衡。

（一）破产案件依法裁量

1. 裁量权能限缩

破产审判权有限属性的表现之一就是个人私权对审判权的制约，如果不存在法定理由，破产法官不能随意改变债权人会议的决议。债权人会议不是争议的裁判机关，无权对破产程序中的自治事项作出裁决；但是其代表债权人共同利益发表意见，所以通过召开会议形成决议的方式实现债权人自治。

破产审判权专业化的一个重要表现就是法院专注于行使自己权限范围的权能，根据当事人提出的破产申请，降低破产案件受理的难度，在关系公平公正维护债权人、债务人和社会公共利益的关键节点指挥和控

① 参见郝振江：《非讼程序研究》，法律出版社 2017 年版，第 125 页。

制破产程序；最大程度上实现市场主体基于经济运行规律和市场资源配置规律形成的意思自治，而非代替破产管理人推动破产程序或代替债权人做出决定。债权人会议决议一旦形成，对所有债权人具有约束力，一般无须法院特别许可，除非出现法定理由、经过法定程序，法院不得改变决议结果。

一般来说，债权人会议表决通过的财产分配方案与和解协议，法院只进行合法性的形式审查。2020 年最高人民法院《关于适用〈中华人民共和国企业破产法〉若干问题的规定（三）》第 12 条规定，如果债权人会议的召开违反法定程序，债权人会议的表决违反法定程序，债权人会议的决议内容违法或超出债权人会议的职权范围，经债权人申请人民法院可以裁定撤销全部或者部分事项决议，责令债权人会议依法重新作出决议。法院对债权人会议决议的撤销必须经过债权人申请，并且撤销后需要债权人重新表决，法院不能对决议内容进行裁断。

2. 裁量权能扩张

破产审判中批准与裁量权的扩张体现了破产审判权扩张属性，是司法能动主义在破产审判权运行中的延伸。破产重整程序中法官的强制批准权就是通过衡平权的方式，运用法官的自由裁量权来实现这种扩张性。强制批准权被认为是一种衡平权，所以要求破产法院必须按照破产法规定的精神，尽可能地维护各方参与主体的权利和利益。[①] 从衡平权的角度去认识强制批准权，就要注意以下两点：一是强制批准权必须以公平和正义为原则。破产法官可以在削减某些债权人债权或索取权的情况下强制通过重整计划。但是，这种对债权人利益的缩减应当有一定的限度，它最终不能打破利益的平衡，不能以牺牲公平和正义为代价。二是强制批准权也是一种自由裁量权。各国破产法虽然都对强制批准规定

---

① 强制批准权源于美国重整制度，美国破产法院被认为是衡平法院，破产法官的强裁权源于法官的衡平权，即通过衡平法确保当事人都能得到实质“公平公允的待遇”（fair and equitable treatment）而免受损人不利己之徒的钳制。德国继受了美国的重整制度，将法官的强制批准权定义为“妨碍阻却”。因为德国判例将破产计划视为合同，而当事人在投票的过程中承担着诚实的义务。不诚实地阻却计划之通过将有碍于集体福利之实现，所以需要法院强裁。

了原则和条件，但是，由于破产案件的复杂性程度较高，对于法律规定也有不同解释和理解，所以，还是需要法官在“良心”和法律规则基础上行使自由裁量权。正确解读强制批准权的衡平属性就要求破产法官注意：首先，强制批准必须遵守严格的条件，不能过分强调社会利益至上；其次，强制批准权的自由裁量必须建立在对重整计划进行充分的审查基础之上，否则，所形成的自由裁量必定是具有偏差甚至是违法的。

强制批准权是对债权人会议决议的否决权，是以审判权干预当事人意思自治，但是因为其法理依据和背后的经济学原理而具有合法性和合理性，不能认为是对当事人权益的侵害。法官对重整计划强制批准是国家司法权的干预，实现了私权本位与社会本位的相互协调，也体现了对重整程序效率价值的追求。① 企业破产案件的债权人为了实现各自利益最大化，在重整计划草案表决过程中容易为实现个人利益而恶意阻碍计划通过，损害集体利益，从而出现“囚徒困境”（prisoner's dilemma），需要发挥破产审判权的司法干预作用，利用强制批准权力解决重整计划在表决过程中产生的“钳制”（holding-up）。

（二）破产案件自由裁量

破产审判中，法官进行裁量的标准大多规定得较为笼统。而重整程序涉及法官的商事判断，使得破产审判裁量权能行使更为复杂和困难。因为相关法律规定简单，所以法官依法裁量的依据不足，需要进行自由裁量。

1. 自由裁量权的范围

从法理与实践发展来说，法官的裁量权包括依法裁量和自由裁量两种类型。审判中的依法裁量就是严格依据现行有效的法律条款，对案件事实作出认定，并对结果作出裁判。在法律规定无法穷尽所有的社会纠纷，缺乏能够直接适用的法律条文，只有处理问题的原则或者解决问题依据的方法、范围时，司法实践中就需要用到法官的自由裁量权。

---

① 参见［美］理查德·A. 波斯纳：《法律的经济分析》，蒋兆康译，中国大百科全书出版社1997年版，第527~529页。

世界范围内，无论是成文法国家还是判例法国家，基本都针对破产制度制定了成文规则，这种特殊性使得破产审判中法官需要依法裁量的事项比一般案件更多。而自由裁量权在宏观上涉及一国立法与司法的关系，微观上关系到当事人程序权利与实体权利的保障。一般来说法律没有作出规定的，就应当属于法官自由裁量权的范畴。①

2. 自由裁量债权价值

法院需要对债权人会议表决通过的债权表进行形式审查，而后通过裁定进行确认，但是如果债权人或其他利害关系人对债权提出异议，有争议债权的价值需要由法院来决定。

美国《联邦破产法典》第 502（b）条规定了债权价值评估，但是并没有将法院如何决定债权价值的规定进一步细化，只是在第 502（c）条中要求法院应当对债权进行评估。法院进行的价值评估事实上是对债权价值的终局裁定，直接影响到债权人的利益，债权人无法对评估结果进行上诉，只能在估值范围内享有表决权。② 美国的破产审判权行使过程中对破产法官是否有评估债权价值这一积极义务存在争议，这是因为破产法官享有自由裁量权的同时需要承担相应的义务，而这种义务缺乏法律明文规定。大多数法院认为“应当”说明法院拥有出于确认、表决目的而对非金钱债权进行评估的积极义务；另有观点认为，除非出现“不适当迟延”的可能，否则法官无须承担此项义务。但是，为了提高破产案件审理的效率、防止破产程序迟延，法官并没有完全排除履行对债权价值的评估义务。

中国目前的破产审判中，对债权价值评估没有形成具体明确的规定和做法，总体来说，可以借鉴美国破产法官进行债权评估的标准。Bittner v. Borne Chemical Co. 案中确定了“最终价值”（ultimate merits），而非“当前价值”（present value），这一结合了商业判断原则与法治原则的标准得到了上诉法院的肯定。因为破产法实施过程中十分重视重整效率

① 参见王信芳主编：《商事审判法官自由裁量权研究》，上海人民出版社 2013 年版，序。

② 参见［美］大卫·G. 爱泼斯坦：《美国破产法》，韩长印等译，中国政法大学出版社 2003 年版，第 793 页。

的价值，因此破产法官行使裁量权能时的商业判断标准需要与破产审判权运行的效率目标一致。美国通过 Bittner 案赋予了法院在债权价值评估方式和评估数额方面更大的自由裁量权，只要法院认为适当，并且不违背破产法和其他法律学说的精神，这种裁量权就是合理的。

（三）破产案件裁量中的商业判断

破产审判中涉及商业判断，无论是债务人企业重整价值的审查判断，还是重整计划的可行性审查判断，法律只能进行原则性规定，因此需要法官自由裁量。破产法官进行批准与裁量的过程中，为了提高破产审判权运行质效，可以借助第三方主体的专业知识和技能辅助判断，也可以在必要时召开听证会，充分听取当事人的意见，通过当事人意思自治来弥补批准与裁量权能行使过程中的职权主义模式缺陷。

1. 重整价值判断

对于破产重整申请，法院除了对债务人企业破产原因的审查之外，应当对债务人重整可能及价值进行审查。[①] 其法理依据在于重整制度适用有限性：重整是为了纯粹因为财务问题而非市场竞争本身而陷入困境的企业而设计的，通过破产审判权行使筛选出具备重整可能和价值的企业，能够节约司法资源，避免重整程序空转给债权人造成损失。对具备破产原因且发展无望的企业，依法受理破产申请，启动破产清算程序；对具备破产原因但仍有重整价值和希望的企业，优先受理重整申请，对虽有借破产逃废债务可能但符合破产清算受理条件的非诚信企业，纳入破产清算程序，通过破产撤销制度和无效制度否定不良财产处置。从经济学视角来说，重整程序耗费时间长、动用社会资源多、牵涉利益广，程序运转的成本高昂，如果进入重整程序的企业不具备重整可能和价值，债权人的妥协与最后得到的清偿不成正比。但是，在破产案件受理阶段，不能要求对债务人企业重整价值审查的完备性和周延性，因为债务人或出资人无法在短时间内提出一个切实可行的重整计划，所以对法

① 参见李国光主编：《新企业破产法理解与适用》，人民法院出版社 2006 年版，第 363 ~ 367 页。

院行使这一审查权能要求不应过于严格；将其定义为初步审查比较合理，其内容可以包括但不限于债务人提交的关于自身市场优势、独特资源等方面的报告。

2. 重整计划可行性的判断

重整计划草案具有可行性是法院强制批准的必要条件，在美国《1898 年破产法》中首次确立。破产法院是重整案件独立“看门人”，赋予破产法院一项独立的否决权，即便所有债权组都通过重整计划，破产法院也只能在认定其有可行性的前提下才能批准。[①] 美国《破产法典》第 1129（a）（11）条、德国《支付不能法》第 231 条第 1 款第 3 项、日本《会社更生法》第 199 条第 2 款第 3 项都对此进行了规定。[②]《企业破产法》第 87 条第 2 款第 6 项规定“债务人的经营方案具有可行性”是其申请法院批准重整计划草案的条件之一。

破产法官行使强制批准权是基于重整程序公平与效率价值平衡的需要，对当事人私权的干预。一方面，法官要改变中立、被动的思维习惯，以防止因为破产程序延误而影响破产审判权运行质效；另一方面，法院要充分尊重市场规律，考虑企业的行业状况、商业风险等市场因素。因此，重整计划草案的裁量涉及商业判断，法院进行强制批准过程中裁量权行使的难度增大。如果重整计划中没有资产重组的具体方案，债权人只关心自身利益调整的财产受偿方案，将弱化其中关于债务人企业继续经营的计划内容，法院批准与裁量只能根据财产清偿率与清算价值的评估。对此，美国破产法官在实践中总结经验形成规则，法官进行可行性商业判断应考虑资本结构的充分性，企业的盈利

---

① 参见［美］查尔斯·J. 泰步：《美国破产法新论》（第 3 版），韩长印、何欢、王之洲译，中国政法大学出版社 2017 年版，第 1249 页。

② 美国《联邦破产法典》第 1129（a）（11）条规定：“对重整计划的确认并不意味着对债务人或者重整计划所规定的其继承人马上进行清算，或者进行进一步的财务重组，但这种清算或重组已经在重整计划中有相应规定的除外。”德国《破产法》第 231 条第 1 款第 3 项规定：“依照债务人提交的重整计划的规划部分，当事人所享有的请求权显然不能够得到实现的，破产法院依照职权驳回重整计划。”日本《会社更生法》第 199 条第 2 款第 3 项也要求法院在作出“认可更生计划案时，更生计划的执行必须具有可能性”。

能力、经济条件、管理能力、管理层继续留任能力，以及其他影响债务人重整计划履行因素。美国案例法中发展出来的标准对于中国破产法官行使这种商业判断权具有借鉴意义。但是，现阶段要求中国破产法官具备法律与商业两方面的知识并不现实，要解决破产法官对可行性审查的问题，首先，应在法院内部遴选具备深厚法律功底和一定商业素养的商事法官审理破产案件，使破产法官队伍更加专业化。其次，可以借助法院外部的辅助机构和人员来协助法官进行商业决策。[①] 优秀的破产管理人或第三方机构加入可以在一定程度上弥补法官在商事判断上的短板。最后，引入对方主体提出的“竞争性计划”，增加重整计划提出主体和方案，除了对可行性提供一个对比方案之外，也能保障债权人的异议权。

多数国家规定，法院在给出有关强制批准的判决之前需要举行听证会，听取各方陈述、咨询相关专家、调查事实，尤其是如果异议债权人对于清算是否公平、重整中的清偿比例是否比清算高以及对投资人的利益安排是否合理提出书面异议，法院应当召集所有的债务人、债权人和相关人参加听证会。例如，美国《联邦破产法典》第 1128 条规定：批准重整计划之前，法院应召开确认该计划的听证会，相关当事人可以拒绝该计划。《企业破产法》没有规定强制批准前召开听证会，实践当中破产法官只有在案件极其复杂、利益难以平衡时会召开听证会，一般案件因为审限的原因，法官都拒绝召开听证会。《破产审判会议纪要》第 15 条也仅规定了对复杂重整案件开始时的听证安排，并不是关于强制批准的听证。为了保证强制批准的公平公正，以及对强制批准权的慎重适用，建议中国建立强制批准听证程序：对于提交的强制批准重整计划草案的申请，法院应当依法召开听证会，听取债权人、出资人和其他利害关系人的意见；法院裁定批准重整计划前，未通过重整计划的表决组中的债权人或出资人在接到破产管理人通知后，7 日内可以书面形式提

---

① 例如，美国设有破产审判团。参见［美］查尔斯·J. 泰步：《美国破产法新论》（第 3 版），韩长印、何欢、王之洲译，中国政法大学出版社 2017 年版，第 410 页。

出异议并说明理由，法院可以组织进行听证，且组织听证的时间不计入人民法院审查重整计划草案的期间。经过充分听证程序达成妥协和批准的重整计划有利于顺利执行。

小结

为了实现通过审判权能来调整法律关系、提高资源配置效率的目标，要对破产审判权与民事审判权进行对比，总结出破产审判中各项权能行使的边界和对应方式的不同。相比民事审判权，破产审判权的各项权能都存在自身特殊性。对比民事审判权的基本权能，可以将破产审判权划分为管辖权能、受理权能、确认权能、控制权能和裁量权能。在破产审判权运行过程中，管辖权能是基础性权能，受理权能是关键权能，确认权能是核心权能，控制权能是保障权能，而裁量权能是特殊的权能。

目前我国审判实践中存在问题和困境，影响到破产审判各方参与主体的利益。破产法通过规则构造出激励机制，使外部性内部化，最大限度公平地保障当事人利益，而面对其中的利益冲突、复杂关系、突发状况，要不断完善提升破产审判权运行质效。我国破产审判权的五大权能应当通过立法完善和司法实践的探索来实现：第一，加强集中管辖，提高破产审判专业化水平，同时方便当事人提出破产申请和法院对案件的审理。第二，依法受理破产案件，在一定程度上实现职权辅助立案受理，解决破产审判受理难。第三，强化确认权能对当事人利益保障的作用，法院通过确认权能优化对破产管理人的指导和监督，提高破产审判的确定性。第四，把握好控制权能，充分发挥审判权在控制审理期限、程序转换方面的作用，提高破产审判权运行效率。第五，平衡好破产审判中的依法裁量与自由裁量，积累商业判断的经验。

第六章　破产审判权运行的保障

破产审判权运行是破产审判权与当事人自治权、破产管理人的破产管理权、行政机关的行政权相互制约配合，通过专业的破产法官熟练行使各项权能，完成破产案件从立案受理到程序终结的各种事项处置。然而，企业破产影响利益多元、波及范围广，涉及很多需要解决的社会问题。破产审判权配套制度的完善比破产法本身的修改完善更加重要和迫切。[①] 第一，在审判权运行的各类费用中，改制费用过于高昂，每一项法律制度从立项、调研到正式出台和实施，所花费的人力、物力和时间成本难以估量，而制度是否能够良性运转还需要大量的案件审理进行检验。第二，与破产相关的程序和制度运行不畅本身就会增加破产审判权运行的制度成本。因此，通过调整完善配套制度，以最小的成本投入和科学的制度配比，实现破产案件审理法律效果和社会效果的统一，是最经济的方式。

本章内容是在破产法实施的基础上，为保障破产审判权高效有序运行，从其他法律和制度层面提出的建议。这个过程不仅需要以相关理论和制度为基础，也需要通过改善司法环境、文化环境来转变参与主体的理念和观念，还需要构建适当的审判组织形式、提高法官和破产管理人的专业素质，通过科学考核和监督来调动各方主体参与程序的积极性，真正发挥发挥各项权能的作用，并且不断更新技术支持手段，对新形势之下的破产审判权运行质效提升予以保障。

---

① 参见张煜欢：《浙江破产审判激活市场一池春水》，载《中国新闻》2021 年 3 月 5 日，A17 版。

一、明确破产审判权基本理论

保障破产审判权运行的基础之一是不断强化破产审判权独立价值，形成破产执业群体与社会公众对破产审判权的正确认识，因此必须将破产审判权的基本理论进一步明确。在中国语境下，无论是破产审判权的基本内涵、权力外延，还是破产审判权运行中具有特殊属性、需要发挥的特殊功能，与国外破产审判权运行既有共通性，又有特殊性。因此，明确破产审判权基本理论，能够为转变破产法官、当事人和行政机关的破产观念提供基础。

（一）发展破产审判相关理论

以破产审判机构专门化和破产审判人员专业化来提升破产案件审理质效，优化破产审判权运行状态，需要破产法官、破产管理人、当事人和行政机关不断磨合。但是，脱离了理论基础的实践是无源之水、无本之木，很难将制度有效性、合理性与合法性有机结合。

为了健全破产审判权运行的理论基础，既需要对破产制度和破产审判权理论进一步挖掘，形成破产审判权研究的独立体系与方法；也要深入研究民法、商法、民事诉讼法等部门法的基础理论，分析和总结实践经验，充实破产审判权研究的内容，拓展破产审判权研究的思路。

由于破产审判权运行的外部性太强，除当事人个人利益之外还涉及社会利益、国家利益，关系地区经济运行与社会稳定，尤其是在中国“府院联动机制”搭建进一步深化的背景下，需要加强对宪法、行政法学和税法的关注。破产审判权专门化、专业化运行的终极实现方式是建立破产法院，实现破产案件民事、行政、刑事“三审合一”，这一改革路径已经通过知识产权法院的设立和完善得到验证，因此在破产审判权理论的研究中也需要加强对刑法和刑事诉讼法理论的认识。

对破产审判权运行的研究具有交叉学科的特点，不仅发生在法学领域内部，也发生在法学与其他专业领域的研究的交汇上。破产审判权运行与经济发展和社会稳定关系的紧密性，决定了对破产审判权及其运行的研究方法多学科交叉的特点，需要进一步挖掘经济学、管理学、社会学与破产审判权运行理论的可融合性，创新研究切入点，兼采众长，发挥各个学科的特色，充分利用各学科理论研究成果，丰富发展破产审判的相关理论。

（二）转变法官的审判观念

现代破产制度和破产法律规则是随西方商品经济发展而出现的。顺应经济学规律去规制市场主体平稳退出市场的程序和法律后果，而后随着市场经济的迅猛发展，通过司法途径进行债务清理和企业拯救能够保证经济平稳运行、不断激发新的经济活力，破产法也成为“经济宪法”。法官在破产审判中，对待破产案件的态度、审判观念的转变和审判思维的形成，都与破产法的修订和司法制度改革进程相一致。

然而，中国破产制度从清末修律开始，以移植西方已有的法律规则为主，所以破产制度与传统观念和法律文化有所抵触；改革开放后的破产审判脱胎于民商审判，又受制于中国司法机构内设机构和人事管理条件，很长一段时间没有形成专业的破产法官。这就造成了中国破产审判权的发展向外借力不足，从内挖掘不够。要在中国破产审判中形成与破产制度发展相适应的破产审判的群体性认知、评价、心态和行为模式，需要从以下几个方面对破产法官进行培训，对相关制度进行改革，转变破产法官的审判观念。

1. 破产受理常态化

破产案件的审理法官在充分认识破产审判权的内涵，以及破产审判权运行对经济发展的重要作用之后，需要对自身职权有更加全面而深刻的理解。法官应当改变过去在《企业破产法》规定之外设置破产受理审查标准，或者不进行明确说明而拒绝受理破产案件的情况，推进破产案件受理常态化，优化破产案件启动，畅通市场主体依法退市通道。

具体来说，法官要严格依法受理破产案件，优化破产立案审查与破产受理审查的衔接，提高破产案件受理效率。通过“登记”与“审查”相结合的破产立案受理模式，法官要提高对破产企业的识别能力，首先明确企业是否应当进入破产程序，其次对应当通过破产审判进行清理或救助的企业适用破产程序进行精准控制。

法官还应当正确理解和对待"执行转破产"程序，无论是从化解民事诉讼执行难的角度，还是改善破产案件启动环节的角度，完善执行法院移送与受理法院审查的衔接与配合，实现企业进入破产程序后的财产保值。温州市中级人民法院在实践中更进一步，尝试建立了立案和审判环节移送破产程序，在中国目前破产申请主义背景下，探索职权辅助的模式，能够"健全市场主体退出机制，保障债权人的公平受偿权"。[①]

2. 破产处置市场化

破产是经济发展不可避免的现象，也是市场主体因竞争而优胜劣汰这一客观规律的体现。破产审判的目标是实现资源再配置，法官也需要充分利用市场竞争的规律，尊重"管理人中心主义"，并且规范对破产管理人的指导和监督。

法官无论是在破产财产处置中的审查确认、在重整计划审查中的判断和裁量，还是监督指导财产拍卖，都需要结合产业发展和企业经营实际情况。同时，法官遵循市场化手段，依法审理破产案件，还需要注意破产审判中各主体的价值平衡。例如，法官应当认识到共益债务中的"共益"不仅需要有利于全体债权人利益，还应有利于全体债务人和股东等的利益。[②] 因此，破产法官需要遵循"共益"和"保证债务人继续营业"的判断标准，对共益债务的范围予以适度扩张和限制等。

3. 准确行使强制批准权

全国人大的执法检查报告中提到，这些年《企业破产法》实施过程中重整制度的价值没有得到充分发挥。中国法院对重整制度经历了从"拒绝适用"到"鼓励适用"，再到"理性适用"的过程，这与推进供给侧结构性改革和优化营商环境有关，也与法官对重整制度价值和理念的认识转变有关。

实践中曾出现过因为法官追求审判效率而忽视强制批准的最低限度原则和最大利益原则的情况。准确行使强制批准权，意味着法官在提高

---

① 参见温州市中级人民法院《关于立案、审判移送破产程序的会议纪要（试行）》。

② 参见丁燕：《共益债务融资的实践进路与法律保障》，载《月旦财经法杂志》2020年第4期。

破产审判能力的过程中，需要进一步接受和认同衡平法理念，并且在强制批准审查时，将重整计划草案内容与经济运行相连接，根据案件实际情况进行判断，从而作出裁定。破产审判权运行中，既要防止出现为追求破产程序适用比例而强行批准通过重整计划的现象，也要改变法官因为担心承担法律责任而拒绝行使强制批准权的现实情况。只有法官先对自身在破产重整程序中的职权和责任有正确认识，对破产程序适用与资源配置的关系有正确认识，才能在依法裁量和自由裁量的过程中，准确行使强制批准权，释放重整制度的价值。

（三）转变当事人的破产观念

破产法律文化不仅存在于立法者和审判者之中，也应广泛存在于整个社会大众之中。[①] 目前与破产审判权运行不能够融合的本土法律文化包括无讼法律文化、破产羞耻文化和薄弱的社会信用文化，影响当事人申请破产的积极性和主动性。

1. 弱化破产羞耻观念

破产羞耻观念自古有之，这种传统文化的影响已延续千年，在潜移默化中影响着经济活动的所有参与主体。

破产审判最初是为了惩戒商人；后来英格兰破产法仅允许债权人申请债务人破产，而不允许债务人主动申请破产，无力支付债务的债务人可以被投进监狱。[②] 破产债务人会失去市民特权的惩戒主义在一定程度上形成了欧洲的破产耻辱观，但是这一观念持续时间不长，所以影响程度不深，转变也相对容易。日本破产法也经历了法律移植的过程，第二次世界大战后对普通法国家破产免责制度的借鉴也冲击了他们的法律文化，经过 20 世纪经济泡沫和经济危机的试验，在一定程度上司法破产程序已经被普遍接受。

中国注销退市的企业数量与破产审判案件数量的比值，表明绝大多

---

① 参见王福祥：《论破产法律文化》，载《第二届市场化破产论坛论文集》，广东深圳 2018 年，第 1 页。

② 参见王小龙：《商法与经济法》，中国政法大学出版社 2011 年版，第 87 页。

数经营不善、陷入困境的企业选择了“硬着陆”，而非选择通过破产制度退市。从企业主的角度来说，他们往往不会在企业尚有挽救可能的情况下主动使企业进入破产审判程序，寻求重整或者和解，而面临最严重困境时基本已经“无产可破”。

对于上述问题，应当综合运用多种宣传手段，发布典型破产审判案例，科普破产制度价值和功能，方便当事人查询了解破产程序，在全社会形成正确的破产法律文化。第一，企业进入破产审判不是倾家荡产，而是拯救债务人的法治化途径，破产审判权行使是要盘活无法流动的经济资源，为企业继续经营注入新的活力，或者通过清算清理“僵尸企业”，畅通经济运行。第二，企业主作为破产审判中债务人的经营者，只是随经济运行客观规律而出现的一种社会角色，并不会因企业破产而名誉受损。风险社会中的企业进入破产审判权行使范围能够将遭受风险后的伤害结果降到最低，并且探寻对债权人和社会公益最大化保护的方式。

2. 突出诚信价值

在我国传统熟人社会中，借贷和可能的信用风险更多由道德、氏族家规和商会章程等规制和防范，在法律体系中缺少足够的关注，亦缺少相应的审判实践。从经济学角度来说，良好的信用制度与信用文化能够降低交易成本，实现市场经济的高效率交易。从清末修律、民国破产立法，到《企业破产法》制定，破产欺诈始终是重点关注的内容，也是破产审判的重点问题之一。

我国实践中的“老赖”和“执行难”问题，在一定程度上使社会对《企业破产法》和个人破产制度的功能产生疑问，造成了立法过程中的关注重点在于如何防范“逃债”行为，而非现代破产制度对债务人的拯救的结果，对债务人进入破产程序动机的怀疑影响破产审判权的运行，因此需要不断完善信用制度建设，弥补信用文化的短板。

首先，需要明确利用破产制度逃债只是极端个例，从来都不是破产审判的主流。逃废债与不能清偿之间界限分明，债务人通过破产审判审查和裁断而得以免除部分债务，是法律赋予其清理债务的合法方式，是为了公共利益牺牲部分债权人利益。其次，法律的制定和实施会反过来对一国的文化产生深远影响，通过法律法规的颁布、各种典型案例的发布，能够澄清传统观念影响下对破产审判的误解，消弭破产制度在与本土资源融合中的沟壑，在破产法的立法和破产审判权运行中去解释、改造其中内在的思想和价值，取其精华去其糟粕，促进社会对破产法领域文化观念的更新和认同。最后，建立健全符合中国实践需要的社会信用体系，完善信用监管体制，构建以信用为基础的现代社会治理体系，形成诚实守信的社会风气。

破产法律规则的制定者、破产审判权的行使者与普通社会公众对于破产制度的观念具有相对的同步性。根据诺思制度变迁机制的动力来源理论，制度维系和变迁取决于人的信念或意向性，而人先存的用来解释周围世界的心智构念（preexisting mental constructs）部分是从他们的文化遗产中产生的。虽然法律职业群体和破产审判的专业人士对破产法的价值取向、理论渊源认识更深入、更透彻，但是无论是立法者还是审判者，都受制于一国法律文化和社会文明观念，这种影响是潜移默化、很难改变的。因此要健全破产审判权社会保障，首先要通过各种途径向全社会渗透当代破产法律文化，将企业拯救、债权人保护和公共利益最大化的理念广泛传播，同时又要通过一个个生动鲜活的案例将经过破产审判后企业债务处理的良好社会效果进行宣传介绍，达到“润物细无声”的效果。

二、探索建立专门化的破产审判机构

由专门法院管辖破产案件是破产审判权专门化最彻底的实现形式，应通过专门审判机构的建立进一步推动社会对破产制度的认识和破产观念的更新。建立破产法院，需要配置专门审理破产案件的法官，能够实现审判机构内部对破产审判权能分割的专业化和明晰化，以机构专门化、案件类型化促进审判专业化、法官职业化，充分调动破产法官的办案积极性，最大限度降低破产审判权的内部运行成本。

（一）加强破产法官队伍建设

破产审判专业化与破产法官的个人能力密切相关。美国破产法院在选任法官时就充分考虑其法学专业背景和商业判断的能力。一个破产法官任期 14 年，在此期间专门不间断地从事破产案件审理工作，没有所谓“轮岗”问题。这些法官能够全面且深入地了解破产的实体问题和程序事项，积累审判经验，并且在破产法院这个独立的审判机构内部，聚集专门的破产法官交流、讨论，形成系统化的破产审判思维。美国破产法院审理了一些很重大的破产案件，如 Enron 案件和通用案件，在理论层面和实践层面都有很高的威望。在破产法的立法和理论构建过程中，很多破产法官发挥了重要作用。

提升破产法官专业水平需要从破产法官选任、管理、监督、考核等多方面进行科学的制度设计。首先，在破产法院、破产法庭和破产审判庭的法官编制上给予一定空间，调整和充实破产审判团队，壮大破产法官和法官助理队伍。其次，在中国司法制度中，既要弥合法官“员额制”改革后留下的审判力量缺口，又要细化破产法官和法官助理的权力清单和责任清单，合理分配审判任务。再次，要制定科学的破产审判绩效考核方式，优化对破产法官权力行使的监督方式，将破产管理人、债务人和债权人的考评意见纳入破产法官监督标准之中。从次，加强对法官队伍的职业培训，发挥专业法官会议在破产案件审理中的作用，保证审判独立性与提升专业性“两手抓、两手都要硬”。最后，加强上级法院对破产法官的监督。建立破产法院之后，破产法院的上一级法院需要有针对性地对破产法官执业水平和能力进行监督。美国破产法院法官的任命和作出的判决都在联邦法院系统的监督之下：对于法官候选人的学术背景、工作经历、发表的文章和涉及的案件甚至他们的个人习惯在任命时都有多重考察，如果一个法官违反了职业道德或者有违法乱纪行为，其会被巡回法院调走；地区法院可以受理来自破产法院的上诉，而地区法院案件的上诉由巡回法院受理，破产法院的判决在司法体系中有多重监督。

（二）推动建立破产法院

人们对专业化的预期，促成了专门法院（庭）的成立。[①] 对于破产审判机构的安排，国际上现有的几种方式都与各自的司法体系和法治水平相适应，一种模式是由法院中的某一个审判庭来审理破产案件，比如荷兰法院内部的商事审判庭。德国破产法院是地方法院（根据《法院组织法》第22条，由独任法官负责）的一个法庭，按照职责分配方案，负责破产程序。[②] 法国在商业集中地区设立专门的商事法庭处理包括破产案件在内的商事案件。[③] 普通法国家的破产审判机构设置方式也存在差别，英国的公司破产由枢密庭主审法官或法官管辖，美国设立了破产法院。因此，即便在设立专门破产审判机构的国家，破产法院（法庭）在司法体系中的地位和属性也存在差别。

中国地区之间经济发展水平各异，破产案件分布不均，破产审判专业化在机构设置方面也需要因地制宜。目前，以破产审判庭为基础，破产审判水平较高、破产案件较多的地方优先设置破产法院的做法，能够满足实践要求。按国际上企业破产通常比率1%的数量计算，中国现有企业2000多万家，每年可办破产案件20多万宗，是当前年破产结案数量100倍。因此，完全可以在有条件的地区设立破产专门法院，实行跨区域管辖；在其他地区则可以建立专门的破产审判机构或者组织，实行专业化审理。[④]

面对法官员额制改革和法院内设机构改革，有法官对于未来破产法院业务部门的设置提出了自己的构想，其中以精简员额法官为核心，在破产法院设置审判部门、执行部门和破产管理部门，各部门人员配置和

---

① 参见［美］劳伦斯·鲍姆：《从专业化审判到专门法院：专门法院发展史》，何帆、方斯远译，北京大学出版社2019年版，第37页。

② 参见［德］莱因哈德·波克：《德国破产法导论》（第6版），王艳柯译，北京大学出版社2014年版，第20页。

③ 参见最高人民法院中国应用法学研究所编、韩苏琳编译：《美英德法四国司法制度概况》，人民法院出版社2008年版，第409页。

④ 参见叶建平：《涅槃之道——破产的应然思考与实然探索》，法律出版社2019年版，第76页。

权限如表 6－1 所示。[①]

表 6－1　破产法院机构设置方案

部门名称	部门职责
破产审判庭	（1）启动程序中的受理裁定； （2）程序推进中主持债权人大会、审核破产计划； （3）结束程序中的破产宣告、终结程序
	审判团队：法官＋多名法官助理＋多名书记员
破产执行局	（1）审判庭任命管理人之前的财产保全； （2）审判庭任命管理人之后，协助管理人接管财产、查询债务人财产情况，协助管理人进行企业核查
	法官助理＋不具备员额法官身份的其他工作人员
破产管理局	（1）管理破产管理人：指定管理人名册，监督破产管理人，当管理人履职存在重大问题时将相关监督权移交给审判部门； （2）选任破产管理人：由破产管理局采取随机摇号或公开竞争方式确定个案的管理人，将任免权与审判权两项实权分离，部门之间相互制衡，防止腐败风险； （3）委派公职人员作为公共管理人管理部分案件，主要指破产管理人无动力参与管理的案件，如无产可破的僵尸企业、财产状况不明的企业，进而以此为基础，研究出更为完善、妥当的管理人管理办法； （4）破产案件的数据统计分析，提供修订、完善破产法律法规的实证基础

三、发挥破产管理人中心作用

破产审判权运行中破产管理人的作用至关重要，破产审判专业化需要破产管理人执业水平不断提高来形成对破产案件处置的合力。《企业破产法》及《关于审理企业破产案件指定管理人的规定》都没有对破产管理人的法律地位进行确定。破产管理人在破产程序中所发挥的关键作用没有得到充分认识，对于其工作职责和权限范围也就缺乏必要的规范，这就导致了 10 余年来破产审判中法官、破产管理人和债务人都没

① 参见鲁雅清：《设置破产法院的必要性研究》，“新时代破产审判的司法进路”京津冀法院破产审判研讨会会议论文，2018 年 7 月于北京。

有从破产程序中得到最理想的资源配置和利益分配。当前，坚持管理人中心主义已经是业界共识。所谓管理人中心主义，是指破产程序的事务性工作通过管理人来进行，管理人在破产程序开始后依法对债务人的财产进行接管、清理、保管、运营以及必要的处分。①

（一）明晰破产管理人法律地位

破产管理人的法律地位，是指管理人在破产法律关系中所处的位置，是管理人职责、权利、义务和责任在理论上升华的表现。只有明确破产管理人的法律地位，才能明确管理人与破产程序中其他利益主体之间的关系。②

明确破产管理人的法律地位是破产审判的重要环节，因为破产管理人地位确立的过程，也是将其与破产法院（法庭）、债权人、债务人在破产程序中的地位和作用相区别的过程。明确破产管理人的法律地位，能够在管理人的任职资格要求方面有所依凭，能够比照相近的市场经济参与主体对其进行筛选和培养；能够在管理人的指定程序中，明确选任管理人的应有主体和程序；能够将管理人的职责以更为细化的方式规定下来，从而明确管理人与破产法官的职权界限；能够将管理人因为履职不善而造成损失时需要承担的法律责任的性质和种类确定下来。破产管理人地位的明晰，理顺了破产管理人在破产程序每一环节的作用，能够规范管理人的言行，提高破产审判权运行质效，减轻破产法官的压力，从而更好地保证破产财产的管理和维护，保护债权人的利益。

1. 国外立法

美国和英国关于破产管理人立法例如下。美国破产法将破产管理人定位为破产财团的受托人，其管理处分破产财团的财产，处置财产的原则是破产财团和全体债权人利益的最大化，破产信托人是私人而非官员。美国《联邦破产法典》第 544 条赋予破产信托人三种假定的身份：

---

① 参见韩长印主编：《破产法学》（第 2 版），中国政法大学出版社 2016 年版，第 74 页。

② 参见姚彬、孟伟：《破产程序中管理人制度实证研究》，中国法制出版社 2013 年版，第 37 页。

司法担保权益（judicial lien）的债权人、善意不动产的购买人和无担保债权人的权利的继承者。①

英国对于破产管理人在破产程序不同阶段和破产的不同程序中进行了明确的划分。根据企业破产案件的需要，英国将破产执业者任职的范围界定为公司清算人、临时清算人、管理人、行政接管人以及资源整理中被提名人或监督人；个人破产案件中的破产执业者范围界定为破产信托人、财产的临时接管人、管理协议的托管人、已死亡个人破产财产的管理人或者个人自愿整理中的被提名人或者监督人。②

2. 中国破产管理人地位构建

明确破产管理人的法律地位，要从管理人工作的核心入手。在破产程序中，破产财产是所有的破产法律关系主体利益的焦点，破产财产因为进入破产程序而被固定下来后，一方利益的增加势必导致另一方利益的减少，因此各方利益充满矛盾、很难平衡。破产管理人要实现破产财产最大化的目标，就要明晰管理人与破产财产的关系，实现公平清偿分配利益。

在理论与实践的发展中，各国对于破产管理人的法律地位逐渐产生了几种学说，分别是代理说、职务说、财团代表说和信托制度说。目前，以普通法的信托制度来规范和明确中国破产管理人地位已经达成共识。

（1）借鉴信托制度的原因

信托是关于特定财产的一种信任关系，受托人为了他人利益而享有该特定财产法律上的所有权，该他人作为受益人则享有该特定财产在衡平法上的所有权。③ 借鉴信托制度对破产管理人制度进行构建有以下几方面的原因。

---

① 参见尹正友、张兴祥：《中美破产法律制度比较研究》，法律出版社2009年版，第65页。

② 参见［英］费奥娜·托米：《英国公司和个人破产法》（第2版），汤维建、刘静译，北京大学出版社2010年版，第208页。

③ 参见周小明：《信托制度比较法研究》，法律出版社1996年版，第2页。

其一，在价值追求上，信托制度与破产管理人制度都是为了实现财产的转移与财产管理。信托中，委托人一般在无法将财产直接转移给第三者或者无法由自己完成财产增值管理时启用信托，而在破产程序中管理人对债务人财产的管理是为了破产财产的最大化及公平分配，二者都是为了委托人而不是为了自己的利益进行财产管理。

其二，信托财产与破产财产的利益都和财产所有权主体相分离。一旦信托关系成立，受托人得以自己名义管理、处分信托财产；破产管理人接收破产财产后，债务人不得进行干预，破产管理人对外做出独立的意思表示，独立自主地对破产财产进行处分，并且以自己的名义从事破产中的法律行为、参加诉讼并承担相应法律责任。

其三，信托制度能够保证破产管理人的中立性。破产管理人不是任何一方利益的代表，其存在是在一定程度上接管债务人的破产财产后，勤勉负责地履行自己的法定职责、承担法定义务，实现破产财产的最大化。正因为破产管理人与各方当事人不存在本质上的利益关系，因此管理人只需要在法定限度内公平合理地对破产财产进行处分和分配，维护各方当事人的正当权益。信托制度之所以成为一种理想的财务管理模式，正是因为受托人一旦被选定，即按照信托合同的规定履行自己的义务，管理信托财产，以合同目的对受益人进行财产处分。

其四，相关主体需具备极高的专业素质。破产管理人队伍的专业性对于破产程序的推进至关重要，而信托制度中的受托人因为要对各种信托财产管理和安置，需具备极高的专业素质；依照信托制度来对破产管理人的职责和专业素养及能力划定标准，可以在一定程度上节约时间和成本。同时需要注意的是，破产管理人的专业标准要高于一般的财产受托人，因为破产管理人要面对的债权人数目可能极其庞大，其中涉及的社会关系十分复杂。破产财产管理不仅是一种固定财产的管理，更是一种企业静态与动态财产的综合安置，尤其是重整案件中的商业安排、企业经营以及重整计划的制定。

（2）明确破产管理人受托人地位

比照普通法国家的制度对破产管理人地位进行构建，是因为信托制度发展多年已经足够成熟，且存在的委托人、受托人和受益人的权利义务关系结构与破产审判中破产管理人、受理法院、债权人和债务人的关系有一定相似性。

在信托关系中，存在委托人、受托人与受益人三方主体。《企业破产法》第1条就明确了法律保护债权人与债务人的利益，因此在破产管理人与债权人和债务人的关系中，比照信托制度，债权人与债权人都是受益人。破产管理人作为受托人，《企业破产法》对其组成规定为清算组、社会中介机构和个人，与《信托法》要求信托人是具有完全民事能力的自然人、法人或其他依法成立的组织相近；破产管理人对破产财产的管理应当恪尽职守，保证破产财产最大化，这也与信托中受托人的职责相同；至于二者的受益性，信托制度中，受托人对外向第三人所负债务及相关支出由受托财产承担，破产中管理人的必要支出作为破产费用，也在破产财产范围内进行支出。法院在破产程序中的地位与信托制度中的委托人类似，目前中国的破产管理人选任采取法院指定模式，法院不可能投入大量的人力处理破产财产的具体事务，因此需要委托第三方机构或者个人来行使对于破产财产的支配权。“人民法院把本应在概括执行程序——破产程序中所享有的对债务人财产（破产财产）的管理权和处分权委托给管理人行使，管理人成为一个‘受人之托，代人之财’的受托人，人民法院就成为该法律关系中的受托人。”①

（二）加强破产管理人队伍建设

1. 支持个人执业

个人担任破产管理人在许多法域都取得了良好效果，多数国家一般都只有自然人担任破产管理人的规定，个别国家允许法人担任。《企业破产法》第24条第2款规定了机构内“具备相关专业知识并取得执业资格的人员”可以担任管理人。因为“对于事实清楚、债权债务关系简单、债务人财产相对集中的企业破产案件，人民法院可以指定管理人

① 姚彬、孟伟：《破产程序中管理人制度实证研究》，中国法制出版社2013年版，第62页。

名册中的个人为管理人”①。

（1）减少个人执业的法律冲突

目前，中国的律师和注册会计师不能以个人身份执业，必须由所属律师事务所或者会计师事务所委托，因此《企业破产法》与《律师法》《注册会计师法》发生冲突，根据“后法优于新法”的原则，2007 年《律师法》修改使《企业破产法》的相关规定无法适用。

司法实践中，对破产清算事务所中的个人没有设立执业资格，所以个人担任破产管理人时只能从注册会计师和执业律师当中选任，并且需要法院认定该破产案件属于“事实清楚、债权债务关系简单、债务人财产相对集中”。在程序上，如果选任个人担任管理人，应当由法院确定个人为破产管理人后，将选定结果通知其所属的社会中介机构，再由该机构以自己的名义承办案件，但是机构办案时不得违反通知中的指定，不得再指派其他人办案。②

（2）支持个人担任破产管理人

中国个人担任破产管理人的案例较少，一般观点认为自然人的信誉水平和赔偿能力不足以承担破产管理人的责任，这是一种对个人权利的歧视。因为若仅允许机构担任破产管理人，大部分企业破产案件都会存在破产成本过高与社会资源浪费的情况，并且不利于培育管理人市场进而逐步形成一支专业化的管理人队伍。③

从市场竞争的角度来说，未来如果允许债权人会议或债权人推荐管理人，再由法院进行选任，破产管理人会与债权人进行良好的沟通以期展示自身实力，会不断提高自己的职业素质从而在竞争中保持优势。很多中介机构担任破产管理人之后，为了解决一些专业性问题都要外聘其他机构或个人作为辅助，单个机构独立处理破产案件的情况较少，团队

---

① 最高人民法院《关于审理企业破产案件指定管理人的规定》第 17 条。

② 参见刘学民：《我国破产管理人选任制度的完善路径》，载《湖北警官学院学报》2010 年第 5 期。

③ 参见王欣新：《破产法理论与实务疑难问题研究》，中国法制出版社 2011 年版，第 266 页。

化的合作模式与个人担任管理人差别不大。至于执业风险问题，个人才能对自己行为负完全的法律责任，一旦个人管理人侵害债权人、债务人或者其他利害关系人的利益，更容易进行责任追究；对个人破产管理人赔偿能力的担忧与中国的执业保险制度不完善有关，未来需要对管理人选任制度和个人执业保险制度进行改革，而不应杜绝自然人担任破产管理人。

个人担任破产管理人，便于债权人和法院对管理人的个人素质和执业能力进行考核与监督，因为无论是职权主义模式还是意思自治模式指定中介机构，都关注中介机构的资质，一旦选定中介机构，对于其中哪一个人主管此破产案件是无法掌控的。个人担任破产管理人，权责明确，能有效避免集体负责制固有的责任不清的弊端，同时也会促使管理人在执业中更加尽职尽责，因为其行为将全部“后果自负”。[①] 未来随着破产管理人自身素质和能力的不断提高，中国应当向个人担任管理人为中心过渡，允许更多的个人管理人进入管理人名册。

2. 扩大中介机构范围

破产清算一般按照法定程序，和解由债务人提出，现有的可供选任的中介机构范围还可以满足这两种程序对于管理人专业性的要求。但是在破产重整程序中，破产管理人需要编制债权表、进行资产清理与调查与偿债能力评估，还要制定重整计划，这对管理人的专业性要求极高。除了法律与会计方面的专业知识，管理人还需要掌握税务、金融、企业治理知识以及相关产业专业技术，这是职业律师和注册会计师一般无法做到的。

《破产审判会议纪要》提出：“人民法院要指导编入管理人名册的中介机构采取适当方式吸收具有专业技术知识、企业经营能力的人员充实到管理人队伍中来，促进管理人队伍内在结构更加合理，充分发挥和提升管理人在企业病因诊断、资源整合等方面的重要作用。”这充分说

---

① 参见马绪福、赵欣：《破产程序中个人担任管理人的发展与完善》，载《人民法院报》2008年6月19日，第6版。

明破产审判实践中，法院已经意识到管理人结构单一对不同破产案件程序推进的不良影响，这种影响在重整程序中尤为突出。破产重整实际上是一种法律框架下的有序并购程序，重整的关键在于是否有新的资金注入，因此需要掌握并购、金融、投资知识和经营管理技能的人担任破产管理人，尤其是金融投资机构的财务顾问。

目前，破产管理人主要由执业律师和注册会计师等人员组成，结构过于单一，导致破产管理人团队内部的知识结构不能满足日益复杂的破产审判实践需要。《企业破产法》第 28 条允许破产管理人聘任工作人员，对现有破产管理人组成问题提供了一种解决方案。但是对于何为“必要”，具备何种资格的人能够成为聘任人员，并没有明确的规定，立法将此种权力赋予了法官，让法官根据案件实际情况自由裁量，这实际上对管理人和法官提出了更高的要求。

中国破产审判实践中出现了破产清算事务所，此类机构是专门从事破产清算业务的机构，在《企业破产法》实施前已经存在，积累了处理破产案件的经验。因此，相比办理案件较少的律师事务所和会计师事务所，此类机构实践优势明显。在《企业破产法》的制定过程中，立法向司法实践妥协，将破产清算事务所也列入破产管理人的选任范围。但是，破产清算事务所的规制没有具体法律法规的规定，无论是事务所的设立、组织形式还是事务所的组成人员都是不明确的，客观上造成了破产清算事务所设立门槛较低、承担民事责任能力差以及专业性不强等缺陷。① 在地方破产实践中，已经出现了很多从律师事务所转变为破产清算事务所的现象，不同于不具备成立律师事务所和会计师事务所主体条件而刻意规避法律规定成立破产清算事务所的机构来取得破产管理人资格，这种转变的原因在于机构人员的组成、执业成本和行业监管都比上述两种机构要求低很多。如果任由此种趋势蔓延，会影响破产管理人制度的良性发展。既然法律已经允许将破产清算事务所纳入破产管理人

---

① 参见姚彬、孟伟：《破产程序中管理人制度实证研究》，中国法制出版社 2013 年版，第 96 页。

选任范围，那么就应当比照其他中介机构对其地位、性质、职能、组成和监管进行明确规定，来保证管理人队伍的统一性和专业性。

3. 提高管理人任职资格要求

破产管理人的任职资格除了与信托制度受托人类似的专业化、职业化和商业管理能力之外，其他任职资格由法律规定，一般要求具有法律（不仅是破产法，还有相关商法、金融法和商业法）、审计、会计、财务管理等专门的知识。世界各国普遍做法是从律师和会计师中选任管理人。

首先，根据联合国《破产法立法指南》要求，破产管理人必须显示出针对可能引起争议的各种案件和情况履行其受托职能的才干。[①] 这是因为破产管理人在复杂的破产程序中要处理一系列专业问题，做出各种法律行为，还要具备公司账目会计核算和商业管理的能力。其次，破产管理人的经验也是重要标准，在管理人取代债务人企业的管理机构处理公司相关事务时，以及进行重整计划的制定时，实际上其工作是一种商业决策，需要一定工作阅历和商业经验。最后，关于管理人的品行条件，因管理人相当于受托人的地位，对于债权人、债务人和社会公共利益都具有信托义务，要求管理人具有良好品行和职业道德。

一般来说，破产管理人的任职资格分为积极资格与消极资格，积极资格是指适合担任破产管理人的条件，消极资格是不得担任破产管理人的情形。中国还没有对破产管理人需要具备的相关条件作出具体法律规定。

（1）提高积极资格标准

积极资格要求的缺失，是中国破产管理人队伍素质无法满足破产审判实践需求的原因之一。除了清算组担任管理人，实践中法院将律师事务所、会计师事务所、破产清算事务所等中介组织编入名册后进行选任。律师事务所和会计师事务所在设立时经过了政府部门和行业组织的

---

① 参见联合国国际贸易法委员会编著：《破产法立法指南（中文版）》，联合国出版社2006年版，第157页。

审查认定，机构本身具备相关资质，其人员经过国家法定考试后取得相关专业的执业资格。但是对于破产清算事务所，没有行业自治组织，人员考核也缺乏必要的标准，虽然机构具备处理破产案件的资质，但是对机构内部人员是否具备担任破产管理人的能力缺乏必要的认定标准。

法国要求参与破产管理人竞争的报名者具有法学、经济、商业、管理或会计专业的高等教育文凭，通过实习资格考试（从2003年起）并具有3~6年实习经历，报名者最多只能有3次报名机会。并且，法国实行破产管理人专职制度，法国破产管理人不得从事其他职业活动。[①] 罗马尼亚要求申请人具有法学、经济学或者工程师专业高等教育文凭，报名参加破产管理人资格考试者还要有3年以上法律、经济领域从业经历，有2年以上的实习经历。[②] 有的国家没有规定职业资格考试，但规定破产管理人从法律或者会计从业人员中挑选，例如，希腊的破产管理人从律师中选任，律师至少有5年工作经验才有可能成为破产管理人。又如，比利时要求担任破产管理人或者债权人代表的律师必须是比利时律师协会的成员，受过专门培训，具备处理破产领域事务的能力；律师要担任破产和解执行人，则必须具有企业管理和会计方面的经验，同时通过职业道德考核。

英国破产审判中对破产管理人的积极资格要求极其严格，破产程序中的从业人员范围仅限于破产法所承认资格，否则构成犯罪。破产管理人取得从业资格有两种途径：其一是向工商部门申请个人营业执照；其二是参加政府承认的职业团体。[③] 申请人必须达到7家指定的职业机构所要求的相关教育水准并已经通过专业考试，被授予这些专业机构成员资格。除此之外，英国破产管理人还需要通过相关的专业考试，并具有3年以上的从事破产事务的经验，而且每年要接受至少50小时的培训，

① 参见《法国商法典》第811-7、811-8条。

② 参见种林：《破产管理人选任制度：中欧比较研究》，载《政法论丛》2015年第4期。

③ 参见沈达明、郑淑君编著：《比较破产法初论》，对外贸易教育出版社1993年版，第117页。

并在保险公司参加责任保险。[①]

（2）严格消极资格审查

各法域对破产管理人消极资格的规定主要归纳为以下四个方面：无行为能力者或限制行为能力者不得担任；与破产案件的债权人或债务人有利害关系的人不得担任；经济状况不佳、债务缠身的人不得担任；曾违法犯罪或因渎职、不称职等被解除过职务的人不得担任。[②]

英国对管理人消极资格规定为：管理人必须不是尚未解除债务责任的破产人，不是经法院判决宣告有精神病或无行为能力的人。[③] 英国工商部门在对申请人进行审查时，要看申请人是否具备必要的教育、训练或经验，是否有威胁、欺诈等刑事处罚的前科，在其履职工作中是否有违反本国或他国破产法的行为，等等。英国对于破产管理人授予从业资格的有效期只有 3 年，为了延续从业资格，破产管理人必须通过列举自己在这 3 年中至少在一个案件中被任命为相关的破产专员，或者至少有 500 小时更高层次的破产工作经历，来证明自己具有实际执业的水准。[④] 日本还增加了“拒服军役者不得担任破产管理人”的规定。

法院在对破产管理人资格的消极资格审查中，很重要的部分是有关利益冲突的考察，如果破产管理人以前或许与债务人存在商业关系，或者与债务人的债权人有关系，或者曾经被聘为债务人的代表、审计员等，或与债务人的竞争者有关系，都构成此处所指的利益冲突。但是构成此种冲突并不必然取消此人或中介机构担任破产管理人的资格，而可根据各个国家管理人选任的模式和程序的不同，在公示披露后继续任命。[⑤] 这就要求法律首先规定管理人有披露现有或潜在利益冲突的义

① 参见付翠英编著：《破产法比较研究》，中国人民公安大学出版社 2004 年版，第 283～284 页。

② 参见刘涛：《破产管理人选任制度研究》，载王欣新、尹正友主编：《破产法论坛》第 4 辑，法律出版社 2010 年版。

③ 参见李永军：《破产法律制度》，中国法制出版社 2000 年版，第 153 页。

④ 参见［英］费奥娜·托米：《英国公司和个人破产法》（第 2 版），汤维建、刘静译，北京大学出版社 2010 年版，第 209 页。

⑤ 参见联合国国际贸易法委员会编著：《破产法立法指南（中文版）》，联合国出版社 2006 年版，第 158 页。

务，并对何种情况、何种程度的关系会产生此种利益冲突进行确定，或者由法院在个案中认定。

为提高破产审判权运行质效，破产管理人执业要求高度专业化。如果破产管理人任职资格要求过低，会导致其能力与破产案件不匹配。但是，如果制定过高要求，容易造成市场准入困难，从而形成一定程度的行业垄断。未来，中国可以考虑由管理人自治组织设立破产管理人培训准入机制，以培训认定资格，短期内不进行专门的执业考试。

四、落实中国特色“府院联动机制”

“府院联动机制”，是法院与政府机关通过各种对话和联席会议等方式协调合作，在法定权限范围内积极履行各自的职责，发挥破产审判权程序性、权威性和行政管理权及时性、执行性优势，合力解决破产中的各类问题，重点是鼓励行政机关积极作为，化解破产审判权无法解决的问题。机制运行的基础是政府和行政机关尊重法院破产审判权在破产程序中的主导地位，坚持依法行政、合理行政的基本原则。一般来说，行政机关需要统筹解决企业破产处置中的风险防范、财产接管、资产处置、企业注销、防止逃废债等问题，消除潜在投资者的后顾之忧。法院行使破产审判权，应平衡各方利益，保证债权人得到公平清偿，债务人企业经营和资产处置得到最优方案。

（一）构建长效联动机制

中国法院主导下的破产程序，是以司法权力控制破产程序中资源配置的走向，是从过去政府高度参与，转为引导政府以适当方式积极参与破产审判中行政性事务的处理；是为了充分利用市场资源的优势，将商业化的破产管理人这一执业群体在市场经济中的作用发挥出来，在更广阔的平台吸引资金，采用更为科学高效的方式处置破产财产。而政府在机制规则之下积极配合法院行使破产审判权，为破产管理人的财产处置和方便企业经营的行为提供支撑，有利于在破产审判中维稳。

1. 构建常态化机制

府院联动有“个案联动”和“常态化联动”两种方式。常态化机制包括以下几个方面：第一，设立固定联席会议制度。实践中常常是以政府牵头召开案件协调会议，成立包括法院、金融监管、税务、公安、社保等机关部门在内的工作小组，建立一套完善的府院联络机制，理顺府院职能关系，加强府院职能联动。第二，出台政策文件提供指引。针对府院联动机制出台的规范性文件一般分为两类：第一类是地方政府与地方法院联名或单独发布，对辖区内的所有行政机关和职能部门提出关于处理与破产审判相关工作的指导意见，如浙江省促进企业兼并重组工作部门联系会议办公室、浙江省高级人民法院、浙江省经济和信息化委员会联合出台《关于成立省级"僵尸企业"处置府院联动机制的通知》，北京市高级人民法院等部门《关于建立企业破产工作府院联动统一协调机制的实施意见》，等等。第二类是法院与个别行政机关联名发布针对某一类具体事项办理的实施意见，比如北京市高级人民法院、中国人民银行营业管理部、原中国银行保险监督管理委员会北京监管局发布的《关于破产管理人办理人民币银行结算账户及征信相关业务的联合通知》；南京市中级人民法院与南京市规划和自然资源局发布的《关于企业破产程序中涉不动产登记事项办理的实施意见》；青岛市财政局与青岛市中级人民法院发布的《市级破产案件援助资金管理使用办法》；柳州市人民政府与柳州市中级人民法院《关于破产程序中有关税务问题处理的指导意见》；等等。

府院联动贯穿于破产案件处理的各个阶段和环节，这一机制在案件的不同审理阶段有不同的运行模式。第一，预警机制：法院与行政机关需要通过定期和不定期的信息传递实现信息共享，尚未进入破产程序的企业，如果出现经营和维稳隐患，应通知法院；法院在企业其他案件审理和执行过程中，发现职工安置问题和债权、担保、税收问题的，应向政府机关报送信息。第二，沟通机制：破产法官要加强对债务人企业经营和资产保全方面的协调，比如协调企业供水供电、对企业和土地依法查处查封、缩短工商登记与注销周期、建立税收减免制度等。第三，惩戒机制：破产法官积极与公安部门沟通，对妨碍破产程序的行为，明确训诫、罚款、拘留、限制出境等强制措施适用标准。[①] 第四，保障机制：为了解决大量“无产可破”案件中管理人执业保障问题，破产法官与行政机关需要协调破产管理人执业保障基金的财政支出和主管单位，同时在法院和行业自治组织的培训之外，加强行政机关对破产管理人的培训。第五，合作研究机制：对破产程序出现的新问题，法院与行政机关需要建立跨部门调研组共同研究，结合双方在各自系统内的经验形成统一认识，在相关内容成熟后，经协调会成员单位同意，会签会议纪要，下发各单位执行。[②]

2. 防范行政权不当干预

中国破产审判权行使过程中创设的“府院联动”机制，能够高效解决企业破产实际社会问题，对提高破产审判质效有重要意义，司法实践中也产生了良好效果。但是，这一机制在对于破产审判权行使产生助推作用的同时，对政府在其中的作用和未来机制的实施发展也要有清晰而准确的认识。

在市场经济较为发达的国家和地区，相关配套制度和规则完善且运作多年，所以涉及破产的社会问题不需要通过破产审判权予以解决。而中国破产审判权与行政机关行政权力在此机制下的交集，既要保障破产制度市场化、法治化程度不断加强，又要通过这一机制的构建，实现破产审判中的各类事项“法院的归法院，政府的归政府”。要逐渐形成政府对于自身在破产案件应尽职责的制度化规定，而不是依靠各地的临时性指导意见开展工作，要把破产事项处理纳入其基本工作范围。

另外，常态化的府院联动机制构建需要注意防范“政策性破产”再次冒头。政府在处理破产事项过程中，不能以不当方式干预破产审理。未来应当进一步强化各地的府院联动机制建设，“尚未建立府院联

---

① 参见深圳市中级人民法院：《关于发挥破产审判职能服务供给侧结构性改革的意见》，载龙光伟主编：《深圳破产审判年刊 2017》，人民法院出版社 2017 年版。

② 参见北京市第一中级人民法院清算与破产审判庭：《关于设立破产案件专业审判庭及构建相应审判机制的调研报告》，“新时代破产审判的司法进路”京津冀法院破产审判研讨会会议论文，2018 年 7 月于北京。

动机制的，要抓紧建立；已经建立松散型联系的，要建章立制，使府院联动定型化、常态化、机制化；已经建立常态化联动机制的，要巩固联系，总结经验，推动工作机制上升为制度和法规"①。通过提升政府参与的科学性和合法性，高效率解决企业破产中的行政管理事项和衍生的社会问题。

（二）建立破产行政机构

建立破产行政机构是进一步深化府院联动的有效方式。目前提升中国破产审判权运行效率的难点还是集中在破产财产处置过程中的行政审批、债务人企业涉税、注销与信用修复等问题上。构建常态化的府院联动机制，既需要法院领导重视并积极与地方政府沟通，又需要地方政府转变对破产审判的观念，为积极配合破产审判权运行而制定相关实施方案，并落实到底。

联动机制一般以定期和不定期会议为基础，针对具体事项指派各具体行政机关落实联动会议的决定，也有地方政府专门指定某一个办公室与法院对接，如南京市人民政府设置了协调联动机制办公室，办公室设在南京市中级人民法院，负责协调联动日常工作，包括起草企业破产处置情况报告、组织有关成员单位联合调研提出需协调的问题、筹备召开联席会议、督促落实联席会议决定、汇总相关信息以及其他日常事宜。② 如果在行政机关内部设立一个专门机构负责与破产有关的行政性事务，不仅可以大幅减轻破产法官现有工作压力，还可以减少法院与不同机构之间的沟通成本，有效缩短解决相关问题的时间，提高破产审判权运行质效。

国外的破产行政机构组织机构模式如下：美国破产管理署，处置下设 21 个分署，隶属美国联邦司法局。英国破产署，下设 39 个地区办公室，隶属英国工贸部。俄罗斯企业重整与破产管理局（正部级），垂直

---

① 王富博：《破产工作中府院联动的再思考》，载微信公众号"中国破产法论坛"2020 年 9 月 28 日，https://mp.weixin.qq.com/s/wywSPOpd1dDoatfcPTmzwA。

② 参见南京市人民政府《关于建立企业破产处置协调联动机制的通知》第三部分"保障机制"第 2 条。

下设89个分支机构。加拿大破产管理总署，垂直下设3个大区和14个办公室，隶属联邦工业部。瑞士破产事务管理局，隶属瑞士司法部。以上各机构的职权大致可以概括为以下6个部分：第一，对破产管理人进行培训、考核、管理和监督；第二，调查破产原因，遏制借机逃废债的破产欺诈行为；第三，参与破产衍生诉讼，维护公共利益；第四，使用破产基金支付破产职工补偿费用等；第五，建立全国破产数据库，公开破产案件各类信息；第六，调查破产法的现实运行情况，适时提出改善建议等。

官方管理人的权责范围应当包括企业破产和个人破产，深圳破产管理署是为了《深圳经济特区个人破产条例》实施而设立的，目前只针对个人破产案件处理其中管理性质的事务，无论是机构本身还是职权范围并不完整。未来应当在破产法修订过程中明确破产行政机构的地位和职权。设立破产行政机构不仅是破产审判权运行的实践需要，也是破产制度发展的内在要求。无论是企业破产还是个人破产制度运行，破产行政机构的职权一方面取决于国家权力在司法机关和行政机关的分配结果，另一方面取决于国家权力与社会权力平衡的考虑，因此破产管理机构的职权范围和经费保障都需要法律予以确认。

五、加强破产审判信息化建设

司法信息化涉及法院作为审判机关日常运转的各个方面，而其中的核心是案件审理信息化，包括从申请立案、立案受理、庭前准备、在线庭审、电子送达到执行的全流程信息化建设。法院案件管理、行政公务、公共服务方面的信息化较为统一，但是破产审判权专业化运行过程中，因为“破产法不独包括民法、商事法、民事诉讼法、强制执行法，亦包括刑事法规及行政法规”①，在“大民事”审判格局之下，需要根据破产案件特殊性对破产审判信息化进行特别规制。

破产审判信息化实践中目前存在的问题主要有：第一，破产案件在

① 吴传颐编著：《比较破产法》，商务印书馆2013年版，第86页。

线审理规则缺失，在线审判实践先于理论发展，但是地方法院缺乏完善的规则对破产案件在线办理的流程和具体标准予以规制，规则之外的尝试和立法迟延不利于线上审理系统的广泛应用和发展。未来要实现破产案件全流程在线审理，不仅要在司法与科技融合的理念上保持开放性，在理论上坚持严谨性，更需要科学合理的规则和制度设计。第二，破产案件在线审理平台不统一。除了全国的破产信息平台，各地法院与当地企业合作构建了自己的破产审判平台，如东莞的“智慧破产审判管理系统”和佛山的“智汇云破产管理系统”，但是全国范围内破产法官和破产管理人案件在线办理平台操作流程和标准无法统一，不利于形成统一的在线审理规范，也不利于破产管理人跨区域执业。

（一）认识破产审判信息化的作用

世界银行2023年营商环境评估体系改革，更看重规范的实施情况，关注企业破产花费的时间、成本，实践中企业破产程序的效率。因此，破产审判信息化能够在中国现有司法资源有限条件下，从以下四个方面优化破产审判权运行。

第一，推进破产审判公开。破产案件全流程在线审理后，破产管理人与法官、债权人和债务人的沟通在平台进行，破产法官对债权人会议的控制和审查、对管理人的监督全程留痕，可以供债权人和债务人查询监督，能够避免债权人质疑破产法官、破产管理人的工作效率和中立性。因为信息公开渠道和平台增多、信息辐射范围广泛、资产和债权债务关系透明度提高，破产重整企业获得投资方融资的可能性也随之提升，从侧面提高了重整成功率。

第二，提高破产审判质效。线上案件处理能够提升破产审判质效。企业破产程序完成时间是世界银行的二级评分标准，包括从有权主体向法院申请破产开始，到破产程序中法院受理、财产清算、其他诉讼，直至企业破产程序终结所花费的时间。深圳市中级人民法院《关于优化破产办理机制推进破产案件高效审理的意见》第1条就指出，通过加强破产信息化建设，提高工作效率、节约破产成本。企业破产程序中债权人追求破产财产的处置效率，债务人希望快速实现债务解除或企业重生，电子数据便利了证据和文件在债权人、管理人和法官之间的传输，提高了审判效率。[①] 法官与债权人和管理人的在线会议可以减少审前流程所耗费的时间（如协调时间地点和法院工作人员、核对卷宗等），增加单位时间内审理的案件数量，在提升工作效率的同时，还能提高对法官工作绩效评价的准确性。[②]

第三，节约破产案件办理成本。按照世界银行标准，破产案件办理成本按照“办理破产手续平均所需成本占财产总值的比例”计算，包括法庭费用和政府税费、破产管理费、拍卖费、评估费、律师费以及其他一切费用和成本。[③] 一方面，在线开会能够节约破产法官的时间，减少法院人力投入，区块链技术应用可以缩短法官对于争议债权的审查时间，节约破产案件办理的司法资源；另一方面，破产管理人可以通过在线系统完成与众多债权人的沟通，线上召集会议、签到和投票表决可以减少重复性工作，与破产法官的线上沟通可以通过“异步方式”随时随地进行，利用区块链证据确认债权，能够缩短管理人的办案时间、减少破产管理费用。

第四，提高债权人参与度，保障当事人合法权益。债权人参与指数也是世界银行评估的重要指标，破产审判实践中大债权人聘用律师、法务参与破产程序，积极性不高；小债权人因债权数额较小，担心自身话语权受限，参与度也不高。由此出现的债权人会议虚置浪费各方当事人的时间，拖延了破产审判效率。在线申报债权、在线会议等方式，能够极大地方便债权人参与破产程序，同时通过平台内部系统设置加强对破产管理人和破产法官的监督并给出评价，提升债权人的参与度；债权人对破产财产处置发表意见和建议，进行决策，可以提升审理满意度，使

---

① 参见姜丽萍、黄亚洲：《民事电子庭审与直接言词原则的冲突与协调》，载《沈阳大学学报（社会科学版）》2019 年第 6 期。

② 参见安晨曦、刘思瑞：《我国远程审判制度的反思与构建》，载《福建农林大学学报（哲学社会科学版）》2018 年第 6 期；肖安定：《人工智能支撑的阳光法院建设探索与实践》，载《东南司法评论》2019 第 0 期。

③ 参见姜天苹：《破产案件办理信息化的含义、发展阶段及未来展望》，载搜狐网 2020 年 12 月 30 日，https://www.sohu.com/a/441523544_689962。

其合法权益得到保障。

（二）明确破产审判信息化可行性

2021 年最高人民法院发布了《关于人民法院在线办理案件若干问题的规定》（以下简称《在线诉讼司法解释》），《民事诉讼法》是此项司法解释的制定依据之一。中国破产案件的审理程序除了《企业破产法》的特别规定外，都依据《民事诉讼法》进行，因此《在线诉讼司法解释》也是破产案件在线审理的法律依据之一。

从技术层面和实践反馈结果来说，破产案件全流程在线审理是完全可以实现的。西方国家在审判这一司法核心领域的技术革新态度谨慎，但是信息技术对应用法律和发展法律的影响早已影响了诉讼的诸多方面。① 除了对民商事在线审理的一般性保留意见之外，国外破产案件大多被排除在适用在线审理的范围之外，如欧盟《欧洲议会和欧盟理事会建立欧洲小额索赔程序的条例（EC 第 861/2007 号）》（以下简称《ESCP 条例》）规定跨境破产和解协议和类似的程序不适用于在线审理。美国联邦破产法院于 2001 年开始施行电子诉讼，但是主要集中在电子文书的管理方面。②

破产案件在线审理的实践效果已经证明了破产审判信息化方便了当事人和破产管理人，提高了破产审判效率。线上行使破产审判权需要进一步规范法院、破产管理人和当事人的行为，考虑效率与公平的价值平衡。破产案件的非讼属性对案件审理的要求与一般民商事案件审理认定事实和适用法律不同。较之民商事案件，处理破产案件的过程具有如下特点。

第一，庭审的在场性和仪式感要求会弱一些，不同案件当事人的价

---

① 参见［德］Peter Gilles：《德国民事诉讼程序电子化及其合法化与“E—民事诉讼法”之特殊规则》，张陈果译，载张卫平主编：《民事程序法研究》第 3 辑，厦门大学出版社 2007 年版。

② 美国明尼苏达州区联邦破产法院研发了完全数字化的案卷，在内部推行电子化案卷管理，该法院不同的分支机构可以共享位于杜鲁斯（Duluth）、明尼阿波利斯（Minneapolis）和圣保罗（Saint Paul）法庭的数字案卷。

值追求侧重有所不同，破产案件中当事人“对诉讼效率的追求优于对诉讼的在场性与仪式性的追求”①，而且“仪式感”通过技术手段更新完善而不断提升。

第二，破产程序中，破产管理人居于中心地位行使破产管理权；债权人与债务人并非对抗关系，双方都希望实现破产财产最大化；破产法官需要选任管理人，在法定情况下和有实际需要时召集债权人开会。除衍生诉讼审理之外，破产法官的职责是程序控制，对管理人向法院提交的文件和经债权人会议通过的表决结果进行审查。因此在线审理破产案件，法院参与的环节以书面审查居多，召集债权人会议也不同于诉讼庭审的程序和形式要求，并不会因为债权人和债务人无法直接“辩论”而影响法官决策。

第三，企业破产案件涉及债权人众多，其中有机构、公司和个人等，在同一个时间和地点召集会议一直存在难度。中国破产程序中“无产可破”案件多，加之过去市场化破产改革不全面，一直存在债权人参与不积极和债权人会议虚置的问题，在线开会能够方便多方债权人，提高债权人参会率；② 尤其是“异步审理”模式的引入，③ 使债权人和债务人可以利用碎片化时间针对债权认定和破产财产的处理发表意见，便于破产管理人在线对双方提交的报告和相关文件进行审核，能够提高破产审判的效率。

第四，因为案件在线审理中当事人的诉讼权利实现存在一定风险，因此无论是《在线诉讼司法解释》，还是实践中各地法院出台的案件在线审理的规则，都对当事人的选择权和异议权进行了重申。从方便当事人的角度来说，参与企业破产程序的除了破产管理人，还有机构和企业债权人，后者会聘请律师、法务等专业人士作为其代理人，出现“当事

① 参见段厚省：《远程审判的双重张力》，载《东方法学》2019 年第 4 期。

② 2020 年 2 月，东莞市第三人民法院针对东莞某智能科技公司破产清算案，线上召开第一次债权人会议，38 名债权人参会，普通债权人参会率达 100%。

③ 参见肖建国、丁金钰：《论我国在线“斯图加特模式”的建构——以互联网法院异步审理模式为对象的研究》，载《法律适用》2020 年第 15 期。

人不便”情形的概率很小。

第五，企业破产案件涉及债权债务关系复杂、破产财产数额大，在国外被排除在远程审理范围之外。[①] 但是中国案件在线审理的发展理念、改革措施、技术保障和资金支持远超其他国家和地区，覆盖破产案件在线审理程序构建的条件已经具备；单纯以标的额为标准限制在线审理方式的适用范围与中国目前司法实践情况不相适应，难以满足当事人对案件审理效率的价值追求，以及应对疫情等特定条件下审理案件的困境。

第六，“区块链”技术[②]在企业破产领域的运用，能够推进破产程序，提高破产案件审理质效。区块链技术不可篡改、不可抵赖、多方参与，其存储的证据不易损毁，且公开透明。“时间戳”功能使其能够有效保证数据存储的有效性和完整性，实现关联证据追溯。[③] 债权申报时破产管理人运用区块链技术能够审查债权人和债务人的交易状况的真实性，区块链存证、取证的费用比传统的取证方式低，使得验证更加经济高效。[④]

（三）推进破产审判信息化配套措施

案件在线审理并非改变破产审判程序，只是基于技术革新和审判实践需要，对现有审理方式的调整。破产审判作为一种较为特殊的商事审

---

① 欧盟以小额诉讼程序为发展电子诉讼切入点，欧盟《ESCP条例》规定适用于跨境案件，即至少一方当事人的住所或惯常居所在诉讼法院所在成员国以外的一成员国的案件，并不适用于税收、海关或行政事宜，也不适用于国家的赔偿责任，且不适用于下列事项：（1）自然人的法律地位或行为能力；（2）夫妻财产制、赡养义务、遗嘱和继承；（3）破产和解协议和类似的程序；（4）社会保障；（5）仲裁；（6）就业法；（7）不动产租赁，但货币索赔除外；（8）侵犯隐私权和与人格有关的权利，包括诽谤。

② 区块链存证机制结合司法解释进行定义，指的是由互联网法院等主体搭建基于区块链技术的平台，供当事人或其他组织收集、固定电子数据，并通过存证节点进行效力证实的证明机制。由提供中介服务的存证公司等单位搭建基于区块链技术的平台开展相关的电子数据保存工作，也可以被理解为宽泛意义上的“区块链存证”。参见刘品新：《论区块链存证的制度价值》，载《档案学通讯》2020年第1期。

③ 参见赵磊、石佳：《依法治链：区块链的技术应用与法律监管》，载《法律适用》2020年第3期。

④ 参见杨东、徐信予：《区块链与法院工作创新——构建数据共享的司法信用体系》，载《法律适用》2020年第1期。

判，因为破产财产处置流程和破产程序各方当事人参与方式的特殊性，对在线审理的接纳性和包容性甚至高于一般民商事案件。未来，破产审判信息化建设需要注意以下几个关键环节。

1. 当事人程序权利保障

破产案件与一般民商事案件立案程序有较大区别：首先，破产案件立案申请虽然由债权人或者债务人提起，但是不同于民商事案件的立案登记，破产案件最终受理与否需要经过审判庭法官的审查。其次，破产立案程序体现了法官职权主义的特点，面对破产申请，法官需要根据企业经营和财产状况决定案件进入清算、重整还是和解程序；中国“执转破”机制之下，破产法官要对执行法院移送的案件进行审查，作出是否进入破产程序的裁定。

由于破产案件会更大程度地体现职权主义的作用，更需要注意对在线审理中当事人的程序权利保障。虽然疫情过程中适用线上方式审理案件是客观条件所限，但是司法实践和规则制定中都要明确，是否适用在线方式审理属于程序选择权，应当尊重当事人的程序选择权。[①] 债权人和债务人无论通过线上还是线下方式提交破产申请，法官都应当对其后是否适用线上审理方式的选项进行释明，允许当事人选择，以当事人自主选择为主、强制适用在线审理为辅；[②] 法官依职权启动远程在线审理时，应当及时通知债权人、债务人和破产管理人。

债权人和债务人提交破产申请时，应当对接受电子送达的地址一并进行确认。[③] 电子送达将实现提高司法效率这一最重要的价值目标，提升诉讼效率是电子送达较之传统送达最大的优势。企业破产程序对效率价值的追求和当事人商业主体的特征，都使电子送达适用更具有可操作性。美国佐治亚州北区的破产法庭受理的 Broadfoot v. Diaz 案，曾因为

---

① 参见左卫民：《中国在线诉讼：实证研究与发展展望》，载《比较法研究》2020 年第 4 期；张兴美：《电子诉讼制度建设的观念基础与适用路径》，载《政法论坛》2019 年第 5 期；吴涛、陈曼：《论智慧法院的建设：价值取向与制度设计》，载《社会科学》2019 年第 5 期。

② 参见高翔：《民事电子诉讼规则构建论》，载《比较法研究》2020 年第 3 期。

③ 参见深圳市中级人民法院《关于优化破产办理机制推进破产案件高效审理的意见》第 6 条公告通知方式规范；第 7 条送达方式规范，需要当事人书面确认。

原告无法根据《联邦诉讼规则》规定的送达方式对被告进行送达，首次以推定同意模式使用电子邮件送达诉讼书状。一般情况下，法院通过破产管理人间接与债权人和债务人进行沟通，因为以“管理人中心主义”构建破产程序的理想状态是将破产管理人作为法院与当事人之间沟通的桥梁，但是也存在法院需要直接通知债务人和债权人，以及裁定作出后的送达问题。至于对破产管理人的送达，可以通过行业自治规范进行调整，因为破产管理人行使破产法官让渡的关于管理破产案件具体事务的权限，是具备专业素养的破产执业者；破产管理人接受法院选任，也需要接受法院监督，这是正常业务范畴。但是对债权人和债务人，需要法律明确当事人同意的标准是“明示同意”或“默示同意”，抑或“推定同意”①。

2. 破产管理人线上选任

传统方式选任管理人存在以下问题：（1）随机选任过程不透明。实践中部分法院摇号时不通知机构到场或者仅通知部分机构到场；有的序号和机构名称对应存在多种排序，个别几家被选中担任资产较多案件破产管理人概率较大。（2）竞争选任决策过程不透明。判断破产管理人是否具备实现破产财产最大化能力的标准不够明晰；而破产管理人作为中介机构具有逐利性，选任存在寻租风险。

针对以上问题，对随机摇号方式的质疑，加之疫情期间债权人和破产管理人不方便进入法院，建议无论是通过网上平台随机匹配符合条件的管理人，还是现场摇号和抽签随机选任管理人，都可以通过网络视频直播，方便当事人监督。

3. 债权人会议与决议

债权人会议线上召开在实践中已经较为普遍，但是需要注意保障债权人的知情权和异议权。《关于推进破产案件依法高效审理的意见》第10条规定：第一次债权人会议可以采用现场方式或者网络在线视频方

---

① 推定同意指法院适用了所有可能、传统的送达方式都无法成功送达或当事人无故拒收的情形下，如果法院获悉受送达人的手机、电子邮件等信息，就可以推定为其同意适用电子送达方式。

式召开；法官应当在通知和公告中注明第一次债权人会议的召开方式；经第一次债权人会议决议通过，以后的债权人会议还可以采用非在线视频通讯群组等其他非现场方式召开；债权人会议以非现场方式召开的，管理人应当核实参会人员身份，记录并保存会议过程。

由于制度设计和疫情影响，为了方便债权人参与，提高破产案件处理的效率，实践中线上召开债权人会议成了一种“径行选择”；法律没有对线上召开债权人会议的最低限度予以规制，也没有考虑由法院召开的第一次债权人会议和后续由破产管理人召开的债权人会议，二者适用在线方式召开时是否需要进行区别。虽然在疫情期间，线上会议召开是无奈之举，[①] 但无论是为了解决疫情之前线上债权人会议召开存在的问题，还是对未来债权人会议线上召开制度的完善，都需要明确：无论是债权人还是债务人提出破产申请，法院在申请人同意进行在线审理之后，应当通过适当方式告知其他债权人，并允许其提出异议。

考虑到破产程序可能因为个别当事人的“恶意申诉”而中断，法官行使其职权推进破产程序更需要法律依据和裁判标准。一般来说，破产管理人通过网络平台召集会议，一般应按网络平台的相关功能采取适当的方式通知债权人，但该等方式不得损害债权人的知情权、表决权和其他权利。[②] 如果采取线上会议形式，应当告知债权人参加会议和行使表决权的程序与规则，债权人应当签署与网上债权人会议有关的确认书。[③] 在赋予当事人对线上召开债权人会议的异议权同时，需要对其权利进行限制，防止恶意阻碍破产程序进行，如征得当事人同意的方式，应当以一次为限；当事人如果对适用何种程序做出了选择，原则上不得反悔及轻易改变。

关于债权人会议的决议，管理人应当根据《企业破产法》第 63 条

---

① 北京破产法庭《关于加强疫情防控期间破产管理人工作的指导意见》第 6 条规定，疫情防控期间，原则上不召开现场债权人会议。

② 参见曹丽、李国军主编：《破产案件操作指引》（第 3 版），人民法院出版社 2020 年版，第 195 页。

③ 参见曹丽、李国军主编：《破产案件操作指引》（第 3 版），人民法院出版社 2020 年版，第 193 页。

的规定，提前15日通知已知债权人参加债权人会议，并将需审议、表决事项的具体内容提前3日告知已知债权人；但全体已知债权人同意缩短上述时间的除外。[①] “债权人会议除现场表决外，可以采用书面、传真、短信、电子邮件、即时通信、通讯群组等非现场方式进行表决。”[②]但是，线上表决需要对债权人的身份进行核验，考虑到债权人可能是企业或金融机构，首先需要对机构的证照进行核验，其次以证件比对、生物特征识别、实名手机号码关联、国家统一身份认证平台认证等方式在线完成法定代表人或法定代理人身份认证，[③] 在投票表决前可以采用短信验证、二维码扫描、人脸识别等方式再次验证身份。管理人应当通过打印、拍照等方式及时提取记载表决内容的电子数据，并盖章或者签字确认。对于线上投票形成的表决结果，法院审查时需要注意内容合法和程序合法两个方面，这也需要相关规则的完善，需要审查会议表决过程中债权人之间有无串通合谋等。目前来说，缺少债权人对线上会议提出异议的方式和救济途径，债权人只有对会议决议申请撤销的权利。

4. 优化破产案件在线审理的配套措施

因为在线审理破产案件能够最大限度地将司法资源的优势发挥出来，还能弥补中国破产法本身对效率问题的设计缺陷，因此在之后中国法院的信息化和智能化建设过程中需把握如下要点。

首先，对在线审理应当具有开放包容的理念，为破产案件全流程线上审理提供良好的社会环境。破产案件全流程在线审理需要赢得社会认同，尤其是在中国破产案件审理尚需传统理念和文化更新的情况下，破产案件从立案、管理人选任到开会表决和财产分配[④]等全部以在线方式处理，法官需要兼顾效率与公平，严格审查，保障当事人程序权利；法院需要为当事人在线参与破产案件的各个环节提供必要介绍和指导；当

---

① 参见最高人民法院《关于推进破产案件依法高效审理的意见》第16条。

② 最高人民法院《关于推进破产案件依法高效审理的意见》第11条第1句。

③ 参见最高人民法院《关于人民法院在线办理案件若干问题的规定（征求意见稿）》第5条。

④ 2020年7月16日，北京破产法庭通过线上方式召开万瑞飞鸿公司重整案普通债权第一次清偿大会，发放了59名普通债权人清偿款，共计2200万元。

事人需要积极配合线上审理流程。要推进破产案件全流程在线审理，需要参与破产程序的各方主体对技术发展持开放和包容的态度，澳大利亚在疫情期间将过去已经被证明能提高审理效率的卷宗和案件的电子管理系统扩展应用，于在线调解和在线庭审方面成效显著。[①] 在线审理从中国司法拍卖的成功经验向破产案件引入的过程，已经证明可以通过平台助力提高破产财产处置的效率，“北京国际高尔夫游乐公司重整案”通过阿里拍卖平台信息化沟通系统和专业、智能的破产资产处置后台，为破产资产处置大大提速；数据算法基于对项目的标签及特征做到了精准获客；线上对意向人进行资质审核，减少了管理人线下商谈的时间成本。[②]

其次，完善在线审理的平台建设，为破产案件全流程线上审理提供技术支持。破产案件办理平台是破产审判工作的一项基础设施，目前无法建立全国统一破产案件线上办理的渠道，但至少可以实现一个省份内部法院的统一平台搭建：对内，将破产案件办理的法官办案平台与管理人工作平台有效对接，推进债权申报、债权人会议等破产程序环节的线上办理，提升破产案件处理质效；对外，与政府有关部门建立信息在线传送通道，确保破产案件处置对接渠道畅通、信息共享，比如将破产资源信息库平台与商务局、大数据局的系统对接，实现破产企业资产信息与招商引资体系互联互通，引导投资参与资产整体变现。[③] 目前，通过社会企业搭建的管理人平台内的数据统计功能，破产管理人可以实时查看会议签到数据、签到率、投票统计数据、投票通过率，节约统计时间。但是，现有技术在法律长文本语义理解、法律信息检索、类案智能推送、精准量刑辅助、法律智能问答等司法特殊场景中的应用存在缺陷，需要不断完善以适应未来案件审理智能化的需要。通过技术更新实

---

① See Toby Boys, *Ashleigh Sams. COVID - 19 and the virtual courtroom-is technology a friend or foe*?, https://www. holdingredlich. com/covid - 19 - and-the-virtual-courtroom-is-technology-a-friend-or-foe, 28November 28, 2020.

② 参见陈以军：《网络竞价到投资人招募一站式解决　企业破产重整又有新途径》，载新浪财经头条网 2021 年 5 月 12 日，https://cj. sina. com. cn/articles/view/1059427702/3f259576001011bjf? from = finance。

③ 参见苏州市中级人民法院《苏州法院 2020 年破产审判工作报告》。

现破产案件审理效率的提升，是共享中国司法信息化和智能化建设成果的有效方式。

最后，尽快制定在线审理相关规则，为破产案件全流程在线审理提供法律依据和操作规范。中国法院信息化 4.0 版建设，需要建立健全在线诉讼规则、在线调解规则。[①] 全国各级法院在疫情之下出台的加快审理破产案件的意见和最高人民法院《在线诉讼司法解释》，都在回应在线诉讼不仅是工具意义上的创新，也是司法理念与诉讼制度的变革。但目前，相关领域的立法还无法完全解决破产案件在线审理实践中遇到的问题，需要尽快制定更具有针对性的规则。完善破产案件在线审理规则，需要实现企业破产的效率目标，保障当事人程序权利，尊重债权人意思自治，充分发挥破产管理人在债权人会议中的作用，并且与现有的各项机制创新相协调。

小结

破产审判权运行涉及社会治理的多个方面，需要多方合力解决破产案件及其他衍生问题。因此，要解决中国破产审判权运行不畅的问题，既要分析和解决法律问题，也要从“破产”这一现象的社会性角度，提出保障破产审判权运行的措施，综合发挥各方优势，减少破产审判中的成本消耗，降低改革转型的非必要消耗。这包括：首先，发展破产审判的基本理论，转变法官的审判理念，同时加大宣传力度，转变社会成员对破产制度的认识和观念。其次，尽快建立专门的破产法院，扩充破产法官队伍，提高法官专业水平，培养破产审判思维。再次，要最大限度发挥破产管理人的作用，提高破产管理人执业能力。从次，进一步落实府院联动机制，形成法院主导司法程序与政府配合解决社会问题的新型破产案件办理模式。最后，要利用国家在技术领域的优势，加强破产审判信息化建设，从而为提升破产审判权运行质效提供全方位的保障。

---

① 参见孙航：《周强主持召开最高人民法院网络安全和信息化领导小组 2021 年第一次全体会议强调全面深化智慧法院建设　推动人民法院工作高质量发展》，载《人民法院报》2021 年 5 月 14 日，第 1 版。

结　论

在中国市场化破产改革、供给侧结构性改革进入深水区的背景下，实践中破产审判权的界定不明的状态导致破产审判权运行不畅。为切实有效提升破产案件审理效率，优化法律效果与社会效果，结合破产审判机构专门化、破产审判专业化改革的要求，本书从破产审判权运行角度对破产审判权进行专门研究，以期充分利用破产审判权这一稀缺的司法资源，尽量减少制度运行的成本，切实发挥破产审判在司法公正和效率价值平衡中对经济发展的调整作用。

从经济学角度分析，破产审判权运行是通过界定权力归属，合理配置社会资源来降低交易成本；而破产审判权本身的资源性，使得破产审判权运行的租值需要得到格外重视。因此，既需要知道破产审判权是什么、有何特殊性，又需要明确破产审判权的归属，并对权力主体进行制约与激励，以增加破产审判权运行的价值，降低制度费用。

在理论上，本书从较为广义的角度去讨论破产审判权。破产审判权是法院在破产程序中所行使的各项权能组成的有机统一的整体，行使对象包括破产案件与衍生案件，是在破产清算、破产重整和破产和解程序的立案、审理、执行各个环节，与个人权利、社会权力和行政权力制约配合的各项权能的统称。其与民事审判权的内容、属性、功能和行使方式有一致性。破产案件特殊的审理机制，参与者众多、利益多元，债权人与债务人非对抗的关系、破产管理人的介入、行政机关的配合，使得破产审判权分化出了特有的运行逻辑和模式，从而影响和丰富了破产审判权的内涵，使其具有自身的特殊性。本书对国内外破产审判权运行演进过程和现状的分析，已经表明了破产审判权运行与经济运行具有内在的紧密联系。因此，与民事审判权相比，破产审判权运行中体现出的社会属性、商业属性、有限属性和扩展属性，都与其对市场经济的调整功能发挥有关。而从审判权对社会公平正义的影响视角来看，因为当事人关系特殊、待解决事项特殊、破产案件影响特殊，破产审判权具有社会公益维护功能、债权债务清理功能、对债权人的保护功能和对债务人的拯救功能。

破产审判权运行过程中，法院和法官是权力行使主体。通过破产审判机构专门化来实现破产专业化，是因为配置了专业破产法官的独立破产审判机构能够实现破产案件集中化、统一化审理，有利于培养破产审判思维；能够对破产法官进行科学考核，提升破产法官工作积极性，缓解破产审判资源供给不足的问题。破产管理人是破产审判中的特殊主体，配合法院行使破产审判权，负责具体事项的实施。破产管理人权限来自法院让渡，同时以其专业性、中立性和商业性对破产审判权进行制约和弥补。债权人和债务人是破产审判权运行中的当事人，以其自治权对审判权进行制约。但是破产审判权运行中，当事人自治权行使范围更广，可以通过谈判协商达成合意来实现自身权益调整；法院破产审判权行使是为了提供良好的司法环境和底线。破产审判权运行因其复杂性需要行政机关参与协助法院与破产管理人完成非市场化的管理事项，这种参与以强化政府的服务职能、弱化政府的不当干预为基本原则。规范破产审判权运行过程中各个主体的关系，提高工作效率，能够较大程度地节省破产时间成本和金钱成本，节约司法资源，提高破产财产处置的效率，从而实现当事人权益与社会公共利益保障。

破产审判权权能复杂，需要制度设计来减少审判权运行的矛盾，提高破产审判的效率，保障破产法实施效果。法官在破产审判中“身兼数职”，既要依法对破产案件作出裁定，又要对破产衍生案件进行审理并给出裁判结果；既要审查各类报告，又要组织召开债权人会议和各类听证会；既要选任破产管理人并监督破产管理人履职，又要与政府职能部门沟通合作。因此，与民事审判权相比，中国破产审判权运行中各项权能特殊化表现为：加强集中管辖，提高破产审判专业化水平，同时方便当事人提出破产申请和法院对案件的审理；依法受理破产案件，在一定程度上实现职权辅助立案受理，解决破产审判受理难；强化确认权能对当事人利益保障的作用，法院通过确认权能优化对破产管理人的指导和监督，提高破产审判的确定性；把握好控制权能，充分发挥审判权在控制审理期限、程序转换方面的作用，提高破产审判权运行效率；平衡好破产审判中的依法裁量与自由裁量，积累商业判断的经验。

提升破产审判权运行质效的关键在于，专业的破产审判人员依据法律法规来规范自身职权，同时与其他主体的职权与功能互相配合，降低制度成本，缩短案件审理时间，实现裁决法律效果与社会效果的统一。其中，破产审判权各项权能作用的发挥直接影响当事人权益的保护，因此需要对中国破产审判权运行权能实然状态与应然状态的差距有清晰认识，从而在立法和司法实践中提出有针对性的改进方案。

要实现破产法的立法目的，降低制度完善所需的成本，保障破产审判权高效有序运行，需要综合运用多种机制，调动各方主体参与破产审判的积极性和创造性，形成破产审判权运行的有效保障。第一，需要通过转变破产观念，形成全社会对破产制度和破产审判的正确认识。第二，早日建立破产法院，使破产审判独立于现有的审判体系，进一步推动破产案件审理专门化和专业化。第三，扩大破产管理人的范围，优化破产管理人的机构，同时也要提高破产管理人准入门槛，提升破产管理人执业水平。第四，构建长效的“府院联动”机制，尽快成立专门的破产行政部门，提高政府参与的科学性和合法性，高效率解决企业破产中的行政管理事项和衍生的社会问题。第五，综合利用技术优势，将审判信息化的成果应用于破产案件审理，方便当事人、破产管理人和法官，提升案件审理效率。